KB179394

개정판 신완역─新譯道德經(신역 도덕 경)

노자

사람을 사귀고 다스리는 지혜의 철학

이은봉 편저

국립중앙도서관 출판시도서목록(CIP)

노 자 / 지은이: 이은봉 편저. -- 개정판.
-- 서울 : 창, 2014   p. ; cm

ISBN 978-89-7453-220-8 03150 : ₩14000

노자(인명)[老子]
노장 사상[老莊思想]
중국 철학[中國哲學]

152.222-KDC5
181.114-DDC21   CIP2014022752

노 자(개정판)

2015년 1월 15일 · 개정판 1쇄 인쇄
2015년 1월 20일 · 개정판 1쇄 발행

지은이 · 이은봉 편저
펴낸이 · 이규인
교 정 · 조동림
펴낸곳 · 도서출판 **창**
등록번호 · 제15-454호
등록일자 · 2004년 3월 25일

주소 · 서울특별시 마포구 합정동 388-28번지 합정빌딩 3층
전화 · 322-2686, 2687 / 팩시밀리 · 326-3218
홈페이지 · http://www.changbook.co.kr
e-mail · changbook1@hanmail.net

ISBN 978-89-7453-220-8   03150

정가 14,000원

개정판 신완역－新譯道德經(신역 도덕 경)

노자 사람을 사귀고 다스리는 지혜의 철학

이은봉 편저

창
Chang
Books

머리말

　지난 수십 년 간 우리 교육은 지적인 경쟁을 시키고 영악하고 똑똑한 사람을 만드는 일에 열을 올렸다. 그래서 똑똑한 사람이 넘쳐난다. 그런데 똑똑한 사람이 넘쳐나도록 많은데 왜 세상은 점점 어려워지는 것일까? 우리는 이러한 질문을 던져 볼 필요가 있다. 어떤 부인은 자신의 자식에게 정직하고 성실한 사람이 되라고 교육하기가 겁이 난다고 고백하였다고 한다. 똑똑한 사람들의 경쟁에서 뒤쳐지는 못난 사람이 될까 봐 걱정이 된다는 것이다. 이 사회의 도덕적 붕괴가 벌써부터 진행되고 있음을 알 수 있는 분명한 지표이다. 똑똑한 사람 만들기 경쟁에서 이기는 사람은 지극히 소수이다. 그러나 경쟁에서 이기는 사람은 희희낙락하겠지만 그 경쟁에서 지는 사람은 어떻게 되겠는가? 인생이 경쟁인가? 경쟁에서 뒤지는 사람은 소외감에 시달리게 될 것이 아니겠는가? 이제 우리는 삶의 방식을 전환해야 한다. 그러면 어떤 사람은 말하리라. 그렇다면 바보가 되라는 말인가? 똑똑한 사람의 반대가 바보는 아니다. 그것을 지금부터 말하려고 한다. 똑똑한 사람이 튀는 경쟁에서 뒤떨어진 사람이라도 그윽이 자신의 내면으로 눈을 돌리는 사람이 더욱 기쁨과 보람을 느낄 가능성이 높기 때문이다.

　내가 여기서 말하는 똑똑한 사람이란 누구인가? 우선 눈을 밖으로만 돌려 세상만사에 관심을 가지고 자신의 이득이 될 만한 것을 모두 취하려고 하는 사람, 결사적으로 남의 위에 서려고 하는 사람, 그리고 이 모든 것을 과시하고 싶어 하는 사람들을 말한다. 그래서 남보다 재물이 많고, 지식과 명예가 많고, 그것을 자랑스럽게 여기고 있는 사람이다. 그들은 그러한 자그마한 성취를 인생이 얻을 수 있는 전부로 알고 자만하고 있으며 인간의 내면적 가치를 초개같이 여기는 사람들을 여기서 똑똑한 사람들이라고 지칭하고자 한다. 그들의 희희낙락한 잔치에 끼지 못하는 사람들이 소외감을 느끼겠지만 걱정하지는 말라. 그들이 벌이는 잔치가 표면상 총천연색으로 화려하게 보이겠지만 그것은 진정으로 맛이 없는 잔칫상에 불과하기 때문이다.

　똑똑한 사람의 대열에서 소외되었다고 하여 그 똑똑한 사람을 원망해서는 안 된다. 그들을 원망하는 그대 또한 그 똑똑한 사람보다 나을 것이 없는 사람일 것이기 때문이다. 똑똑한 사람이 못된 것에 대한 자기변명에 불과한 사람이 되는 것은 더욱 한심한 일이다. 좀 더 크게 되어라. 그리고 그대들이 가지고 있는 내적 자산을 마음껏 나누어 주라. 그러면 노자의 고독이 무엇인지를 차츰 알게 될 것이다.

　사람들은 마치 큰 잔칫상을 받은 듯,
　봄날 높은 누각에 오른 듯,
　희희낙락하건만,
　나만 홀로 조용히 움직일 기색도 없으며
　아직 웃을 줄도 모르는 젖먹이와 같고,
　초라하게 풀이 죽어 있는 모습이 돌아갈 곳 없는 사람 같도다.
　사람들은 모두 여유 만만하건만
　나 홀로 궁핍한 것 같도다.
　내 마음 바보의 마음인가,
　흐리멍덩하도다.

　세상 사람들은 모두 영특하고 똑똑하건만
　나만 홀로 우둔하고 멍청하도다.

　이렇게 말하는 노자는 똑똑한 사람들의 한복판에서 고독을 토로하고 있지만 한편 세상의 잣대로는 알 길이 없는 내면의 충만함을 지니고 있었음을 잊어서는 안 될 것이다. 그 행복한 평화와 고요를 다음과 같이 이어서 표현하고 있다. 젖먹이가 어머니에게서 최상의 편안함과 평화를 느끼는 것처럼 도(道) 안에서 한없이 편안한 노자의 삶과 철학을 여러분들도 맛보기 바란다. 이 작은 책이 그러한 안내가 된다면 큰 기쁨이 되겠다. 참고로 이번 노자(개정판)은 신역도덕경(新譯道德經)을 알기 쉽게 단원별로 분류하여 원문에 음을 달아 독자에게 편의를 제공하고 해설에 역점을 두었다. 또한 어려운 교정에 참여하신 조동림선생님께 감사한다.

（깊고 고요하기는 바다와 같고,
　정처 없이 불어 가는 바람과도 같다.）
　세상 사람들은 모두 다 유능하건만
　나만 홀로 무능하고 촌티가 나도다.
　나만 홀로 사람들과 달리
　유모(乳母 : 大道)를 소중히 여기도다.

（20장）

차 례

3. 규범으로서의 도

4. 자연과 규범의 합일

5. 도와 덕

6. 무위의 정치

7. 대립을 넘어 통일로

8. 장자가 발전시킨 도의 현실적 응용

1

도란 무엇인가

1. 도란 무엇인가

(1) 도의 출발

'도란 무엇인가?'라는 질문을 던지는 것은 매우 어리석은 일이다. 재미있는 이야기가 하나 있다. 아주 오래전에 읽은 것인데, 심층심리학자 융이 동양의 『주역』이라는 책을 매우 중요시하여 그것을 가지고 자신의 무의식을 실험할 만큼 매우 가까이하였다. 그래서 그는 영문판 『주역』에 서문을 길게 쓰기도 하였다. 그 서문에서 그는 동양과 서양의 관점을 아주 극적으로 잘 대비하였다. 동양인과 서양인이 만나서 도에 관하여 대화를 나눈다.

서양인 : 도라는 말 자체가 지니고 있는 정확한 의미는 무엇인가?
동양인 : (그 사람을 창가로 데리고 가서) 당신 눈에 보이는 것이 무엇이요?
서양인 : 거리, 사람, 자동차, 집…… 등등이 보이는군요.
동양인 : 또 무엇이 보입니까?
서양인 : 언덕…….
동양인 : 또 보이는 것은?
서양인 : 강아지…….
동양인 : 또?
서양인 : ……?

이 사람이 누구를 놀리나? 서양인은 매우 섭섭한 생각이 들기도 하고 기분이 몹시 상하였다. 그러나 동양인은 건방진 자세가 아니라 매

우 겸허하게 말을 하고 있었다. 그리고는 그 서양인을 향하여 두 팔을 벌리면서,

"이 모든 것이 다 도입니다."

라고 진지하게 말한다. 서양인은 눈만 끔벅거리면서 아직도 이해할 수 없다는 표정을 짓는다. 서양 사람의 입장에서 보면 동양 사람의 답변은 답변이 되지 않는다.

　동양 사람이 무엇이라고 말을 하기는 하였지만 서양 사람은 아무 말도 하지 않은 것과 같다고 생각하기 때문이다. '도란 무엇인가?'라는 질문에 대하여 답변하려면 도가 지니고 있는 속성을 한두 가지 말을 하여야 하는데 동양 사람은 그런 식으로 답변을 하지 않았다. 그런 식으로 답변하면 충분하게 도를 드러낼 수 없다고 생각하였기 때문일 것이다. 즉 그런 답변은 도의 전체를 표현하기는커녕 그것을 절단하여 버리는 결과를 가지고 올 수밖에 없기 때문이다. 이 문제를 문답형식으로 다음과 같이 말해보자.

　문 : 도란 무엇입니까?
　답 : 도는 모든 존재의 근원이지…….
　문 : 그것이 전부입니까?
　답 : 아니, 지극히 선한 것. 즉 지선(至善) 자체라고도 할 수 있지…….
　문 : 그렇군요. 그것이 전부입니까?
　답 : 아니, 도는 생명의 근원이기도 하지…….
　문 : 그것이 다입니까?
　답 : 다라니? 네 상판이 둥근 빈대떡처럼 생겨서 도를 알 수 있겠느

    냐? 도는 진리야, 진리…….

문 : (얼굴이 벌겋게 달아오르며 약이 올라서) 도대체 그 도라는 것
    이 어디 있단 말인가요?

답 : 어디에나 있지…….

문 : 우리 옆에도 있나요?

답 : 똥에도 있지.

문 : ……?

　　도란 무엇인가(What is Tao?)라는 질문에 답변을 하려면 도가 지
니고 있을 성싶은 어떤 특성을 나열하는 수밖에 없다. 이러한 질문에
계속 답변을 하면 도에 '관한' 지식이 축적될 것이 틀림없겠지만 도에
'관한' 지식이 많아진다고 하여 도 그 자체를 체득하고 아는 것은 아
닐 것이다.

　　융의 견해를 좀 더 생각해 보자. 대체로 서양철학의 특성은 '……란
무엇인가?'라는 질문을 기본으로 한다고 볼 수 있다면 동양의 철학은
그와 대조적으로 전체의 의미와 상징에 더욱 관심이 많다고 할 수 있
다. 동양인들은 사실의 전체를 볼 때, 그 전체를 그대로 받아들이지만
서양인들은 몇 개의 존재로 분할하여 받아들인다고도 말할 수 있다.
예를 들면, 여기 많은 군중들이 모여 있다고 하자. 이것을 보고 서양
인과 동양인은 다음과 같이 의문을 제시하고 문제를 풀려고 한다.

　　서양인 : (이 군중을 보고) 이 사람들은 어디서 왔는가? 왜 이 사람
　　　　　　들이 이렇게 모였는가?

　　동양인 : 이 사람들이 이렇게 모인 것은 무엇을 (의미하고) 있는가?

위에서처럼 서양인의 질문에 답하기 위해 군중에게 질문서를 돌리

면 대체로 통계적으로도 알 수 있는 그들의 국적과 고향을 알 수 있을 것이고 무엇 때문에 여기에 모이게 되었는지 충분한 지식을 얻을 수 있을 것이다. 그러나 동양인의 질문은 모호한 대신 갑자기 군중들을 접하게 된 자신의 내적 운명과 의미를 포함하여 한두 마디로 답변하기 어려운 풍부한 상징에 접하게 될 것이다.

또 다른 예를 들면, 우리가 해변에서 파도에 밀려 낡은 모자, 낡은 상자, 구두, 죽은 고기들이 함께 떠 있는 것을 보았다고 하자. 서양 사람들은 그것이 모여 있는 것이 하나의 <우연>이라고 할 것이다. 왜냐하면 그렇게 모여 있는 것이 아무런 인과관계가 없다고 생각하기 때문이다. 그러나 동양 사람들은 이들 전체는 무엇을 <의미>하고 있는가? 하고 자신에게 물어볼 것이다. <바로 이 순간에 함께 모여 있다>는 것 자체가 나에게 의미가 있는 것으로 비치기 때문이다.

의상대사는 새가 지저귀며 우는 것을 통하여 하늘의 섭리를 깨닫기도 하였다. '……은 무엇인가?'라는 질문에 대한 연결고리로써 답변되는 인과론적인 것으로만 진리를 파악할 수는 없을 것이다.

여기서 동양인의 태도는 도의 전체를 드러낸다는 것은 어느 시점에서 불가능하다는 것을 전제로 하고 있다. 다만 우리가 할 수 있는 것은 현재의 상황에서 도를 직관하는 최선의 노력을 기울일 뿐 도의 전체를 드러내는 것은 아니다.

(2) 언어의 열등성

노자의 『도덕경』은 첫머리부터 언어의 열등성을 잘 표현하고 있다.

도라고 표현된 도는 이미 영구불변의 도가 아니오,
이름 지어 표현된 이름 또한 영구불변의 이름이 아니니라.

무(無極, 道)는 천지의 시원(始源)을 말하는 것이요,
유(太極, 天地)는 만물의 어머니를 이름이로다.

(1장)

"도라고 '표현된' 도는 이미 영구불변의 도가 아니오, 이름 지어 '표현된' 이름 또한 영구불변의 이름이 아니니라." 우선 첫 구절부터 좀 어마어마하게 시작을 하고 있다. 이 구절은 좀 자세히 뜯어보는 것이 이후의 다른 구절을 가지고 생각할 때에도 도움이 될 것 같다. 말할 것도 없이 언어로 '표현된' 도는 영구불변의 도(常道), 즉 진정한 도가 아니라는 주장을 하고 있다.

삼척동자도 아는 사실이지만 언어는 인간만이 사용한다. 동물들도 그들끼리 어떤 정보를 주고받는 방법이 있는 것이 사실이지만 인간이 언어로 표현하여 정보를 교환하는 것과는 질적으로 다르다. 동물들은 동류들에게 알리는 정보를 본능의 체계 안에 가지고 있으나 인간처럼 언어를 가지고 전달하지 못한다. 인간이 만물의 영장이라고 하는 것은 바로 언어를 사용할 수 있다는 것인데 이것을 모르는 사람은 아무도 없을 것이다.

언제부터인지 모르나 인간의 의식이 깨어나면서 이 우주는 태고의 정적에서 깨어났다고 말할 수 있다. '의식'이 생겨났다! 참으로 놀라운 기적이 우주 가운데서 일어났다고 말할 수 있다.

무엇을 의식한다는 것이 무엇인가? 사랑하는 애인을 기다리는 사람이 그 애인이 웃는 얼굴을 하며 나타나는 모습을 머릿속에 떠올린다고 하자. 그 애인이 무슨 옷을 입고 있는지 혹은 구체적인 표정까지도 자세하게 떠올리며 기다린다. 마치 영화관에서 보는 것처럼 내 마음에는 어떤 영사막과 같은 것이 있어서 그 자막 위에 애인의 모습을 비추고 있는 것과 같다. 무엇을 '의식'한다고 하는 것은 그 영사막에

어떤 상을 비추는 것과 같다. 그 상이 비교적 분명한 경우도 있고 분명치 않은 경우도 있기는 하지만 어떤 상을 마음속에 떠올리는 것이 이른바 '의식' 이라는 정신행위이다.

동물들도 인간처럼 이러한 영사막과 같은 것을 가지고 있을까? 아마도 그렇지 못할 것이다. 영사막과 같은 것은 인간만이 가지고 있는 것이리라. 동물들이 자기들끼리 어떤 정보를 보내는 것을 하나의 신호(sign)와 같은 것으로 본다면 인간이 통신수단으로 사용하는 언어는 하나의 상징(symbol)과 같이 보아야 한다고 말하는 사람도 있다. 신호는 육체의 어떤 기관을 자극하여 전하는 단순한 시스템으로 가능하다. 그래서 신호에 반응하는 것을 조건반사와 같다고도 말한다. 어떤 신호가 오면 조건반사적으로 반응하기 때문이다. 동물들은 인간과 같은 영사막의 시설이 없기 때문에 뜨거운 것을 몸에 대면 본능적으로 움츠리는 것과 같이 자극을 받는 형태로 신호를 보낸다. 동물들이 자기들끼리 정보를 교환하는 것은 이와 같이 조건반사적인 본능의 체계를 통하여 이루어진다. 그러나 인간에게는 동물이 가지고 있지 않는 영사막이 갖추어져 있기 때문에 그 위에 여러 상들을 비추며 상상도 하고, 모래 위에 글자를 썼다가 지웠다가 하는 것처럼 그 상들을 지웠다가 그렸다가 하기도 하며 상상 그 자체를 즐기기도 한다. 언어의 일차적인 모습은 그 영사막 위에 비춰진 상과 관련이 있다.

언어의 본질과 기능에 대하여 생각해 보면 어느 정도 짐작할 수 있다. 우리가 사용하는 말이란 처음에 사물에 대해 '이름붙임'에서 시작했을 것이다. 언제부터 사물에 이름을 붙일 수 있는 존재가 되었는지는 잘 알 수 없으나 호모사피엔스가 등장한 이후 그런 능력을 가지게 되었다고 생각해 볼 수 있을 것이다. 하지만 생각해 보면 굉장히 놀라운 능력이다. 사물에 이름을 붙일 수 있게 됨으로 인하여 만물을 지배하게 되었을 테니까.

구약성서에는 아담과 이브가 동물과 초목과 모든 만물에 어떻게 이름을 붙이는가를 야훼 하느님이 보았다고 하는 구절도 나온다. 이름을 붙임으로써 만물 위에 우뚝 선 만물의 영장이 되었다고 해도 과언이 아닐 것이다. 이름을 붙일 수 있다는 것은 원숭이 같은 동물의 머리통에 언젠가 '정신'이 탄생되었고 '의식'을 할 수 있는 존재가 되었다는 것이 아닌가? 동물에게 없는 '의식'이 인간에게만 있다……, 이 기막힌 이야기의 본질을 아는 것이 매우 필요할 것이다.

'의식'을 할 수 있는 존재가 되었다고 하는 것을 비유를 들어 말한 것이 앞의 영사막 이야기였다. 우리가 영화를 볼 때 영사막에다 영상을 비추어서 그 화면들을 본다. 우리도 무엇을 알기 위하여 그 영사막에다 대상들을 떠올린다. 다시 말하면, 우리의 마음에는 선험적으로 영사막 같은 것을 가지고 있다는 것이다. 바로 이 영사막과 같은 것이 내 마음에 생겨났다는 것이 '의식'의 탄생과 연결된다고 할 수 있다.

우리가 사용하는 모든 문자가 원래 그림과 같은 상형문자에서 출발하였다는 것은 매우 시사하는 바가 많다고 본다. 내 마음 속에 떠올린 영상들은 한 폭의 그림들과 같은 것은 아니었을까? 그것이 단순하게 기호화한 것이 문자가 아니었을까? 한문이 대표적인데, 원시적인 영상들이 아직도 그 문자에 잔존하고 있다는 것은 놀라운 일이다. 하여간 객관적 사물을 내 마음 안에 떠올릴 수 있는 장치를 갖추고 있다는 것은 놀라운 일이다. 인간은 선험적으로 영사막을 가지고 있는 존재이다. 이것이 인간이 되었다는 의미인데, 사실은 선험적으로 이러한 영사막과 같은 공간의식을 가지고 있다는 것이다.

따라서 이 공간의식과 관련하여 인간만이 시간의식을 가지고 있다고도 말할 수 있다. 가령 경험적으로 우리는 30분밖에 안 지났는데, 실제의 물리적 시간(내 손목에 차고 있는 시계의 시간)은 3시간이나 지났고, 1시간이나 걸린 것 같은데 실제의 물리적 시간은 10분밖에 지나지 않았다는 느낌을 받는 경험을 한다. 전자는 매우 재미있었던 시간이라 한다면, 후자는 매우 지루한 시간이었다는 것을 알 수 있다. 이런 현상은 어떻게 설명해야 할까? 그 영사막 위에 영상이 떠오를 때 하나는 영상의 흐름이 빠르게 지나가는 것이고, 또 하나는 느리게 지나가는 것이라고 한다면 안 될까? 즉 영상이 떠오를 사이도 없이 빠르게 움직이는 것과 영사막이 느릿느릿 움직이는 것으로 설명하면 안 될까? 누구를 지루하게 기다리며 있는 사람은 그 영사막이 대단히 느릿느릿하게 움직이거나 멈춰버린 것과 같은 현상이라고 생각할 수 있지 않을까? 이와 관련하여 우리는 과거에 사는 사람과 현재를 사는 사람을 구별할 수가 있을 것이다. 과거에 매달려 사는 사람은 어느 한 영상을 떠올리고 버릴 줄을 모르는 사람이다. 인간만이 의식의 시간을 가지고 있다는 것은 놀라운 일이 아닐 수 없다. 역사는 근본적으로 인간만의 것이다.

원래의 이야기로 돌아가 보자. 언어를 사용하는 인간의 능력을 거칠게 표현한다면 이런 것인데, '사물에 이름을 붙인다'는 것은 어떤 행위인가를 좀 더 생각해보도록 한다. 가령 최초의 원시인이 의식을 가지게 되자마자 사물에 이름을 붙이는 것을 상상해 보자. 우리가 바다라고 하는 엄청난 물의 넘실거림과 형언할 수 없는 물의 양에 대해서 무엇이라고 이름을 붙이는지 보겠다. 프랑스의 원시인은 그 대상을 'la mer'라고 한다. 중국인은 '海'라고 부르고 한국의 원시인은 '바다'라고 한다. 프랑스어의 'la mer'는 '어머니'라는 뜻이 있다고 한다. 중국어의 '海'는 '검고(晦) 깊다(深)'는 뜻이 있다고 『설문(說文)』이라는 어원사전에서 말하고 있다. 동일한 대상(엄청난 물의 넘실거림과 엄청난 물의 양)에 대해서 각각 다르게 이름 붙이고 있다는 것을 알 수 있다.

여기서 알 수 있는 것은 '이름 붙임'이라고 하는 것은 그 대상에 대한 일정한 '해석'이라는 것을 알 수 있다. 프랑스의 원시인은 그 대상을 '어머니'라고 해석을 하였고, 중국인들은 그냥 감각적인 인상을 포착하여 '검고 깊다'고 해석을 한 것이다. '이름'은 그 대상 자체가 아니라 인간 쪽의 '해석'이라는 것을 알 수 있다.

또 하나 우리가 노장철학과 관련해서 알아두어야 하는 것은 대상은 고정불변하는 것이 하나도 없고 모두 변한다는 것이다. 그 변화는 어떤 일정한 자연과학적인 법칙을 가지고 변한다고 하기보다는 기(氣)의 이합집산에 의해서 끊임없이 변화한다고 말하는 것이 적합할 것이다. 그런데 그 대상에 붙여진 '이름'은 마치 영원한 것처럼 독립적 생명력을 가진다는 것이다. 끊임없이 변화하는 대상의 어떤 특징을 포착하여 '해석'하는 것이 '이름 붙임'의 정확한 의미일 것이다. 마치 움직이는 대상으로 스냅사진을 찍는 것과 같다고 할까……, 만약 내가 손을 위로 들고 있는 순간에 스냅사진을 찍었다면 그 스냅사진 속에서 나는 영원히 팔을 들고 고정되어 있어야 할 것이다. 이와 같이 일단 언어로 포착된 대상은 고정불변 하는 것처럼 여겨지기도 한다는 것이다.

이 정도만 이야기를 해도 도를 언어로 표현하는 것이 도 자체와 얼마나 다른 것인지를 알 수 있을 것이다. '도라고 표현된 도는 이미 영구불변의 도가 아니다'라는 노자의 말을 이해할 수 있다. 어떤 사람은 이름 붙여지기 이전의 도와 이름 붙여진 이후의 도를 비유하여 거울에 비교하기도 하였다. 거울을 들여다보는 행위 자체가 거울의 모습을 변화시킨다. 즉 거울을 보는 순간 거울에 내가 하나 가득 나타난다. 내가 거울을 들여다보지 않았다면 거울은 거울 자체로 그냥 있었을 것이다. 내가 거울을 보는 순간 거울 안에는 나라는 영상이 가득 차는 변화를 한다. 다만 우리는 거울을 들여다보면서 거울을 들여다보지 않을 때의 모습을 상상하기는 불가능하다. 도(道)도 마찬가지여서 도에 이름 붙이면 그것은 이름 붙이기 이전의 도와는 다르게 된다. 마치 거울에 내 모습을 비춰보는 순간 거울은 변화하여 거울 가득히 나의 영상이 나타나는 것과 같다. 이름 붙이는 그 과정에서 바로 도는 변화되므로 도 그 자체는 이름 붙일 수 없다.

도와 우리는 영원히 숨바꼭질을 하는 것 같다. 어떤 아름다운 요정이 매일밤 우리 가족을 위해 신발을 만들어주지만 누가 그런 아름다운 행위를 하는지 알기 위하여 촛불을 켜고 나가서 보는 순간 그 요정은 사라지고 영원히 다시 돌아오지 않는 것과도 같다. 도는 우리를 위해 무한히 자선을 베풀지만 그것을 알기 위하여 촛불을 켜고 보는 순간 도라는 아름다운 요정은 사라지고 만다.

'도가 어디 있어?' '도가 있다는 것을 믿느니 차라리 내 주먹을 믿는 것이 좋지'하는 사람은 대부분 영사막에 떠올린 구체적 영상이 보이지 않기 때문에 그렇게 말한다고 할 수 있다. 마음에 떠올린 영상만을 진정한 실재라고 믿고 그렇지 않은 것은 믿으려 하지 않는 사람은 진정한 진리를 끝내 모르고 말 것처럼 여겨진다. 실제로 유물론자들은 마음의 영사막에 떠올린 구체적 영상 이외의 것을 믿으려하지 않는다. 만약 이런 입장을 자신의 신념으로 삼는 사람은 실재의 반쪽 현실밖에 모르는 결과를 가지고 올 것이라 여겨진다. 동서고금의 성인들이나 지혜로운 사람들은 마음의 영사막에 떠올린 영상에서가 아니라 눈에 보이지도 않고 귀로 들리지도 않는 도에서 자신의 지혜를 키운 사람들이라고 해도 좋을 것이다.

문자는 그림과 같은 것인데, 도를 지금 표현하려고 하면서 그림을 그려서 표현하려고 하면 그것이 가능할까? 그림은 실재를 묘사한 그림자에 불과하다. 전체도 아니고 부분을 스냅사진 찍듯이 고정시킨 해석에 불과하다. '도가 어디 있어?' '하느님이 어디 있어?'하는 사람들은 무지한 사람들이거나 유물론자들이다. 그는 참다운 실재의 한쪽

면만 보는 사람이요 전체를 모르는 사람이다. "도라고 '표현된' 도는
이미 영구불변의 도가 아니오, 이름 지어 '표현된' 이름 또한 영구불변
의 이름이 아니니라." 우리는 지금부터 이 주제를 잊어버리지 말도록
하자.

(3) 도는 어머니

도라는 것을 언어로 표현하는 것은 어림도 없는 일이라는 것을 설
명하였다. 언어를 인간이 사용함으로써 만물의 영장이 되었다고는 하
지만 도를 언어에 의해 표현하기에는 한계가 있음을 지적하였다. 『도
덕경』 제1장에서 그 다음에 이어지는 구절을 보도록 한다.

무(無極, 道)는 천지의 시원을 말하는 것이요,
유(太極, 天地)는 만물의 어머니를 이름이로다.

이 세상의 삼라만상이 무(無), 즉 도(道)에서 시작되었다는 것을 말
하는 것이다. 이 문제를 생각해보기 위하여 우주가 어떻게 생겨났는
지 『도덕경』의 견해를 좀 더 들어보아야 할 것이다.
'우주가 어떻게 생겨났느냐'라는 문제를 해결하는 방법은 크게 두
가지가 있는 것 같다. 하나는 그리스도교에서처럼 절대적인 하느님이
존재하여 이 우주를 창조하였다는 설명이 있을 것이요, 또 하나는 우
주가 생기기 이전에는 아무것도 없었는데, 그 아무것도 없는 가운데
서 하나의 기운이 생겨나고 그 기운 가운데서 두 가지 경향이 생겨났
다. 즉 무거운 기운은 아래로 내려가려는 경향이 있고 가벼운 기운은
위로 올라가려는 경향이 있어 이른바 음양이 생겨나고, 그 음양의 결

합을 통하여 만물이 생겨나고 우주가 생겨났다고 하는 것이다. 앞의 것을 창조론적인 것이라 한다면 뒤의 것은 진화론적인 것이라고 할 수 있을 것이다.

동양 사람들이 우주의 기원을 생각하는 유형은 바로 이와 같은 것인데 노자의 생각을 억지로 여기서 말하는 두 가지 유형에 대비한다면 진화론적인 것에 해당한다고 할 수 있다.

'무는 천지의 시원을 말하는 것이요'라고 하는 말은 글자 그대로 무(無)에서 유(有)가 생겨났다고 하는 것이 아니라 도가 만물의 기원이 된다는 것을 말한다고 할 수 있다. 즉 여기서 무(無)라는 글자는 도(道)를 말한다고 할 수 있다. 모든 만물의 근원은 도이며 도로부터 만물이 생겨졌다고 보는 것이다.

『도덕경』 42장에는,

도는 하나(氣)를 낳고,
하나는 둘(陰과 陽)을 낳고,
둘은 셋(陰과 陽의 合體)을 낳고,
셋은 만물을 낳도다.
만물은 음(陰)을 업고 양(陽)을 안아
충화(沖和)의 기운에 의해 조화를 이루도다.

(42장)

라고 표현하고 있는데, 이것도 도에서 만물이 근원하고 있다는 것을 나타낸다. 1장에서 이미 영원불변한 상도가 먼저 눈으로 볼 수 없는 세계인 무(無)를 낳은 뒤에 그 다음 가시(可視)의 세계인 유(有)를 낳고 그 다음 만물이 생성되는 것으로 되어 있는데, 도(道)는 먼저 무(無)-이 무(無)를 어떤 사람은 능산적(能産的) 자연, nature naturante라고도 한다-를 낳은 뒤에 유(有, 하늘과 땅)를 낳고 끝으로 만물이 생성되는 것으로 되어 있다는 것이다. 도(道)가 하나를 낳았다는 것은 군더더기 말처럼 느껴지기도 한다. 도는 바로 하나이기 때문이다.

도(道)가 하나를 낳는다는 표현은 도의 신장은 미분화된 일자(一者)로부터 시작된다는 것을 상징하는 것으로 이해된다. 또한 둘(二)이나 셋(三)이라는 것도 작용 중인 도의 어떤 국면을 지칭하는 것으로 보인다. 둘은 물론 음과 양인 동시에 하늘과 땅을 가리킬 것이다. 셋은 앞의 음과 양 및 하늘과 땅의 조화로운 결합인 동시에 그 결합의 율동적 순환을 가리킨다고 할 것이다. 이 구절에서 좀 더 우리에게 관심을 끄는 대목은 '충화의 기운에 의해 조화를 이루도다'라고 하여 도에서 만물이 생겨지고 만물은 그 자체로 조화를 이루고 있다고 말하는 것이다. 노자는 미분화된 혼돈으로서의 하나(一)에 선행하는 그 무엇인가를 상정하고 있음이 틀림없다.

다시 요약한다면, 도는 생명의 근원이라는 것, 우주의 생성과정의 여러 단계는 바로 생명 발달과정의 단계에 해당한다는 것, 중심에 자리 잡은 도로부터 생명의 흐름이 창조과정을 거치면서 조금씩 확장되어 나간다는 것을 말하고 있다. 그 도는 그래서 암컷이며 어머니이다.

무를 도의 특징으로 표현한 노자는 또한 빛나는 비유를 하나 더 들고 있다. 무의 무한한 잠재력을 풀무에 비유하여 마음대로 바람을 만들어낼 수 있는 것에 연결시켰다. 텅 비어 있는 무는 다함이 없는 생명의 근원이 된다는 것을 이처럼 표현하고 있는 것이다.

천지는 불인(不仁)하니, 만물을 지푸라기로 만든 개처럼 다루도다.
성인 또한 불인(不仁)하니 백성을 지푸라기로 만든 개처럼 다루도다.

하늘과 땅 사이는 풀무와도 같은 것,

텅 비어 있어도 다함이 없고,
움직일수록 더욱 많은 기운이 나오도다.

말이 많으면 자주 소진되는 법,
그 고요함(中)을 지키는 것만 못하리로다.

(5장)

첫 번째 구절에서 말하는 것은 도(道)는 인간의 변덕스러운 마음에
좌우되는 것이 아니라 그 공용(功用)이 매우 크다는 것을 지적하고
있다. 인간의 사사로운 정(情)에서 보면 도는 인정사정없는 냉혹한 이
치인 듯하다. 겨울이 되면 인정사정없이 나뭇잎을 모두 떨어뜨려 죽
게 하는 것처럼 말이다. 사람이 이 자연의 이치 앞에서 무엇을 주장할
수 있겠는가?
두 번째 구절에서 하늘과 땅 사이의 공간을 하나의 풀무에 비유하
고 있는 것이 이 5장의 주제인데 웅장한 도의 자생자화(自生自化)의
막강한 힘을 상징한다고 여겨진다. '천지가 풀무질을 한다……' 노자
가 아니고는 이러한 거창한 상징을 사용할 수 없을 것이다. 세 번째
구절에서는 이러한 도의 공용 앞에서 인간의 주둥이를 함부로 놀리지
말고 고요함을 지키라고 하는 듯하다. 이 시를 통하여 노자는 모든 열
정과 욕망으로부터 벗어나 공허 그 자체가 도로 충만하게 되어 있거
나 육체를 움직이는 생명력으로 가득 차 있음을 말하고 있다. 하상공
(河上公)은 이 5장의 뜻을 풀이하면서 다음과 같이 말하고 있다.

"하늘과 땅 사이의 공허한 곳에 음양이 합쳐진 화창한 기운(和氣)
이 유행하므로 만물이 저절로 생겨난다. 인간이 자신의 정욕을 제
거하고 쾌락을 포기하고 내장 속을 깨끗이 할 수 있으면 신명(神明)

이 그 안에 깃들어 있게 된다.”

도가 텅 비어 있고 무(無)이지만 충화의 기운에 의해 조화롭다는 것을 『도덕경』에서는 자연(自然)이라는 말로 설명하고 있다. '무(無極, 道)는 천지의 시원(始源)을 말하는 것이요' 라는 말 뒤에 '유(太極, 天地)는 만물의 어머니를 이름이로다'라는 구절과 관련시켜 보면, 이미 생겨진 만물, 즉 유(有)의 근원은 어머니라고 표현하기도 한다.
만물을 낳는 근원이 도라고 하므로 그 도를 어머니 혹은 암컷으로 표현하는 대목이 『도덕경』에는 여러 곳에 나온다. 암컷의 이미지를 사용하여 도를 설명하는 곳이 많은 것으로 보아 생명의 근원인 도는 어머니요, 그 도에서 나온 만물이 그 자식임을 알 수 있다.

천지만물은 처음이 있으니 그것을 천하(天下)의 어머니라 하도다.
그 어머니를 알면 그 아들(萬物)을 알 수 있도다.
그 아들을 안 연후에 다시 어머니에게 돌아가 지켜야 종신토록 위태롭지 않으리라.

(52장)

만물은 아들이고 도는 그 어머니라는 말이다. 아들을 통하여 그 어머니를 알 수 있다는 말도 가능할 것이다. 이 문제에 대하여는 뒤에서 다시 설명을 할 것이므로 여기서는 도가 어머니 혹은 암컷이라는 표현을 하고 있는 대목을 더 들어보도록 한다.

골짜기의 신(谷神)은 죽지 않으리니,
이를 일러 현빈(玄牝, 신비스러운 암컷)이라 하도다.
현빈의 문(門), 이를 일러 천지의 뿌리라 하느니라.

영원으로부터 연이어져 온 것 같으며,
써도 써도 지칠 줄 모르도다.

(6장)

여기서는 도를 골짜기의 신(谷神)으로 표현하고 또 신비스러운 암컷(현빈, 玄牝)이라고 표현하였다. 이 의미는 무엇일까? 골짜기는 일차적으로 산 속의 계곡이나 골짜기의 형상을 말하겠지만 도가 지닌 은밀한 생산력을 말한다고 할 수 있다.

도가 남성적이냐 여성적이냐 하는 질문은 무의미한 물음이라고 본다. 도는 남성도 아니요 여성도 아닌, 남녀양성을 초월하는, 혹은 종교학자들이 말하는 양성구유(兩性俱有)라고 할 수 있겠다. 그런데 노자는 도를 곧잘 여성에 비유해서 설명하고 있다. 생육(生育)의 원형으로써 말이다. 그 여성을 현빈(玄牝)이라 하고 천지근(天地根)이 된다고 하는 것이다. 『도덕경』에서 현(玄)을 붙이는 경우에는 대부분 'mystic' 한 경우, 즉 우리의 감각으로는 알 수 없는 방식으로 작용할 때 사용하는데, 이 경우는 만물을 낳는 암컷의 신비를 지적한다고 할 수 있다. 이 시에서는 모든 현상계가 도에 뿌리를 두고 생겨난 것인데, 어떻게 그 현상계를 낳고 있는지 우리의 감각으로는 알 수 없는 방식으로 뜻을 이룬다는 것을 표현하고 있다. 그래서 현빈(玄牝)이다.

도의 낳아서 기르는 힘이 얼마나 생명력이 넘치는 것인지를 짐작해 볼 수 있는 구절이 '영원으로부터 연이어져 온 것 같으며, 써도 써도 지칠 줄 모르도다'라고 읊고 있는 대목에서 잘 나타나고 있다. 도가 만물을 낳는데 어떻게 그것을 그렇게 하는지 우리의 감각으로는 알 수 없는 방식으로 낳는다는 것이다.

(4) 도와 자연

『도덕경』25장에서,

모든 것의 시원이요 종착점(混成)인 그 무엇이 있었으니,
그것은 천지가 생겨나기 이전부터 이미 있었노라.
그것은 소리가 없어 들을 수 없고,
형태가 없어 볼 수도 없으나
홀로 우뚝 서 있으며 영원히 변함이 없도다.
두루 편재하여 일하며 멈추는 일이 없으니,
천하 만물의 어머니라 할 수 있느니라.

나는 그 이름을 알지 못하노라.
굳이 자호(字號)를 지어 도(道)라 하고,
억지로 이름을 붙여 대(大)라 할 뿐이로다.

육체로서의 인간은 땅의 법도를 따르고,
땅은 하늘의 법도를 따르고,
하늘은 도의 법도를 따르고,
도는 자연(自然, 스스로 그러함)을 따라
스스로 그렇게 된 것이로다.

(25장)

라고 도를 설명하고, '인간은 땅의 법도를 따르고, 땅은 하늘의 법도를
따르고, 하늘은 도의 법도를 따르고, 도는 자연(스스로 그러함)을 따
라 스스로 그렇게 된 것이로다(人法地, 地法天, 天法道, 天法自然)'라
고 하는 의미심장한 말을 더 붙이고 있다. 이 중에서도 도법자연(道法

自然)이라는 말에 좀 설명이 있어야 하지 않을까 한다.

문장 구조만 보면 '자연'이라는 말이 '도'라는 말보다 더 상위의 개념처럼 표현되고 있는데, 도보다 이상 가는 개념이 있을 수 없으므로 자연과 도는 같은 개념을 달리 표현한 것에 불과하다고 본다.

그런데 AD 4세기에 곽상(郭象)이란 사람이 『장자(莊子)』를 주석하면서 이 대목을 해설한 적이 있는데 매우 인상적인 말을 하였다. 즉 자연을 해석하면서 자연(自然)과 타연(他然)은 반대되는 말로 비교하고 도는 자연이라고 표현하는 것이다.

그러면 타연(他然)이란 무엇인가부터 생각해 보겠다. 연(然)이란 한문 글자는 '그럴 연'인데, 자연 그대로 있는 '존재'를 말한다. 물이 높은 데서 낮은 데로 흘러내리는 것도 그러한(然) 것이고, 뱀은 땅 위를 기어 다니게 되어 있거나 겨울에는 땅 속에서 잠을 자는 것도 자연히 그러한(然) 것이다. 토끼의 귀가 크고, 코끼리의 코가 크고 긴 것도 자연히 그러한(然) 것이다. 그러므로 연(然)이란 글자는 그렇게 저절로 되어 있는 존재세계의 모든 현상을 지칭하는 말이라 할 수 있다. 타연(他然)은 그러한 존재 세계를 절대타자(絕對他者-그리스도교의 하느님과 같은 존재)가 그렇게 만든 것이라고 하는 입장인데, 곽상(郭象)은 타연을 부정하고 '스스로 그러함(自然)'을 말하는 것이었다.

독일의 슐라이어마허(Schleiermacher)는 그리스도교의 하느님을 아닌게 아니라 절대타자(absolute otherness)라고 표현했는데, 인간과 비교해서 멀리 초월해 있는 하느님, 그리고 대화의 상대자인 인격적 하느님에 대하여 제3인칭으로 부를 수 있다는 의미에서 '타자(他者)'라는 말을 썼고, '절대'라는 말은 하느님의 초월성을 지칭한 말이다. 그러므로 동양의 도는 그리스도교의 절대타자와 같은 타연(他然-절대타자에 의해 존재세계를 있게 함)을 부정하고 자연(스스로 그러함)이라고 한 것이다.

AD 4세기에 벌써 그러한 생각을 했다는 것이 놀랍지 않은가? 도는 인격적 존재가 아니므로 도를 대화의 상대자로 제3인칭으로 부를 수 없으니까, 그리스도교에서 '하느님 아버지'라고 부르듯이 '도(道)님'이라고 할 수 없다. 이런 것이 동서양의 큰 차이점이라고 생각한다.

또 하나 비교를 해보겠다. 구약성경에 보면, 모세가 호렙산이라는 산에 올라갔는데 그 산에서 불을 만나게 되는 장면이 나타난다. 그리고 불 속에서 하느님의 음성이 들려오면서 '네가 서 있는 곳은 거룩한 곳이니 가까이 오지 말라'고 하였다고 한다. 그래서 모세가 '당신은 누구십니까?'라고 물으니, 하느님은 '나는 나다(I am who I am)'라고 답하였다고 한다. '나는 나다'라는 말은 인간적 언어로 제한할 수 없는 존재라는 뜻에서 동어반복(同語反復)을 한 것이다. 만약 '나는 지극히 선한 자이다'라거나 '나는 전지전능한 자이다'라거나 하는 답변을 하면 하느님의 선성(善性)이나 전지전능성은 표현될지는 몰라도 그 밖의 하느님의 요소는 제한을 받게 될 것이다. 이것은 논리학의 기초이론이다. 그러니 '나는 나다'라고 동어를 반복한 것은 하느님다운 명답이라고 할 수 있을 것이다.

우리는 이와 같은 질문법을 노자의 도에게도 한 번 던져보겠다. '당신은 누구십니까?' 물론 질문이 성립되지 않겠지만 그래도 이런 질문을 던지면 답변은 이렇게 된다. '나는 스스로 그러함이니라.'

그러므로 자연이라는 말은 그 무엇(여기서는 道)에 대해서 형용하여 표현하는 말임을 알 수 있다. 오늘날 한국인들이 '자연'이라고 할 때는 '자연보호'의 자연처럼 어떤 물적 대상을 지칭하는 말로 사용하는데, 정신적인 알맹이는 모두 잃어버리고 겉껍질만 가지고 있는 것이다. 자연의 깊은 뜻을 다시 되새겨야 자연도 보호되는 것이 아니겠는가?

도는 현상계에 두루 미치고 있으면서 그를 초월해 있는 모습을 다시 한 번 표현해 보았다. 도에서 만물이 생겨나고 만물은 그 자체로 조화로운 것으로써 스스로 그러함이라고 표현할 수밖에 없는 자연이다. 도에서 분출되는 기의 이합집산에 의하여 만물의 각가지 모습이 생겨나고 생성과 소멸을 하는 것이지만 거기에 어떤 자연과학적 법칙으로 파악할 수 있는 하나의 원리가 있는 것도 아니요, 스스로 그러한 자연이라고 할 수밖에 없는 것이다.

(5) 도와 초월적 존재

도가 만물의 근원이되 그 도가 하는 일을 우리의 감각으로는 알 수 없다는 표현을 많이 하고 있다. 도를 알기 위하여 영사막에 비추어 보는 방식으로는 불가능하다는 것을 위에서 이미 말하였다. 그러한 이미지나 언어는 하나의 그림자에 불과한 것이기 때문이다.

보려고 하여도 보이지 않으니 이름하여 이(夷 : 無色)라 하고,
들으려고 하여도 들리지 않으니 이름하여 희(希 : 無聲)라 하고,
잡으려고 하여도 잡히지 않으니 이름하여 미(微 : 無形)라 하느니라.
이 셋(夷, 希, 微)으로는 도를 규명할 수 없으며
도는 이 셋을 합쳐서 하나로 한 것이로다.

위로 올라가도 밝지 않고(道는 초월적이어서 人知로 알 수 없고),
아래로 내려가도 어둡지 않으며(그러나 도의 표현인 現象界는 어둡다고 할 수 없다),
무한히 편재하여 있으되 이름 지을 수 없으니
아무것도 없는 무(無)로 다시 복귀하도다.

이를 일러 무상지상(無狀之狀)이라 하고 무물지상(無物之象)이라
하고,
또한 이를 일러 황홀(恍惚)이라 하느니라.

그 앞에서 마주 보아도 얼굴이 보이지 않고(無始)
그 뒤를 따라가 보아도 뒷모습을 볼 수 없도다(無終).

옛 도를 잡아 지금의 만물을 다스리는 자는
능히 시원(始源)을 알 수 있으리니,
이를 일러 도기(道紀 : 모든 것의 原理)라 하느니라.

(14장)

이 구절에서 말하고 있는 것은 도는 우리의 감각을 멀리 초월하고
있다는 것과 언어로 그 도를 포착할 수 없다는 것을 참으로 신비스럽
게 잘 표현하고 있다. 그러면 도는 어떻게 알 수 있는가? 도가 감각을
초월해 있다는 것을 이 시(詩) 자체에서 나의 백 마디 말보다 잘 설명
해 주고 있다. 감각을 초월해 있다는 것은 신비체험을 통해서만 알 수
있다는 것을 말하는 것인데, 즉 절대의 도와 만나기 위하여서는 절대
의 부재(不在)를 만나지 않으면 안 된다는 것, 자신의 감각을 완전히
포기하지 않으면 안 된다는 것을 말하고 있다. 도를 개념화하게 되면
도는 물거품처럼 사라지고 말 것이기 때문이다. 도란 완전히 근본적
인 혼돈 속에서의 통합이며 이 세계가 형성되기 이전부터 있어온 통
합이기 때문이다.
　여기서 우리는 앎의 두 가지 형태에 대해서 말해 보도록 하겠다. 우
리가 아는 인식에는 명백히 두 가지 형태가 있다. 하나는 경험적 앎이
고, 또 하나는 체험적 앎이라고 이름 붙일 수 있을 것이다. 우리말에

는 경험과 체험을 잘 구분하여 사용하지 않지만 독일어에는 좋은 구분을 하고 있다. 경험을 Erfahrung이라 하고, 체험을 Erlebnis라 한다. 경험적 앎이란 우리의 감각을 인식의 창문으로 하여 아는 행위이다. 가령 내가 어떤 대상을 가리키며 저것은 흰색의 딱딱한 물질이라고 말한다면 다른 사람도 대개 나의 말에 동의한다. 그 흰색의 딱딱한 물질을 다른 사람도 눈으로 보고 있을 경우에 그렇다. 그러므로 이런 경우 경험의 보편성을 인정할 수 있다. 그런데 우리가 아는 인식에는 이런 종류의 것만 있는 것은 아니고 체험의 주관성이라 할까, 스스로 내가 체험해 봄으로써 아는 인식의 경지도 있다.

가령 불교에서 말하는 색즉시공 공즉시색(色卽是空, 空卽是色)이라든가 노자의 도(道)라든가 하는 대부분의 종교적 진리들은 경험을 바탕으로 한 과학적 진리처럼 전달할 수가 없다. 종교적으로 참회를 한다든가 참선을 한다든가 하는 행위를 통하여 스스로 체험한 것이 없이는 절대로 알 수 없는 진리들이 수두룩하게 많다. 이 간단한 사실을 의외로 모르는 사람들이 많다. 오늘날 학교에서는 사람의 마음을 안으로 밝아지게 하는 '내명(內明)의 교육'은 대부분 소외시키고 과학적 진리 일색으로만 가르치고 있으니 유감스럽다. 성철스님의 법어를 못 알아듣는 사람은 무척 많으리라 본다. 그의 언어는 대부분 체험을 토대로 한 종교적 진리를 말하고 있기 때문이다. 그러나 그의 말을 알아듣는 사람도 많이 있으니 체험의 경지가 전혀 보편성이 없고 주관적이라고 할 수는 없을 것이다. 그런 체험의 경지도 커뮤니케이션할 수 있기 때문이다.

이 시에서 말하는 감각을 초월하는 도를 표현하는 구절을 즐길 수 있으려면 체험이 중요함을 다시 한 번 일깨워 준다. 어떤 사람은 이것을 소리를 듣는 것과 멜로디를 듣는 것으로 비유하였는데 그것도 하나의 설명 방식이 될 것이다. 음악을 모르는 사람은 소리는 듣지만 멜로디는 듣지 못한다. 소리는 곧 음파에 불과한 것이며 물리학적인 의미에서 실재하는 것일 뿐이다. 멜로디는 단지 소리의 집합 이상의 것이다. 즉 단지 물리학적인 소리 이상의 전체적인 상징성이 내포되어 있다고 할 것이다. 도를 실재적인 것으로 받아들이는 사람에게 있어서도 마찬가지로 도는 사물의 집합 이상으로 받아들인다.

이 시에서는 우선 보고 듣고 만지는 것과 같은 감각적인 것을 가지고는 도를 알 수 없다고 말하고 있다. 인지로는 알 수 없지만 현상세계에 어디나 있다고 한다. 위에서 도는 그 어머니와 같고 만물은 그 자식과 같다고 하였으니 자식을 통하여 어머니를 알 수 있다고 한 말과 서로 통한다. 그것을 이 시에서는,

위로 올라가도 밝지 않고(道는 초월적이어서 人知로 알 수 없고),
아래로 내려가도 어둡지 않으며(그러나 도의 표현인 現象界는 어둡다고 할 수 없다),

라고 표현하고 있다. 우리와 같은 감각적 존재는 오로지 눈에 보이는 이 감각적 대상만이 유일하게 존재하는 것으로 보고 그 뿌리가 되는 감각을 초월하는 것에 대하여는 무시하는 경향이 있다. 눈에 보이고 만질 수 있는 것만 인정하려고 하는 것은 반쪽 현실만을 받아들이는 것이다. 그리고 자식이 제 어버이를 못 알아본다면 그것은 후레자식에 지나지 않을 것이다. 그렇다면 이 현상세계를 통해 그 뿌리가 되는 어머니를 알아보는 것은 자식 된 마땅한 도리라는 것도 인정해야 할 것이다. 그런데도 오늘날 사람들은 눈에 보이는 현상만을 실재하는 것으로 보고 있으니 얼마나 한심한 일인가? 우리가 도를 배우고 그것을 아는 것은 인간이 마땅히 태어나서 해야 하는 의무이고 도리라는 것을 알지 않으면 안 된다. 우리는 이 문제를 장을 달리하여 좀 더 생각해 보도록 하여야 하겠다.

2
도의 체험

2. 도의 체험

(1) 일상(日常)의 도

도는 경험적인 앎을 통하는 것이 아니라 체험을 통하는 것이라는 것을 인식하여야 할 것이다. 도의 체험은 우선 우리는 혼자가 아니라는 것을 아는 것부터 시작하여야 한다. 우리는 우리 자신보다 더 큰 어떤 것의 일부가 되어 있다는 깊은 자각을 하는 것으로부터 출발을 하여야 할 것이다. 대부분의 사람들은 그의 생애에 있어서 이따금 도의 체험을 할 때가 있지만 그것을 그냥 흘려보내는 경우가 많다.

도는 먼 곳에 있는 것이 아니요 우리 곁에 아주 가까운 곳에 있는 것이므로 도를 체험하지 못한다는 것은 있을 수 없다. 다만 우리의 무지로 인하여 그것이 도인지를 모르고 있을 뿐이다. 어떤 사람에게 있어서는 산의 정상에 올라서 우주와 내가 하나가 되는 놀라운 느낌으로 인지될 수도 있다. 혹은 어느 이른 아침 부엌이나 방에서 분간할수 없는 따스함과 찬란한 빛이 스며듦을 느낌으로써 도를 체험하는 일이 생겨날 수도 있다. 혹은 고독한 벤치에서 나뭇잎이 떨어지는 모습이나 동물들의 천진한 놀이를 보는 순간에 올 수도 있다. 곧 내적인 기쁨과 사랑으로 충만하게 되는 경험을 동반하고 일어난다.

도의 체험을 심리학적으로 설명한다면 우리 자신이 보다 더 큰 어떤 것의 일부가 되고, 눈에 보이지 않는 영원한 실재에 포섭되고 사랑으로써 맺어지게 되는 깊은 인식을 동반하게 된다. 도가 체험되는 무시간적 순간에 우리는 그것이 우리를 둘러싼 현실의 세계보다 훨씬 중요하고 우리의 일상적 삶의 관심보다 더 의미 있는 것임을 알게 된다. 그 순간에 모든 사물이나 인간은 만물의 기반이 되는 영적 의미에 의해 동시적으로 연관되어 있는 듯이 보인다.

도의 체험을 통해서 우리가 직관적으로 알게 되는 것은, 우리는 거대한 우주의 아주 작은 점 위에 있는 유기적 잡동사니에서 진화해온 외롭고 고립되고 하찮고 무의미한 존재가 아니라는 것이다. 오히려 도의 체험은 우리로 하여금 만물의 기반이 되는 것-어떤 사람은 그것을 신이라 부르리라-을 통해 다른 모든 것과 연결되어 있음을 알게 한다. 많은 경우 도에 대한 체험은 신비스러운 우연의 일치사건처럼 오기도 한다. 즉 보이지 않는 하느님이나 도가 나와 밀접히 연결되고 나를 사랑으로 감싸고 있으며 나를 움직이고 있다는 강렬한 느낌을 통해 나는 혼자가 아님을 알게 해 준다.

시노다 볼린(Jean Shinoda Bolen) 여사는 정신과의사였는데 자기가 치료하던 한 환자로부터 다음과 같은 이야기를 들었다. 그것은 제2차세계대전 동안에 일어난 일이었는데, 당시 그 환자는 젊은 흑인 전투공군이었다. 그가 잠시 동안 딥 사우스(Deep South)에 있는 공군사령부 기지에서 훈련을 받고 있었을 때였다. 그때는 마침 크리스마스였고, 그는 남부 캘리포니아에 있는 가족의 축하 파티의 따뜻함과 축제의 분위기를 그리워하면서 홀로 외로움을 느끼고 있었다. 시내에 나갔을 때, 흑인인 자신에게 가해지는 인종 차별이 있음을 난생 처음으로 경험하였다. 다른 사람들은 가족의 품으로 돌아갔지만 자기는 어디로 갈 데가 없었다. 뼈에 사무치는 외로움과 비참함에 빠져 정처 없이 길을 걷다가, 어디선가 크리스마스 합창을 연습하는 교회의 노래 소리를 듣게 되었다. 그는 그 소리를 따라 자기도 모르게 발길을 옮겨 그 소리가 인도하는 어떤 교회로 들어갔다. 맨 뒷좌석에 앉아 옛날에 들어보던 친숙한 찬송가를 듣고 있었다. 그때 그는 강하면서도 사랑이 많고 남을 감싸던 할아버지, 노래를 사랑하고 가끔 내켜하지 않는 손자인 자기를 교회에 데리고 가던 자신의 할아버지를 생각하기 시작했다. 그의 할아버지가 가장 사랑했던-크리스마스 캐럴이 아닌-찬송가가 그의 마음에 떠올랐다. '나는 혼자 정원에 왔다네'라는 노래였다.

그때 그는 자신의 생애에 있어 매우 중요한 체험을 하게 되었다. 그는 할아버지가 즐겨 부르던 그 노래를 듣고 싶다는 강렬한 생각을 하였는데 성가대의 합창단이 마침 그 노래를 부르기 시작한 것이다. 그 노래를 듣고 싶다는 주관적인 욕망과 일치해서 그 순간 그 노래를 성가대가 불러 준 것이었다. 단지 우연의 일치라고만 할 수 없는 참으로 신비한 어떤 체험을 한 것이다. 그 체험을 그는 다음과 같이 표현했다.

"나는 그때 그를 몹시 그리워했고, 이 노래를 듣고 싶다고 생각했습니다. 그리고 그때 어떤 이유인지는 모르나 나는 그렇게 될 것이라는 확신을 느꼈습니다. 나는 그 성가대가 그 노래를 하리라는 것을 알았습니다. 바로 그 순간에 다음과 같이 시작되는 노래가 불려졌습니다.

'이슬이 아직도 꽃 위에 머물러 있는 동안,
나는 홀로 정원에 왔다네.
그 분은 나와 함께 걸었고,
나와 같이 이야기했네.
그 분은 나에게 나는 그가 사랑하는 사람이라고 말했네'

그 순간 나는 눈물이 넘쳐흐르고, 내 생애에서 가장 큰 기쁨과 가장 평화스러운 마음을 느꼈습니다."

　이와 같은 사건은 누군가 자신을 보살피고 있고, 더 이상 자신이 고립되어 있지 않다는 느낌을 가져다주었다. 그는 말로 표현할 수는 없지만 어떤 일치, 절대적으로 확신을 주는 어떤 일치를 체험한 것이었다. 신비하고 의미 있는 일치는 만물의 배후에 눈에 보이지 않는 어떤 연결 원리가 있음을 깨닫게 하는 바, 그 영적인 실재를 직관적으로 일깨우고 있다.

　과연 우리도 신비스러운 우연의 일치사건을 많이 경험하고 있지만 그것이 왜 그렇게 생기는 것인지 모르고 또 인과율을 가지고는 설명할 수 없기 때문에 도외시해 버린다. 물론 진짜 우연의 일치사건도 있을 것이다. 그러나 앞에서 말한 흑인병사의 예와 같은 것은 매우 의미 있는 우연의 일치사건이라고 해야 할 것이다. 그 체험을 한 이후 그 흑인은 더 이상 자신이 이 우주에서 버림받은 외톨이가 아니고 자기는 더 넓은 도에 연결되어 있는 부분이라는 것을 알게 되었다고 한다. 이 체험은 그 병사의 삶을 전적으로 다르게 변모시켰을 것임에 틀림없다.

　노자가 도를 어머니에 비유한 내용이 많다는 것은 위에서 말한 바이다. 그런데 우리가 바로 태내에 있는 아기이고 도는 그 어머니라는 비유를 사용하는 것도 좋으리라고 생각한다. 태내에 있는 아기와 어머니는 대단히 밀접한 관련이 있다. 어머니로부터 온갖 영양분을 공급받으며 아기는 태 안에서 평화롭게 살고 있다. 이 세상의 누구보다도 밀접한 관계를 맺고 있다. 몸은 둘이지만 실제로 하나로 일치되어 있다는 말은 어머니와 태 안의 아기라고 하여도 좋을 것이다. 태 안의 아기는 하나의 독립된 생명이지만 어머니와의 관계에서 볼 때 하나의 생명관계에 있다고 할 수 있다. 어머니는 태교를 통하여 아기에게 전해주는 어떤 메시지가 있다. 다만 태 안의 아기는 자기가 어머니의 태 안에서 평화스럽게 살고 있지만 그 어머니를 의식하지 못할 뿐이다.

도와 우리와의 관계를 생각해도 이와 같은 비유를 사용할 수 있을 것이다. 도는 우리와 밀접히 있고 우리는 도 안에서 평화롭게 살고 있지만 도를 의식할 수는 없다. 도로부터 온갖 좋은 것을 받고 있지만 그 고마움을 모른다. 마치 태 안의 아기가 어머니로부터 온갖 좋은 것을 받으면서도 그 어머니를 의식하지 못하고 그 고마움을 모르는 것과 같다.

> 모든 것의 시원이요 종착점(混成)인 그 무엇이 있었으니,
> 그것은 천지가 생겨나기 이전부터 이미 있었노라.
> 그것은 소리가 없어 들을 수 없고,
> 형태가 없어 볼 수도 없으나
> 홀로 우뚝 서 있으며 영원히 변함이 없도다.
> 두루 편재하여 일하며 멈추는 일이 없으니,
> 천하 만물의 어머니라 할 수 있느니라.
>
> 나는 그 이름을 알지 못하노라.
> 굳이 자호(字號)를 지어 도라 하고,
> 억지로 이름을 붙여 대(大)라 할 뿐이로다.
>
> (25장)

위에서 인용한 구절이지만 도를 어머니로 하고 우리와 모든 만물을 그 어머니의 태 안에 있는 것으로 상상하면서 위의 시를 다시 한 번 읽어 보라. 태 안의 아기가 어찌 어머니의 소리를 들을 수 있을 것이며 눈으로 볼 수 있을 것이랴! 아기의 입장에서 보면 어머니의 태 안은 우주 전체이다. 그것은 상상할 수 없이 큰 우주 전체이다. 그것이 무엇인지 어떻게 이름 붙일 수 있겠는가? '나는 그 이름을 알지 못하

노라. 굳이 자호(字號)를 지어 도라 하고, 억지로 이름을 붙여 대(大)라 할 뿐이로다'라고 고백할 수밖에 없는 것이다. 도를 표현하는 말이 여러 가지가 있지만 서양 사람들이 우주의 어머니(the Cosmic Mother)라고도 번역한 것은 이 때문이다. '무진장하게 모든 것을 주는 어머니'라는 이미지가 도에 관련하여 표현되기도 하였다.

그러면 우리는 도를 어떻게 아는가? 태 안의 아기의 비유로만 생각한다면 우리는 영원히 어머니의 존재를 알 수 없을 것이다. 그래서 이러한 비유법에 약간의 설명이 더욱 필요하다. 우리가 도를 벗어날 수 없다는 것과 도와 우리는 같이 연결되어 있다는 것, 도라는 대생명 안에 우리가 존재한다는 것, 우리가 의식하지는 못하지만 도의 절대적인 보호 속에 있다는 것을 설명하기에는 안성맞춤이기는 하지만 태 안의 아기는 무의식적이고 잠들어 있는 것과 같아서 어머니를 모르고 있다는 이미지가 생겨나므로 그것은 다시 해석되지 않으면 안 될 것이다. 태 안의 아기는 어머니를 알 수 있다. 아는 방식은 아주 조용히 마음으로만 느껴서 알 수 있다.

도에 대한 인식의 문제를 『도덕경』은 여러 곳에서 잘 표현하고 있는데 성인들이 아는 도는 어떤 지적인 연마를 통하여 아는 방식과는 차원을 달리하고 있다. 그렇다고 하여 우리의 일상적인 삶의 현장을 떠나서 별다른 세계에 가서 아는 것이 아니고 우리의 일상 속에서 아는 것이다. 태 안의 아기가 가보았자 어디로 가겠는가? 태 안의 세계가 벌써 대우주이기 때문이다.

어떤 사람들에게는 기도를 하기 위하여 대성당이나 예배당을 방문함으로써 도에 접근하는 방법을 제공할지도 모른다. 다른 사람들은 자연과 함께 있고 싶어 시간을 따로 낼 필요가 있을지도 모른다. 등산, 등짐지고 광야를 걷기, 해안을 어슬렁거리며 걷기 혹은 숲속에 앉아 있기 등이 그러한 것이다. 이런 일상적인 것을 통하여 불현듯 어머니인 도를 깨닫게 될지도 모른다. 또 어떤 이는 고독한 창조적 활동, 즉 그림 그리기, 시 쓰기, 플루트 연주하기 등을 통해서 깨닫게 될지도 모른다. 이것들이 사람들을 영적 원천과 재결합시키는 것을 도울지도 모르기 때문이다. 음악을 듣는 것은 또 다른 도에 접근하는 방법이 될지도 모른다. 어떤 음악은 마음 속 깊은 곳에 도달하고 우리를 '재영화(再靈化)'하기 때문이다.

도를 알기 위해서는 우리의 지적인 욕망을 버리고 마음으로 어머니의 맥박을 듣는 고요한 시간에서만 가능할 것이다. 외향적으로가 아니라 내향적으로 마음으로 느껴보도록 해야 할 것이다.

초보자들은 밖으로 보는 외향적인 세계는 총천연색으로 보이기 때문에 그것만이 전부인 줄 알고, 안으로 내향적으로 보면 흑백으로만 보이고 아무것도 없는 것처럼 보일 것이다. 아무것도 없다고 생각하기 때문에 무(無)라는 용어를 사용했는지도 모른다. 내적이 된다는 것은 내적인 도의 길을 따르는 것이요, 내적인 도의 길을 따름은 인생을 살아가는 동안 우리로 하여금 회상과 영적 재생을 위해 멈출 것을 요구한다. 영적 재생, 감정의 양육, 내적인 원천에의 접근, 자연과 하나가 되는 감정을 동반한다. 혹은 도와 접촉하는 느낌은 우리의 시간체험이 보통의 시계를 보는 사고방식과 다른 시간체험에서 발생한다고 말할 수도 있다.

우리는 시간에 대하여 오직 한 가지 단어밖에 없지만 그리스 사람들은 두 개의 단어를 가지고 있는데, 시간의 경험과 질에 있어서의 차이점을 잘 설명해주고 있다. 한 단어는 크로노스(Kronos)인데, 흐르는 시간을 정확히 잰, 우리가 보통 보는 시간이다. 그것은 우리가 일하러 가는 시간, 약속 시간, 우리가 계산해야만 하는 시간과 같은 계획된 삶에 필요한 시간이다. 아버지적인 시간관이라고 할 수 있다. 즉 외향적인 세계를 향한 시간관이다. 두 번째 단어는 카이로스(Kairos)

인데, 전자와는 아주 다르다. '측정되는' 시간이 아니라, 그것은 '참여하는' 시간이다.

시간의 흔적을 잊어버릴 정도로 우리를 몰두하게 하는 시간이다. 즉 시간이 없는 시간, 시계가 정지했을 때의 순간이다. 양육되고 재생되는, 더욱 어머니다운 시간이다. 카이로스 시간은 우리가 편히 쉬고 햇볕 아래서 일광욕할 때, 시간이 우리의 요구를 받아들이고 손을 뻗는 것같이 느껴지는 휴가 때에 일어난다. 또 그것은 우리가 하는 일에 완전히 몰두했을 때 일어난다. 그것은 항상 감정적 의미나 혹은 영적 의미의 순간에 동반되어 나타나는데- 도(道), 즉 우리를 타인과 연결시키는 사랑 등과 따로 떨어져 있는 것이 아니라 하나가 되었다고 느꼈을 때의 시간에 나타난다. 내 영혼이 편히 쉴 수 있는 곳은 바로 이 카이로스 시간에서이다. 그래서 성서에서도 유명한 다음과 같은 구절이 보인다.

야훼는 나의 목자, 아쉬울 것 없어라.
푸른 풀밭에 누워 놀게 하시고
물가로 이끌어 쉬게 하시니
지쳤던 이 몸에 생기가 넘친다.
그 이름 목자이시니 인도하시는 길,
언제나 곧은 길이요,
나 비록 음산한 죽음의 골짜기를 지날지라도
내 곁에 주님 계시오니 무서울 것 없어라.
막대기와 지팡이로 인도하시니 걱정할 것 없어라.

(시편23, 1~4절)

우리가 영원히 쉴 수 있는 곳은 아버지적인 시간이 아니라 어머니적인 시간, 즉 카이로스의 시간에서이다. 그곳은 하느님이 인도하는 길, 즉 도이다. 지친 사람들은 무의식적으로라도 이 시간을 찾을 것이다. 성경에서는 또한,

> 암사슴이 시냇물을 찾듯이,
> 하느님, 이 몸은 애타게 당신을 찾습니다.
>
> (시편42, 1)

라고 하여 영원히 쉴 수 있는 곳으로써 하느님을 찾고 있다. 예수는 사마리아 여인과의 대화에서 매우 의미 있는 영생의 물에 관한 이야기를 한다.

> "예수께서는 '이 우물물을 마시는 사람은 다시 목마르겠지만 내가 주는 물을 마시는 사람은 영원히 목마르지 않을 것이다. 내가 주는 물은 그 사람 속에서 샘물처럼 솟아올라 영원히 살게 할 것이다'하셨다. 이 말씀을 듣고 그 여자는 '선생님 그 물을 저에게 좀 주십시오. 그러면 다시는 목마르지도 않고 물을 길러 여기까지 나오지 않아도 되겠습니다'하고 청하였다."
>
> (요한4, 13~15)

위의 구절에서 무시간적 시간 속에 영원히 쉬는 것만이 아니라 영원히 목마르지 않는 생명의 샘이 여기에 있음을 밝히고 있다. 이 모든 것은 밖을 향한 길이 아니라 안을 향한 길을 통하여 도달되는 것이다. 내적으로 보다 중요한 것에 되돌아가고 시간 안에서 무시간성을 체험하는 것이 모든 삶의 목표가 됨을 지적하고 있는 것임을 알 수 있다. 시간적인 것에서 무시간적인 것으로 회귀(回歸)하도록 만물이 우리를

초청한다고도 말할 수 있다. 양치는 자가 그의 잃은 양을 찾는 것에 관한 그리스도교의 상징과도 같이 끊어짐, 직관, 느낌, 영적인 내적 모습은 계속 화해를 추구한다. 내적인 길은 우리에게 손짓을 한다. 즉 그 길을 따를 것인가의 결정은 우리에게 달려 있다.

도 안에 사는 것은 무엇을 의미하는가? 중국의 도가(道家)들은 '도를 사랑한다'는 말은 잘 사용하지 않는다. '도를 두려워한다'는 표현도 잘 사용하지 않는다. '도는 모든 것을 사랑하고 길러 주지만 거느리려고 하지 않는다'고는 말한다. 그리스도교에서처럼 '네 마음을 다하고 뜻을 다하여 하느님을 사랑하라'고 하지 않는다. '도를 사랑하라'고 말하는 것은 이미 가장 가까운 친구를 사랑하라고 명령하는 것만큼이나 어색한 것이라고 생각한다.

도가의 성인이 도 안에서 사는 것은 어떤 명령을 받았기 때문이 아니라 단지 그렇게 하고 싶기 때문에 그렇게 사는 것이다. 도가의 성인은 영혼을 구원한다거나 미래의 보답 같은 것을 추구하지도 않는다. 도 안에 사는 것은 어떤 목적이 있는 것이 아니고 단지 그것이 좋기 때문에 그 안에 있는 것이다. 어린아이에게 너는 왜 거기서 노느냐고 물으면 그냥 거기가 좋아서라고 대답하는 것과 같다. 목적이 없다는 것이 도가적인 특색이다. 어떤 생물학자가 '우주는 방향성은 있지만 목적은 없다'고 말했다면 그는 다분히 도가적인 입장을 말한 것이다. 도의 내적 원리는 목적성이 아니라 자발성이라고 할 것이다. 유대교나 그리스도교와 달리 도는 어느 것도 창조하거나 만들지 않는다. 단지 사물을 자라나게 하거나 개성을 부여한다고 생각한다.

나무가 성장하는 데 목적이 있는지 혹은 냇물이 아래로 흘러가는 데 목적이 있는지 의문이다. 그러나 결과적으로 나무나 냇물이 어떤 목적에 기여한다고 유추하는 것은 있을 수 있는 일이다. 나무나 냇물 같은 자연은 목적이 없지만 이성을 가진 인간은 목적이 있다. 도가는 인간만이 어떤 목적을 가져야 한다는 일에 대해서도 부정적이다. 음악가가 연주하는 것을 보고 당신은 어떤 목적으로 연주를 하느냐고 묻는다면 실례가 되는 질문이 될 것이다. 그는 단지 연주하고 싶으니까 연주하는 것이다. 피리를 부는 사람은 그냥 달밤에 피리를 불고 싶어서 피리를 부는 것이다.

자연에 어떤 목적이 있는 것처럼 파악하는 것은 인위적인 지(知)를 불러일으키는 것에 불과하다. 어떤 사람이 산에서 멍청히 멀리 바라보고 있는 모습을 보고 서양 사람들이 내기를 하였다. 저 사람은 왜 저기서 저러고 있을까? 한 사람이 자신 있게 대답하였다. '저 사람은 이 세상의 티끌 같은 일들에서 벗어나고 싶어서 여기에 올라왔을 것이다.' 다른 사람이 말하였다. '아니야, 저 사람은 멀리서 무엇인가를 찾고 있는 것이 아닐까 여겨지네.' 또 다른 사람이 끼어들었다. '저 사람은 연애에 실패한 것이 틀림없다.' 세 사람이 그에게 다가가서 왜 여기에 있는가 하고 물었다. 그는 단지 '여기에 있고 싶어서……'라고 대답하였다.

나무나 냇물이 어떤 목적 없이 거기에 있는 것처럼 인간도 어떤 목적이 있는 것이 아니라고 생각하는 것이 도가적인 발상이다. 숨 쉬는 것을 즐기기 위해 숨 쉬는 것이 아니라 단지 숨을 쉬고 있을 뿐이다. 단지 태 안의 어린 아기가 편안한 것처럼 도 안에서 편안한 것이다. 그것이 도 안에서 진정으로 쉬는 것이다.

(2) 도와 만물의 관계

우리의 감각적 대상이 되는 만물과 도는 어떤 관계에 있는가? 도는 어머니요, 만물은 그 자식이라고 하지 않았는가? 만물을 떠나서 도대

체 도를 어떻게 알 수 있을까? 이런 문제에 관하여 조금 다른 각도에서 생각해보자. 『도덕경』 첫머리에는,

그러므로 늘 무욕(無欲)으로써 그(道) 오묘함을 보고자하고,
늘 유욕(有欲)으로써 그(天地) 현상을 보고자 하노라.
무(無極)와 유(太極)는 하나이로되
이름이 다를 뿐이로다.

이 둘은 하나에서 나와 이름을 달리하며
다 같이 현묘하다 하리로다.
실로 오묘하고 또 오묘하니
모든 오묘함의 문(原理)이로다.

(1장)

라고 말하고 있다. 첫 번째 구절의 내용은 유욕과 무욕이 현상을 현상으로만 보게 되거나 혹은 도를 보게 되는 분기점이 된다는 것과 더욱 중요한 것은 그 유(현상)와 무(도)는 원래 하나지만 이름이 다르다는 것을 말하고 있다. 두 번째 구절은 그것이 실로 신비하다는 것을 읊은 것으로 되어 있다. 그러므로 유욕과 무욕이 왜 여기서 문제가 되는지 알아야 될 것처럼 보인다. 우선 유욕이 인위적인 지(知)와 관련 있는 것으로 생각할 수 있다. 노자는 인위와 무위를 구분하고 인위를 배격하고 무위할 것을 강조한다. 그런데 인위의 바탕에는 지를 사용하는 경우가 있다.

노자가 사용하는 언어 가운데 지(知)나 지(智)를 매우 부정적으로 말하고, 그 지(知)로 인해서 모든 고통과 병통이 시작된다는 말을 여러 곳에서 하고 있다. 노자는 71장에서 '지불지상(知不知上)이요, 부

지지병(不知知病)'이라고 말하고 있는데, 그것은 '알면서도 몰라지는 것이 제일 좋은 것이요, 모르면서도 안다고 하는 것이 병이다'라고 해석될 수 있다. 노자는 앎 그 자체를 갖지도 말라고 하는 우민주의(愚民主義)를 표방한 것이 아니라, 진짜 아는 사람은 자기가 알고 있는 앎 자체도 잊어버리는 정도의 앎을 가지는 사람이라는 것을 말한다고 할 수 있다. 지(知) 혹은 앎이 고통이나 우환의 근원이 된다는 것을 지적하고 있다. 노자의 생각대로라면 지(知)는 인위적인 속성을 갖는 것이다.

한 그루 나무를 보고 목수나 화학자나 나무꾼이 보는 관점은 전적으로 같지는 않겠지만 그들은 대체로 나무를 지적인 관점에서 바라본다고 할 수 있을 것이다. 목수는 '저 나무 쓸만하구나'하고 머리를 굴릴 것이고, 화학자는 '저 나무는 수분이나 태양에 의한 화학작용으로 이루어진다'는 것을 볼 것이며, 나무꾼은 땔나무의 대상으로 적합한지를 살필 것이다. 즉 요즘 말로 하면 목적의식적인 관점에서 바라본다는 것을 알 수 있다.

한편 이런 목적의식을 가지지 않고 나무를 하나의 '나와 너'의 인격적 관점에서 보는 경우도 있겠는데, 이런 경우는 나무 그 자체와 관계를 맺는 미적 관점이라고 할 수는 있겠지만 나무를 자신의 이용의 대상으로 삼거나 목적의식에서 바라보는 것은 아닐 것이다. 이 때 목적의식적인 관계를 맺는 것을 또한 인위적인 지(知)의 속성이라 하고 그것은 '나와 너(I-Thou)'의 관계가 아니라 '나와 그것(I-It)'의 관계라고 말할 수 있다. 그러므로 지(知)가 앞서는 것은 늘 목적의식적이 되기 쉽고 '나와 그것'의 관계가 되기 쉬워서 이용의 대상으로 바라보는 것을 본질로 삼게 된다는 것이다. 우리가 많은 물질문명의 혜택을 누리게 된 것은 지(知)의 사용을 통해서 된 것이니 부정적으로만 볼 것이 아니지만 한편 그 지(知)의 본질도 또한 꿰뚫어 보아야 한다는 것을 노자는 가르쳐주고 있다. 즉 그 지(知)의 인위적 속성으로 인해서 생기는 인간의 고통과 경쟁과 투쟁의 역사를 보아야 한다는 것이다.

　적절한 예가 될는지 모르지만 미스코리아 선발대회라는 것을 열어 미인들을 인위적으로 만들어내는 과정을 보자. 바스트(bust)가 몇 센티미터, 히프(hip)가 몇 센티미터하며 기계적인 미의 기준으로 골라낸다. 그러한 미의 기준은 전적으로 지(知)의 사용이요 인위적인 것이라 할 수 있다. 노자의 사고방식으로 하면 아름다움은 있는 그대로(즉 자연 그대로) 모두 갖추고 있는 것이지 인간이 시대에 따라 만드는 어떤 기준에 의해 생겨지는 것은 아니라고 본다. 그러나 미스코리아의 미인을 인위적으로 선발할 때 한 두 사람은 미인(美人) 소리를 들을 줄 몰라도 얼마나 많은 '덜 예쁜' 사람들이 동시에 양산(量産)되어 나오는가? 자신이 덜 예쁘다는 것을 '의식'한 많은 여성들은 당대의 미의 기준에 일치하려는 지적인 인식을 통하여 성형수술을 하고 야단법석을 떠는 것이다. 아름다움의 지적인 기준을 세워놓으면 거울을 쳐다보며 자신을 그것과 비교하고 한숨짓는 여인이 많이 생겨나는 것이 불문가지일 것이다. 그래서 성형외과 병원이 문전성시를 이루는 집단적 히스테리도 생기는 것이다. 세상에는 바스트와 히프가 몇 센티미터 초과하는 사람도 있고 못 미치는 사람도 있을 것이며, 눈이 작은 사람도 있고 큰 사람도 있고 뚱뚱한 사람도 있고 마른 사람도 있을 것이다. 사팔뜨기의 눈도 보기에 따라 얼마나 아름다운 매력을 가진 것인지 모른다. 실제로 그런 미인도 있었으니까⋯⋯. 더구나 요즘 드라마에 등장하는 탤런트들은 많은 경우 서구적인 형태의 모습을 닮은 사람이 많은데 요즘 한국 사람들이 보는 여성의 미에 대한 기준도 변화하고 있는 것을 보여주는 예라 하겠다. 이렇게 지(知)가 하는 일은 인위적이기 쉬우며 지(知)의 본성상 목적의식적이요, 정복적이라 할 것이다. 이곳의 주제와 좀 다른지는 모르겠으나 모든 국민들에게 온갖 분야에서 지적인 경쟁을 시키는 정치는 잘못하는 것이다. 오히려 과도한 지(知)를 사용하는 사람보다는 내적인 덕을 쌓도록 하는 것이 더욱 좋을 것이라 여겨진다.

유욕(有欲)으로 현상을 보면 목적의식적인 것이 되어서 도를 보지 못할 것이라는 말이 이해된다. 무욕으로 보아야 있는 그대로의 자연의 모습이 보일 것이다. 그런데 더욱 중요한 구절은 '무와 유는 하나이로되 그 이름이 다를 뿐이로다'라고 하는 것이다. 유(현상)를 제외하고 무가 다른 것이 있는가, 유와 무를 구분하는 것은 어떻게 가능한가 하는 문제를 좀 더 생각해 보아야 할 것이다. 위에서 우리는 이미 '나'라고 하는 존재는 이 우주 안에서 고립된 존재가 아니고 전체 안에 하나의 고리로 연결되어 있다는 것을 말하였다. 즉 도라고 하는 전체 안에 연결된 존재라는 체험, 나는 소우주이지만 내 안에 대우주를 반영하고 있다는 체험을 말하였다. 루이 라벨(Louis Lavelle)의 용어로 바꿔서 표현해 보면 형이상학적 구조는 도(道)라고 하는 존재(Being)와 의식하는 나(데카르트식의 '생각하는 나'를 연상해야 할 것이다)와 그리고 실재(Reality, 우리 눈앞에 펼쳐진 무진장한 세계 및 '의식하는 나'가 이 세계에 대해서 표상한 것)라고 하는 3각 구조로 되어 있다. 의식하는 나의 뿌리는 존재(Being)이며 존재를 분유(participation)하고 있고, 실재는 존재의 육체화라고 생각해 볼 수 있다.

가까운 예를 들어보면, 우리도 원칙상 사람의 마음을 눈으로 볼 수는 없다. 그러나 우리는 상대방의 마음을 어느 정도 이해할 수 있다. 그의 눈빛이나 혹은 그의 말을 통하여(상대방의 마음의 내밀성 안에 침투할 수 있는 가장 유효한 수단) 알 수 있는 것이다. 즉 원칙상 마음은 눈으로 볼 수는 없는 것이지만 그 마음이 육체화된 실재(reality)를 통하여 마음을 아는 것이다. 이 세계가 하나의 실재임은 모두 도가 육체화된 모습으로 나타나 있기 때문이다. 만물을 도가 육체화한 모습으로 이해하는 것이 매우 좋은 비유가 되지만 오해의 소지도 있다. 만물 그 자체가 마치 도인 것처럼 주장하거나 만물 안에 어떤 영(靈)들이 깃들어 있는 것처럼 생각하는 것은 잘못이다. 도는 오로지 하나일 뿐이다.

내가 어떤 책에서 읽은 것인데 다음과 같은 비유로 설명하는 것이 이것을 이해하는데 더욱 적합할 것 같다.

새로 건물을 지으면 창유리를 새로 단다. 유리가 너무 맑기 때문에 사람들은 유리가 있는지도 모르고 들어가다가 그 창유리를 깰지도 모른다. 그만큼 유리는 맑은 것이다. 그래서 건물을 짓는 사람은 사람들에게 '여기에 유리가 있다'는 것을 나타내기 위하여 창유리에다 '유리'라고 쓴 종이를 붙여놓거나 페인트로 써놓는다. 도라는 것은 우리의 감각을 초월하고 있기 때문에 아무것도 없는 것 같아서-그래서 곧잘 도를 무(無)라고 부른다- 마치 너무 밝은 유리가 아무것도 없는 것과 같다고 말할 수 있다. 그러나 우리 눈앞에 전개되어 있는 모든 만물은 위에서 말한 실재이고 유(有)이며 '유리'라고 쓴 글자와 같다. '유리'라고 쓴 글자를 통하여 눈에 보이지 않는 너무도 밝은 창유리가 있음을 알 수 있는 것처럼 눈에 보이는 만물을 통하여 우리는 눈에 보이지 않는 도가 있음을 안다.

만물은 눈에 보이지 않는 도를 눈에 보이는 모습으로 고정하는 스냅사진과 같은 것인지도 모른다. 아니 그렇게 말하면 또 오해의 소지가 있다. 사진은 실물이 아니요 실물의 그림자에 불과할 것이니 그것은 진짜가 아니요 가짜라고 주장할지도 모른다. 그래서 그 가짜를 경멸할지도 모른다. 그러나 그것은 도와 만물 사이의 관계를 잘 모르는 것이다. 동서고금의 성인들은 이 세상 만물의 아름다움과 참다운 실재를 통하여 도의 정신을 깨닫고 감탄하고 있다. 그래서 만물을 아름답게 표현한 시를 쓰고 있는 것이 아닌가? 인간은 '눈에 보이는 유리'

를 통하여 '눈에 보이지 않는 유리(道)'를 알 수밖에 없는 존재이다. 그러므로 만물을 떠나서 도가 달리 있다고 생각할 수 없다. 『도덕경』 원문은,

> 무(無極)와 유(太極)는 하나이로되 이름이 다를 뿐이로다.
>
> (1장)

라고 말하여 무와 유가 하나라고 말하는 것이다. 이것을 아는 자는 참으로 복되다. 육체를 가지고 있는 인간의 인식의 한계라고 말할 수도 있다. 또,

> 이 둘은 하나에서 나와 이름을 달리하며
> 다 같이 현묘하다 하리로다.
> 실로 오묘하고 또 오묘하니
> 모든 오묘함의 문(原理)이로다.
>
> (1장)

라고 말하여 만물과 도가 하나로 되어 있는 것이 신비하다는 것을 노자는 감탄하고 있다. 만물 가운데서 도의 숨결을 보고 감탄한 것이라 할 수 있다. 이제 『도덕경』 원문 가운데서 이에 해당하는 구절들을 인용하면서 좀 더 음미해보도록 하겠다.

> 큰 덕을 지닌 사람은
> 오로지 도를 따를 뿐이로다.
> 도의 실체는 있는 듯 없는 듯 오직 황홀할 뿐이니,

황홀하고 황홀한 가운데 그 안에 형상이 있고,
황홀하고 황홀한 가운데 그 안에 만물이 있도다.
심오하고 보이지 않지만 그 안에 생명의 본질인
정기(精氣)가 서려 있으니,
그 정기 지극히 진실하고
그 안에 성실함이 있도다.

예로부터 지금에 이르기까지
그 이름 사라지지 않고
만물의 근원을 통솔하도다.
나 어찌 만물의 근원의 실상을 알 수 있으리?
오직 도를 통해 알 수 있을 뿐이로다.

(21장)

이 시의 내용은 도는 과거부터 지금까지 현상을 떠나 있지 않음을
말하고, 또한 도는 만물에 내재해 있으면서 현상을 성립시키는 참다
운 실재라는 것, 도는 만물 가운데 녹아 스며들어 있다고 하여 한마디
로 줄여 말하면 도는 초월적이면서 내재적이라는 것을 표현하고 있
다. '도의 실체는 있는 듯 없는 듯 오직 황홀할 뿐이니, 황홀하고 황홀
한 가운데 그 안에 형상이 있고, 황홀하고 황홀한 가운데 그 안에 만
물이 있도다.'라는 고백을 할 수 있는 사람은 어떤 사람인가? 그는 큰
덕을 지닌 사람이다. 노자가 말하는 이상적인 인간일 것이다.

3
규범으로서의 도

3. 규범으로서의 도

노자가 말하는 도는 인간의 도덕적 규범의 범위를 넘어서는 면이
있기는 하지만 인간이 마땅히 밟아야 하는 규범이 도라는 인식도 하
고 있다. 논어에서 공자는 도라는 글자를 별로 사용하지 않았지만 몇
군데서 도라는 글자가 나오는데 대부분 윤리적인 규범의 뜻으로 사용
하였다.

『도덕경』에서도 분명히 윤리적 규범의 의미로 사용한 도가 몇 군데
보이는데 다만 유교적인 의미와 다른 점이 있다는 것도 감안하여야
할 것이다. 그래서 여기서는 노자적인 규범이란 무엇을 말하는지 그
규범을 잘 닦은 사람은 어떤 사람인지 그것을 생각해 보겠다.

(1) 대도무문(大道無門)-큰 길을 두고 샛길을 좋아하는 자들

만일에 내가 약간의 지혜라도 가졌다면
대도(大道)를 걸을 것이며 옆길로 들어설까 경계하리로다.
대도는 지극히 평탄하건만
사람들은 옆길을 좋아하도다.

조정의 통치자가 심히 부패하였으니
논밭은 황폐해지고 창고는 텅텅 비어 있도다.
통치자들은 화려한 옷을 걸쳐 입고,
예리한 보검을 허리에 차고,
맛있는 음식을 싫도록 먹고,

재화는 넘치도록 쌓아 두느니라.

이를 일러 도적놈의 두목이라 하느니라.

이 얼마나 도에 어긋나는 것인고!

(53장)

이 시의 처음 구절에서 말하는 것은 세상 사람들은 정도를 버리고 옆길로 가기를 좋아한다는 것을 지적한다. 왜 사람들은 올바른 길을 놓아두고 옆길로 가기를 좋아할까? 성경에서도 천국으로 가려면 좁은 길로 가라고 가르치고 있다. 올바른 길을 제쳐두고 옆길로 가기를 좋아하는 것은 그 길이 편하고 쾌락을 주기 때문일 것이다. 즉 그 길은 정신의 길이 아니라 육체의 길이다. 그 길은 눈에 보이지 않는 절대가치를 추구하는 길이 아니라 눈에 보이는 상대가치를 추구하는 길이다. 그 옆길은 총천연색으로 보이지만 올바른 길은 어두운 흑백으로만 보이는 길이다.

정말 올바른 길을 가는 사람은 쾌락이 없고 힘들기만 할까? 올바른 길을 가는 사람은 힘든 노동을 하는 사람처럼 고역스럽기만 할까? 그렇지 않다. 올바른 길을 가는 사람이 느끼는 보람은 육체의 길을 좇는 사람이 느끼는 쾌락보다 몇 배나 더 큰 것이 있다. 그것을 느껴보지 못하는 사람은 육체를 좇는 쾌락이 전부라고 생각하고 그것을 인생의 목표로 삼기도 한다. 쾌락에는 두 가지 종류가 있는 것 같다. 하나는 어둠의 쾌락이요, 또 하나는 빛의 쾌락이다. 육체를 좇는 쾌락은 그중 어둠의 쾌락이라고 할 수 있다. 여기서 잘못하면 쾌락 그 자체를 악으로 여기거나 나쁘게 생각할 수 있는데 그것은 옳지 않을 것이다.

쾌락은 그 자체가 나쁜 것은 아니다. 음식을 먹고 맛을 느끼는 것도 일종의 쾌락일 것이며 성적인 쾌락도 자연적으로 본능 가운데 주어진 것이다. 쾌락 그 자체가 나쁜 것이 아니라 그 쾌락만을 좇거나 어둠의 쾌락을 좇는 데 있다.

도적질을 하거나 사람을 죽이는 행위도 짜릿한 쾌락이 있을 것이다. 마약과 절도, 사기 등 어둠 가운데 진행되는 행위에도 짜릿한 쾌락이 있을 것이다. 즉 어둠의 쾌락이다. 그러나 남을 위해 봉사를 하거나 자신을 희생하는 가운데도 형언할 수 없는 기쁨이 있을 것이니 그것도 일종의 정신적 쾌락이라고 할 수 있을 것이다. 우리말의 '쾌락'이라는 단어는 좀 부정적인 이미지를 풍긴다. 한문 고전에서 사용되는 그대로 쾌락을 '남김없이 통하는 기쁨'이라는 의미로 사용하도록 하자. 그러면 쾌락을 꼭 육체적 쾌락의 의미로만 사용할 필요가 없을 것이다. 쾌락에는 정신적 쾌락, 아니 정신적 기쁨도 있을 것이다. 심지어 이웃을 위해 목숨을 바치는 행위를 하는 사람도 있는데, 그 사람은 살아서는 전혀 정신적 기쁨을 느끼지 못하고 죽어서 신에게 보상만을 기대하고 그런 끔찍한 행동을 하는 것일까? 그렇지 않을 것이다. 그도 정신적으로는 큰 기쁨을 누릴 것이다. 그것도 일종의 쾌락이라고 해야 할 것이다.

사람들이 옆길을 좋아하고 올바른 길과 좁은 길을 가려고 하지 않는 것은 보다 구체적인 육체적 쾌락만을 알고 정신적으로 도를 만나는 기쁨을 모르기 때문이다. 공자는 아침에 도를 들으면 저녁에 죽어도 좋다고 할 만큼 도를 만나는 일이 큰 기쁨임을 내비쳤다.

이 시의 두 번째 구절에서는 통치자의 욕심과 무절제한 쾌락을 비웃고 있다. 사람의 욕심이 끝이 없음을 잘 보여주는 것은 통치자들이다. 노자는 여기서 그 통치자를 큰 도적이라고 말하고 있다. 이 두 번째 구절을 보면서 김영삼 대통령의 좌우명으로 되어 있는 대도무문(大道無門)이 생각난다. 김대통령은 정치 9단이라고 알려져 있듯이 정치라고 하는 혼란스러운 판에서 잔뼈가 굵은 사람일 것이므로 어찌 깨달은 바가 없었겠는가? 정치적인 술책을 가지고 그때그때 얕은 꾀

를 쓰는 것보다는 정정당당하게 큰길을 가는 것이 일시적으로는 고난
이 따르겠지만 결국은 승리할 것이라는 정치철학에서 나온 것이라 본
다.

　그런데 장자를 보면 아주 재미있는 일화를 들어 설명하고 있다. 그
것은 바로 대도무문(大盜無門)이라는 일화이다. 음은 같으나 내용이
전혀 다른 것이다. 장자는 말하기를 정말 큰 도둑은 나라를 송두리째
훔쳐 가는 사람이라고 하면서, 좀도둑들은 보물이 들어 있는 상자의
열쇠를 열려고 애를 쓰지만 큰 도둑은 그 열쇠를 열려고 하지 않고
오히려 그 보물이 들어 있는 상자를 송두리째 들고 간다는 것이다. 이
런 큰 도둑에게는 오히려 상자의 열쇠가 잘 잠겨 있지 않은 것이 걱
정이라는 것이다. 만일에 열쇠가 잘 잠겨 있지 않으면 보물이 쏟아질
염려가 있을 테니까……. 나라 전체를 훔쳐 가는 도둑들은 열쇠-여기
서는 그 사회를 유지하는 인의예지(仁義禮智)의 질서를 상징하지만-
가 잘 잠겨 있는 것을 오히려 좋아한다는 것이다.

　장자의 풍자는 우리를 포복절도하게 할 만큼 웃기는데, 그런 면에
서 장자는 동서고금을 통틀어 희대의 코미디언이라 할 수 있을 것이
다. 장자만한 인물이 되어야 저 뱃속에서부터 터져 나오는 웃음을 가
져올 수 있게 하는 것이 아닐까? 유머나 웃음은 인간의 모순을 일시
에 드러내는 번쩍이는 기지와 막힘없이 트여있는 마음에서 생겨지는
것이라고 생각한다. 나라 전체를 도둑질해 가는 대도(大盜)는 거짓말
을 해도 좀스럽게 하지 않고 큼직하게 한다. 일반 국민들은 그것이 거
짓말인지도 모르고-왜냐하면 대도(大盜)는 거짓말도 정말처럼 하는
사람일 테니까- 그 헛된 정치적 구호에 입을 벌리고 있다. 그리고 때
때로 대도(大盜)들은 나라 전체를 도둑질하고는 그것을 형님 아우하
며 다른 대도(大盜)에게 넘겨주기도 한다. 그런데 도둑의 사회에도 최
소한 의리는 있어야 하는데, 그 의리가 깨지면 서로 앙앙불락하다가

도둑질한 나라 전체를 다른 대도(大盜)에게 또 빼앗기기도 한다. 우리의 역사의 무대에서 끊임없이 되풀이 연출되는 이러한 사실을 장자가 어찌 코미디로 엮어 표현하지 않을 수가 있었겠는가? 희대의 코미디언 장자가……

(2) 두들겨 날카롭게 한 것은 오래 가지 않는다

위에서 말한 것처럼 도는 만물의 근원이나 존재로서만 보지 않고 인간행위의 준칙, 올바른 길 혹은 무리하지 않는 행위 등을 뜻하는 말로 사용되고 있음을 볼 수 있다. 맛있는 음식이나 재화는 필요한 만큼 있으면 된다는 무욕의 길을 제시하고 있다. 자연의 행위 혹은 무리하지 않는 행위를 할 것을 지적하는 구절은 다음에서 잘 보인다.

갖고 싶은 것을 채우는 것은
그만두는 것만 못할 것이며,
두들겨 날카롭게 한 것은
오래 보존할 수 없느니라.

금(金)과 옥(玉)으로 집을 채우면
능히 그것을 지킬 수 없을 것이며,
부(富)하고 귀(貴)하다 하여 오만해지면
스스로 그 화를 끼치게 되느니라.

공(功)을 세우면 스스로 물러나는 것이
하늘의 도리이니라.

(9장)

육체를 좇는 '나'가 바라는 것을 모두 좇는 것은 차라리 그만두는 것만 못하다는 것을 '갖고 싶은 것을 채우는 것은 그만두는 것만 못할 것이며'라고 말하고 있다. 인위적으로 아무리 잘 헤아린다 하더라도 오래 가지 못한다는 것은 '두들겨 날카롭게 한 것은 오래 보존할 수 없느니라'라고 말한다. 또 누구나 금과 옥을 좋아하지만 그것을 너무 쌓아가지고 있으면 고단수의 도적들에게 주목의 대상이 될 것이다.

약한 민족의 국가에서 별안간 석유가 펑펑 쏟아져 나와 부자가 되면 강대국의 침략을 받을 위험이 있다. 돈 때문에 부모가 자식에게 살해되는 경우도 생기지 않았는가? '금과 옥으로 집을 채우면 능히 그것을 지킬 수 없을 것이며, 부(富)하고 귀(貴)하다 하여 오만해지면 스스로 그 화를 끼치게 되느니라', 이러한 상식적인 표현은 모두 무리하게 육체의 길을 좇음에서 오는 불행을 지적하는 것이요 무리하지 않는 자연의 길을 갈 것을 지적하고 있다.

하늘의 도는 다투지 않아도 잘 이기고,
말하지 않아도 잘 응하고,
부르지 않아도 스스로 오고,
명백한 의도를 드러내 보이지 않으면서도 좋은 결과를 가져오도다.

하늘의 법망은 넓고 넓어 성글지만
놓치는 일이 없도다.

(73장)

무리하지 않은 자연의 길을 가는 것이 도와 함께 가는 길인데 도는 아무것도 하지 않는 것 같지만 그 도를 이기는 자 없으니 도의 무리하지 않은 움직임을 말하는 것이다.

규범으로서의 도를 간직한 자는 어떤 교리나 이념을 가지고 있는
것이 아니다. 그런 면에서라면 아무것도 가진 것이 없다. 인(仁)을 강
조하는 것도 아니요 의(義)를 강조하는 것도 아니다. 국가를 경륜할
만한 큰 철학 책을 쓴 사람도 아니다. 김일성의 주체사상이 무언가 그
럴듯한 것을 가진 것 같지만, 그 주체사상 바로 그것 때문에 북한사회
가 꼼짝달싹 못하고 스스로를 얽어매는 것을 보라. 그러나 도는 아무
것도 없는 것 같으나 위의 구절에서 말하는 바처럼 다투지 않아도 잘
이기고(즉 도를 이길 수 있는 자 아무도 없고) 명령 같은 것을 하지
않지만 그 도에 복종하지 않는 자 없다. 표면상 아무것도 하지 않는
것처럼 보이지만 그 도가 한 결과를 보면 인위적인 것이 하는 것과
비교가 되지 않는다는 것을 말하고 있다.

도는 만물이 모두 독립적인 주인이 되게 하지만 또한 그 도를 떠날
수 없다. '하늘의 법망은 넓고 넓어 성글지만 놓치는 일이 없도다'라고
말하는 것이 그것을 잘 말해주고 있다.

(3) 유가(儒家)의 사상을 뛰어넘는 도

이러한 입장이므로 노자는 유가의 도덕철학을 곧잘 비평하고 있다.
인간이 어떻게 행하는 것이 가장 좋은 것인지 유교철학과 노자를 비
교할 수 있는 대목이라고 생각한다. 또한 노자의 사상이 가장 특징적
으로 부각되는 대목이기도 하다.

대도(大道)가 쇠진함으로써 인위적 도덕(仁義)이 생겨났고,
인간의 꾀가 생겨남으로써
큰 꾀(政治)가 생겨나게 되었도다.

육친(父子, 兄弟)이 불화하게 됨으로써
부자간에 효(孝)니 자(慈)니 하는
도덕률이 생겨나게 되었고,
국가가 혼란에 빠지게 됨으로써
충신이 생겨나게 되었도다.

(18장)

위의 18장과 다음의 19장이 거의 같은 내용인데, 노자의 입장에 서면 상식에 속하는 주장이다. 인간의 마음 안에 원래 도덕규범이 내재하느냐 아니냐 하는 문제를 다루지 않고 사회적인 인륜의 질서를 절대시하는 태도를 비판한 것이다.

우리도 역경 가운데 영웅이 나오고, 전쟁 중에 명장이 나오고, 병이 위중해야 명의가 나온다는 말을 한다. 역경과 전쟁 자체는 인간본성의 타락과 관련이 있는 것이요, 그 자체가 선(善)은 아닐 것이다. 노자는 원래 타고난 인간 본성의 모습은 허정(虛靜)하여 선(善)하다고 보는 입장이니 이해는 가는 말이지만, 이 대목에서 대부분의 사람들은 노자의 비현실적인 반문명적 태도에 동감하지 않는 사람도 있을 것이다.

노자의 주장을 요약하면, 인간사회에서 윤리규범을 강조하게 된 사실 그 자체가 벌써 도가 무너진 것을 역으로 반영한다는 것이다. 적절한 예인지는 모르나 사랑과 정의를 강조하는 사회는 벌써 사랑과 정의 상태에서 벗어났거나 결핍을 나타내는 것이라 할 수 있다.

정말 사랑하는 사람은 상대방을 위하는 자신의 마음이 사랑인지를 모르고(의식하지 못하고), 하지만 어떤 계기로 사랑에 금이 가기 시작하면서 불현듯 상대방의 사랑을 확인해 보지 않으면 마음이 놓이지 않아서 '사랑, 사랑' 하면서 사랑 타령을 한다. 사랑에 금이 가거나 위기를 느끼면서 내가 진정으로 그 사람을 사랑했었구나 하는 것을 '의식'하게 된다. 부모와 자식 사이에서는 서로 사랑을 확인하지 않는다. 사랑하느냐 하지 않느냐 확인할 필요 없이 이미 사랑 가운데 있기 때문이다. 그런데 자식이 부모에 대해서 사랑을 확인해 보고 싶은 충동이 생겨났다면 벌써 부모와 자식 사이에 금이 간 것을 반증하는 것이라 할 수 있을 것이다. 요즈음 물과 공기에 대해서 사람들의 관심이 많은 것은 그만큼 자연이 파괴되어서(병이 들어서) '물, 물' 하는 것이다. 물고기가 물을 의식하지 않고 그 안에서 편안하듯이 인간도 공기를 의식하지 않아야 하는데 우리는 지금 밝은 공기를 의식하지 않으면 안 되는 지경에 왔다. 이제 물과 공기도 돈 있는 사람이나 가지게 되는 자본재가 될 날도 얼마 남지 않은 것 같으니 서글픈 생각이 든다.

또 우리나라처럼 좋은 구호가 거리에 많이 붙어 있는 나라가 어디에 있겠는가? 그것은 벌써 우리나라가 그 구호가 가리키는 것에서 멀리 벗어나 있다는 것을 반증하는 것이라 할 수 있을 것이다. 그러니 '대도(大道)가 쇠진함으로써 인위적 도덕이 생겨났다'고 하는 노자의 말은 이해되는 것이다.

충신과 열녀를 높이 추앙하는 것은 국가의 도덕률이 그만큼 금이 갔다는 것을 말하는 것이고 공산국가에서 영웅들의 앞가슴에 훈장을 주렁주렁 달고 있는 모습을 보면 그만큼 노동영웅이 많다는 것을 말하는 것이 아니라 자발적으로 노동하는 사람이 희귀하다는 것을 반증하는 것이다.

유가에서 강조하는 인의예지신(仁義禮智信)과 같은 도덕률은 근본적인 것이 못되고 이미 허물어진 도를 회복하는 임시방편에 불과하다는 것이다. 이러한 주장을 좀 더 인용해 보도록 한다.

인간적인 총명과 지혜(聖智)를 끊어 버릴 때
백성들의 이로움은 백배가 될 것이요,

인위적인 도덕률(仁義)을 던져 버릴 때
백성들은 참된 효(孝)와 자(慈)로 돌아갈 것이며,
간교한 기술이나 영리함(巧利)을 끊어 버릴 때
도둑이 생겨나지 않으리로다.

이상 세 가지(聖智, 仁義, 巧利)는 인간이 조작하여 가식으로 꾸민 것이니
세상을 다스리기에 부족함이 있도다.
그러므로 백성으로 하여금 자연의 큰 도를 따르게 하고,
내심(內心)에는 늘 순진함을 품도록 하라.
이기적 나는 가급적 작게 하고
탐욕은 가급적 비우도록 하라.

(19장)

대개 18장과 비슷한 내용을 언급하고 있지만 오늘날의 인간조건과 관련하여 한 가지 생각해 보려고 한다. 신문을 보면 오늘날 냉전시대는 갔지만 총소리 없는 전쟁을 하고 있는데, 그것이 경제전쟁과 기술전쟁이라고 한다.

지금은 강한 나라가 약한 나라를 먹어 삼키는 시대는 아니지만 기업들이 국가를 대신하여 대리전쟁을 하는 살벌한 분위기의 사회인 것처럼 보인다. 나처럼 전쟁에 대해서 심리적 상처를 갖고 사는 사람에게 있어서는 '전쟁'이라는 단어가 하나의 수식어로 들리지 않고 끔찍한 느낌을 동반하는 어떤 심리적 반응을 한다.

마이클 폴라니(Michael Polanyi)는 다음과 같은 매우 중요한 실험 결과를 말하고 있다. 어떤 사람에게 특정의 단어(가령, 공산주의라든가 어떤 정치적 슬로건 따위)를 눈앞에 보여주면서 전기쇼크를 가하

는 일을 몇 번 반복해 보면 후일 그 사람은 그 단어를 볼 패마다 어떤 심리적 반응을 일으킨다고 한다.

6.25사변을 겪은 세대에게는 전기쇼크 이상으로 전쟁으로 인한 마음의 상처를 가지고 있으리라고 보는데, 공산주의를 본능적으로 미워하는 기성세대의 심리도 그러한 트라우마(trauma, 상처)에서 오는 것이라 볼 수 있다. 그런데 요즈음 전쟁이라는 극단적인 용어를 많이 사용하는 것을 보니 확실히 어떤 위기상황이 도래하긴 한 것처럼 보인다. 경제전쟁이니 핵전쟁이니 하면서 전쟁이란 단어를 많이 사용하고 있다. 그것은 무한경쟁적으로 잘 살려고 하는 인류의 집단적 히스테리에서 기인되는 것이라 본다. GNP 2만 달러가 넘는 나라가 더욱 열을 올리고 더욱 잘살려고 하니 나의 순박한 질문으로 '그러면 어느 정도 더 잘살면 만족을 할 것인가?'라고 묻고 싶다. 근본적으로 삶의 방법을 바꾸지 않는 한 인류의 미래는 어둡게만 느껴진다.

나의 이러한 생각이 시대착오적이라는 것을 모르지는 않지만……, 시대착오적이고 바보 같은 생각이겠지만 가능한 한 많이 소유하지 않고도 행복해질 수 있는 철학이 있지 않고는 이러한 집단적 히스테리에서 벗어나기는 어려울 것 같다. 서로 진짜 전쟁을 해서 인류가 끝장을 보든가…….

'그러므로 백성으로 하여금 자연의 큰 도를 따르게 하고, 내심(內心)에는 늘 순진함을 품도록 하라. 이기적(利己的) 나는 가급적 작게 하고 탐욕은 가급적 비우도록 하라'는 주장을 진지하게 검토해 보는 것이 좋을 것이다. 다음의 구절에서는 노자의 규범이 3가지 보물이라는 이름으로 비교적 구체적으로 표현되고 있다.

(4) 노자의 세 가지 보물

천하의 모든 사람들은 나의 도가 너무나 커서
불초(不肖)한 것 같다고 말하도다.
정말 도는 크기 때문에 불초한 것 같으니라.
도가 만일 불초한 것이었다면
도는 이미 오래 전에 미소한 것이 되고 말았으리라.

나에게는 세 가지 보배가 있나니
나는 언제나 그것을 지니고 보존하노라.
첫째는 자애심이요, 둘째는 검소함이요,
셋째는 감히 세상 사람들 앞에 나서지 않는 것이로다.
자애심으로써 용감할 수 있고,
검소함으로써 널리 베풀 수 있고,
겸허함으로써 만인의 으뜸이 될 수 있느니라.

헌데 오늘날 사람들은 자애심을 버리고 용맹을 좋아하고
검소함을 버리고 낭비를 좋아하고,
겸허함을 버리고 나서기를 좋아하니
결국 죽고 말리로다.
대저 자애심을 가져 싸우면 이기고,
자애심을 가져 지키면 튼튼하니라.
자애심을 가진 자는 하늘도 그를 구해 줄 것이요,
그 자애심으로써 지켜주리로다.

(67장)

첫 번째 구절에서는 도가 크다는 것을 다시 한 번 이야기하고 두 번째 연에서는 노자의 삼보(三寶)를 말하고, 세 번째 연에서는 그 삼보에 거역했을 때 결국 일찍 죽게 되는 이치를 말하고 있다. '도가 너무 커서 불초한 것 같다'는 말에 대해서 어떤 사람은 우리가 보거나 만질 수 있는 만물로는 도와 비교할 만한 것이 없다고 해석하기도 한다.

불초라는 말은 '불초한 자식'에서 표현되는 것처럼 아버지의 덕이나 사랑에 비해서 자식인 자기는 도저히 아버지와 비교할 수 없는 보잘것없는 존재라는 겸손의 뜻을 내포한 말로 사용되고 있다. 도와 만물을 비교할 때 만물은 불초한 존재에 불과하다는 것이다. 이러한 해석이 매우 훌륭한 것처럼 보인다. 또 한편 도는 너무 크기 때문에 보잘것없는 것처럼 보인다는 뜻을 내포한다고 생각한다.

크다든가 작다든가 하는 것은 '비교'에 의해서 말하는 것인데 비교할 수 없을 만큼 아주 큰 것일 때 그것을 크다든가 작다든가 말하는 것은 무의미하다고 말할 수 있을 것이다. 즉 도를 공간적·시간적으로 말하는 것은 의미가 없다는 말이 될 것이다. '비교'의 대상이 되지도 않으니 없는 것 같고, 더욱이 보잘것없는 것 같다고 할 수 있을 것이다. '세상에 도가 어디 있어?'하고 비웃어도 할 말이 없을 것이다. 「도덕경」 1장에서 이미 도를 표현하는 언어의 열등성에 대하여 언급하면서 도를 언어로 표현하는 것 자체가 힘들다는 것을 말한 적이 있다. "도라고 표현된 도는 이미 영구불변의 도가 아니오, 이름 지어 표현된 이름 또한 영구불변의 이름이 아니니라." 언어의 본질과 기능에 대하여 생각해 보면 어느 정도 짐작할 수 있는 일이다.

노자의 세 가지 보물은 자애심과 검소함과 겸허함이다. 이것은 도의 속성이기도 하다. 인간 안에 도가 가장 잘 자리 잡고 있는 것이 이 세 가지이다. 노자가 제시하고 있는 규범의 전부이다. 그런데 이 세 가지를 풀이하면서 '자애심으로써 용감할 수 있고, 검소함으로써 널리 베풀 수 있고, 겸허함으로써 만인의 으뜸이 될 수 있느니라'라고 말한다.

첫째는 사랑으로써 선한 싸움을 하는 사람이야말로 정말 용기 있는 사람이라는 것이다. 도를 이 세상에서 실현하려고 몸을 바치는 사람이야말로 정말 대장부라는 것이다. 그리스도교의 주기도문에서도 예수는 '아버지의 뜻이 하늘에서와 같이 땅에서도 이루어지소서'라고 기도하였는데 예수야말로 진정으로 선한 싸움을 한 대장부라고 할 것이다. 도를 전하기 위하여 자신이 가진 전부를 바칠 수 있는 사람은 아무나 될 수 있는 것이 아닐 것이다. 이런 것에 비하면 자신의 힘을 자랑하고 약한 자를 억압하는 자는 졸장부라고 할 것이다.

둘째는 남에게 베풀되 자신이 절약한 것을 가지고 베푸는 것이야말로 진정으로 검소함이라고 한다. 아낄 줄만 알고 베풀 줄을 모르는 사람은 검소한 사람이 아니라 인색한 사람이다. 낭비도 아니고 인색도 아닌 중도를 지키는 것이 검소함일 것이다. 많이 가진 것을 일부 떼어서 남에게 베풀기는 쉬워도 많이 갖지 않았음에도 불구하고 절약하여 남에게 베풀기는 어려울 것이다. 가난한 과부의 전 재산이라고 할 수 있는 동전 한 닢을 헌금한 예를 예수도 칭찬하였다. 그 마음자리야말로 도심(道心), 즉 영적인 것이 흘러넘치는 진정으로 가난한 마음일 것이다.

셋째는 남의 앞에 서려고 하지 않는 사람이야말로 진정으로 겸허한 사람이라는 것이다. 교만함이야말로 가장 인위적인 것이요 도에 배치되는 것이라고 한다. 교만함은 내가 가진 것을 앞세우는 데서 생긴다. 자기가 얼굴이 잘생겼다고 앞세우거나, 머리가 좋아서 지식을 많이 가지고 있다고 그것을 앞세우거나, 돈이 많다고 앞세우거나, 지위가 높다고 앞세우거나 하는 것 등에서 교만은 생겨난다.

대부분 자기가 가지고 있는 하잘것없는 목록들을 나열하면서 앞세운다. 남과의 비교에서 자신의 것을 앞세우는 인간의 심리는 남을 자기의 휘하에 두어 지배하려는 것이 바탕에 깔려 있다. 남에게 앞세울 것이 없는 사람은 가공적으로 무엇인가 자랑거리를 만들어 내면서까지 부각시키려고 한다.

　이 세 가지가 어찌 보물이 아니겠는가? 모두 도심(道心)이 아니고는 할 수 없는 마음이다.

(5) 비웃음을 받을 줄 아는 도

　노자는 유가사상을 뛰어넘는 이런 형이상학적인 규범을 말하고 있으나 그것을 알아듣는 사람이 그렇게 흔하지 못할 것은 당연할 것이다. 그 점을 미리 의식했던지 다음과 같은 구절도 남기고 있다.

　참으로 뛰어난 선비는 도를 들을 때 힘써 실천하고,
　중간 정도의 사람은 도를 들을 때 반신반의하고,
　하등의 사람은 도를 들을 때 크게 웃어버리나니,
　이들 하등의 사람들에게 비웃음을 받지 않는 도는 참된 도라 할 수 없느니라.

　그러므로 다음과 같은 격언이 있느니라.
　밝은 도는 마치 어둠침침한 것 같고,
　앞으로 나가는 도는 마치 뒷걸음질하는 것 같고,
　평탄한 도는 마치 울퉁불퉁한 것 같노라.

최고의 덕은 마치 (텅 빈) 골짜기 같고,
최고의 흰빛은 마치 검은빛 같고,
넓은 덕은 마치 모자라는 것 같고,
강건한 덕은 마치 게으른 것 같고,
진실한 덕은 마치 절조가 없는 것 같고,

가장 큰 네모꼴은 구석이 없고,
가장 큰 그릇은 늦게 이루어지고,
가장 큰 소리는 들리지 않고,
가장 큰 형상은 형태가 없도다.

도는 은미하여 이름이 없고
오직 잘 베풀고 생육화성(生育化成)할 뿐이로다.

(41장)

　제1연에서 말하는 상사(上士), 중사(中士), 하사(下士)의 비교는 재미가 있다. 도가 있다는 것을 비웃는 사람이 하사이고, 하사로부터 비웃음을 받지 않는다면 참된 도라 할 수 없다고 한다. 이 말은 인간의 심리를 매우 깊이 있게 꿰뚫어 본 것처럼 보인다. 눈에 보이지 않는 도를 받아들이는 사람은 불교식으로 상근(上根)의 사람만이 할 수 있는 것이리라.

　인간의 작은 지혜로는 모든 것을 구분하여 밝은 것과 어두운 것을 흑백으로 나누겠지만 도는 그렇게 할 수 없다는 것이 2연과 3연이다. 최고의 빛은 인간이 아는 빛을 초월하기 때문에 오히려 희다 검다를 분명히 나눌 수 없다는 것이고, 최고의 덕은 오히려 모자란듯하다는 말이 역설적이지만 옳은 표현인 듯하다.

우리의 지성으로 모범적인 덕이라고 하는 것이 최고의 덕이 될 수 있겠는가? 우리의 지성은 현자와 바보를 구분하지만 그것이 최고의 현자를 표현하는 것이 될 수 있겠는가? 제4연에서는 그것을 아주 잘 비유해서 표현하고 있는데, 우리가 네모꼴이라고 하는 것도 작은 것을 말할 경우에는 그렇게 말할 수 있겠지만 네모꼴이 상상할 수 없이 큰 것일 때는 우리의 감각으로는 그것이 네모꼴이라고 인식할 수 없을 것이다. 상상할 수 없이 큰 네모꼴일 경우에 한쪽 선 하나를 보기에도 부족할 텐데 어떻게 네모꼴 전부를 볼 수 있겠는가? 소리를 들을 수 있는 것도 한계가 있을 것이다. 즉 가장 큰 소리도 우리의 청각은 들을 수 없을 것이며 모기소리 이하의 아주 작은 소리도 우리는 듣지를 못할 것이다. 이것이 인간인데, 하등의 사람(下士)으로부터 비웃음을 받지 않는 도가 어찌 참다운 도가 되겠는가?

4

도자연과 규범의 합일

4. 자연과 규범의 합일

이미 위에서도 여러 번 보았겠지만 존재로서의 도를 말하면서 그것을 곧바로 인간이 마땅히 밟아가야 하는 윤리적 규범에 적용하는 것을 볼 수 있을 것이다. 이런 점에 관하여 언급하고 있는 『도덕경』 구절을 인용하면서 좀 더 도와 규범의 관계를 생각해 보려고 한다. 아래의 구절들은 만물의 근원인 도를 말하면서 그것이 곧 인간이 깊이 닦아야 하는 규범임을 말하는 것이다.

(1) 악인에게도 도는 있다

도는 만물의 내밀성(內密性)이로다.
착한 사람의 보배요,
착하지 못한 사람도 이를 간직하고 있노라.

도를 터득한 성인의 좋은 말은 시장에서 잘 팔리고,
훌륭한 행실은 선물로써 주어질 수 있노라.
착하지 못한 사람이라 해서 어찌 그것을
거절할 수 있으리오?
그러므로 천자(天子)를 세우고 삼공(三公)을 두어 나라를 세울 때에
아름드리 구슬을 받쳐 들고 사두(四頭) 마차를 진상하는 것보다는
가만히 앉아 이 도를 진상(進上)하는 편이 더 나으리로다.

옛 사람들이 이 도를 귀하게 여긴 까닭이 무엇일꼬?

이 도에 의해 '구하는 바는 얻고, 죄 있으면 사함을 받느니라' 하지
않았느냐?
그런고로 도를 천하에서 가장 귀하게 여기느니라.

(62장)

우선 이 시를 감상하기 위해 몇 마디 첨부해야겠다. '네가 옳으냐?
내가 옳으냐?' 하는 진리의 문제를 한번 생각해 보겠다. 어떤 두 사람
이 서로 싸움을 하는 것을 제3자의 입장에서 보면 이쪽도 조금 옳고
저쪽도 조금 옳으며, 이쪽도 조금 틀렸고 저쪽도 조금 틀렸다는 것을
흔히 발견하게 된다. 진리는 어느 한쪽이 100% 소유하기가 어렵다는
단적인 증거이다. 도대체 100% 옳은 진리가 이 세상에 있을까? 그런
데 진리 그 자체를 믿는 사람들이 있다. 그 사람은 이제 철학적 진리
를 믿는 것이 아니라 종교적 믿음의 차원으로 넘어가는 것이라 할 수
있을 것이다. 두 사람이 서로 다투는 경우 어느 한쪽이 좀 더 옳고 다
른 쪽이 좀 더 틀렸다고는 말할 수 있을 것이다. A는 70% 옳지만 B
는 30% 옳다고 하는 식으로……. 이것을 도덕적 차원으로 바꿔서 표
현해도 마찬가지일 것이다. A는 100% 선하고 B는 100% 악하다고 말
할 수 있을까? 그러나 선 그 자체라든가 지고(至高)의 선(善)이라든가
하는 표현으로 100%의 선(善)을 믿는 사람도 있는데, 그는 벌써 이
세상에 있는 선을 말한다기보다는 종교적 영역의 선을 생각하는 것이
라고 보인다.

진리나 선은 옳거나 선한 사람에게만 있는 것이 아니라 옳지 않거
나 선하지 않은 사람에게도 얼마간 있을 수 있다는 것을 말하고 있다.
그래서 제1연에서 '도는 만물의 내밀성이로다. 착한 사람의 보배요,
착하지 못한 사람도 이를 간직하고 있노라'라고 말하고 있다. 그런데
세상에서 가장 골치 아픈 사람이 있는데, 그는 자기가 진리를 독점하

고 있다고 믿는 사람이다. 즉 자기가 100% 옳고 상대방은 0%도 옳지 않다고 고집하는 사람이다. 이런 사람은 자신의 무지로 끝나지 않고 그 주위에 해악을 끼친다. 이런 사람과 인연을 맺지 않고 있다는 것만으로도 큰 복이라고 생각하기 바란다. 제2연에서는 이러한 이치를 설명하기 위하여 진리를 훌륭한 상품으로 팔 수 있다는 예를 들고 있다. 선한 사람이나 선하지 않은 사람이나 진리나 선을 아주 싫어하지 않기 때문에 그 진리나 선을 판매하는 사람이 있고 그것을 구매하는 고객이 얼마든지 있다는 것이다. 만약 100% 악한 사람이 있다면 그 사람에게 진리나 선을 판매한들 그 사람이 그것을 구매할 수 있겠는가? 그는 그 진리나 선을 진리나 선으로 알아볼 수조차 없을 것이기 때문에 그것이 좋은 것이요 가치가 있다는 것을 모를 것이다. 그러니 그것을 대가를 지불하고 구매할 마음이 생기겠는가?

그래서 노자는 천자나 삼공에게 기왕 선물을 바칠 생각이라면 보석을 진상하는 것보다는 차라리 도(道)를 진상하는 것이 좋을 것이라고 말하고 있다. 여기까지 말을 했으니 한마디 덧붙이고 가겠다. 인간의 이러한 본성을 잘 이용하여 종교에서 성령을 판매하는 사이비 성직자들이 있다는 것이다. 교회는 성령을 판매하는 곳……, 이렇게 일반적으로 규정한다면 비난을 받을 일이고 또 옳지도 않을 것이다. 그러나 순진한 신자들에게 어떤 초월적 경험 혹은 심리적 변화를 경험하게 하고 과도한 돈을 바치도록 한다면……, 또 그것을 의도적으로 한다면 원래부터 공기나 물처럼 공짜로 얻을 수 있는 것을 중간에서 상품으로 만들어 판매하여 이득을 얻는 것이라 할 것이다. 이런 자들이 이 세상에는 있는가 없는가? 다시 반복해 말한다면 이 세상에서 가장 무서운 사람은 자기가 진리를 독점하고 있다고 믿는 일종의 광신자들이다. 노자는 매우 교묘하게 설명을 잘하고 있다. 존재로서의 도가 선한 사람이나 선하지 않은 사람이나 모든 만물의 근원이 된다는 것이다.

비록 선하지 못한 사람도 도의 입장에서 보면 버림받지 않는다는 것이
다.

　'도는 만물의 내밀성이로다(道者, 萬物之奧)'라는 말에 대하여 몇
마디 첨부해야겠다. 여기서 내밀성이라고 번역한 오(奧)라는 글자는
원래 창고나 곡물저장소를 뜻하였다. 그래서 집의 서남쪽 귀퉁이를
가리키는 말로도 사용되었는데, 중국인들은 그 곳에 곡물을 저장하였
기 때문이다. 그곳은 곡식의 종자를 보관하고 집의 안주인이 거처하
는 곳이기도 하였다. 즉 한 가족의 생활 및 농업생산과 밀접한 관계를
가지는 동시에 귀족 계급에게는 보물을 보관하는 곳이기도 하였다.
즉 가장 신성시되는 곳이었다. 집안의 번영과 영속성을 보장해 주는
효험을 지니는 곳이었다. 그런데 도는 이 모든 것을 포괄하는 것이라
고 한다.

　도는 생명과 행복과 구원의 근본이면서 동시에 모든 사악함의 근원
이 된다고까지 하는 것이다. 도는 어느 것도 배척하지 않는다는 말이
될 것이다. 사악함이 도에서 유출되어 나온다는 말이 아니라 도의 입
장에서는 진실로 선하거나 진실로 악한 존재란 있기가 어렵다는 것을
말 하는 것이다. 그래서 27장에서는,

　성인은 늘 사람을 구제하여 쓸모 있는 사람이 되게 하니
　사람을 버리는 일이 없느니라.
　늘 사물을 쓸모 있게 하여 활용하니
　아무것도 버리는 일이 없느니라.
　이를 일러 습명(襲明 : 밝은 지혜를 간직함)이라 하느니라.

라고 언급하였던 것이다. 덕이 있는 성인은 알게 모르게 악한 사람이
라도 좋은 사람이 되도록 이끌고 간다는 것이다.

(2) 하늘의 도

하늘의 도는 마치 활시위를 메는 것과도 같도다.
높은 것은 내리 누르고,
낮은 것은 높게 하며,
남아도는 것은 줄이고
모자라는 것은 보충해 주도다.

하늘의 도는 남아도는 것을 덜어
부족한 것을 채워 주나,
사람의 도는 그렇지 아니하니
부족한 것을 덜어 남아도는 것을 보태도다.

누가 능히 남아도는 것으로써
천하를 받들 수 있으리오?
오직 도를 터득한 사람뿐이로다.

그런고로 성인은 이루고도 자랑하지 않고,
큰 공을 세우고도 그 자리에 연연하지 않으며
자신의 현명함을 드러내 보이려 하지 않도다.

(77장)

하늘의 도와 사람의 도, 이것이 일치되지 않는 데 문제가 있다. 하늘의 도는 남아도는 것을 줄이고 모자라는 것은 보충해 준다. 하늘의 도는 남아도는 것을 덜어 부족한 것을 채워 준다. 남고 부족함은 왜 생기는가? 사람은 많이 가지면 더 가지려하기 때문이다. 도대체 하늘에 남는다든가 부족하다든가 하는 말이 가당치가 않다. 음이 극에 이르면 양이 되고 양이 극에 이르면 음이 된다. 자연은 무엇 하나 고집하는 것이 없고 만물이 각각 제 위치에서 독립적으로 자립하여 도를 실현하도록 한다. 그러나 마음을 교만하게 가져서 채워 줄 것이 없는 사람은 하늘의 도도 그를 외면할 것이며, 마음을 비우고 위에서 말한 삼보를 간직한 사람은 하늘의 도도 넘치도록 가득 채워줄 것이다.

성경에는 하늘의 도를 표현하는 매우 의미 있는 참된 복을 다음과 같이 말하고 있다.

마음이 가난한 사람은 행복하다.
하늘나라가 그들의 것이다.
슬퍼하는 사람은 행복하다.
그들은 위로를 받을 것이다.

온유한 사람은 행복하다.
그들은 땅을 차지할 것이다.

옳은 일에 주리고 목마른 사람은 행복하다.
그들은 만족할 것이다.

자비를 베푸는 사람은 행복하다.
그들은 자비를 입을 것이다.

마음이 깨끗한 사람은 행복하다.
그들은 하느님을 뵙게 될 것이다.

평화를 위하여 일하는 사람은 행복하다.
그들은 하느님의 아들이 될 것이다.

옳은 일을 하다가 박해를 받는 사람은 행복하다.
하늘나라가 그들의 것이다.

(마태 5, 3~11)

마음이 가난한 이, 슬퍼하는 이 등은 세속적인 관점에서만 보면 실패한 사람처럼 보일지 모르지만 성경에서는 참된 복을 받고 있는 사람이라고 선포하고 있다.

도의 관점에서 보면 세상은 참으로 공평하지 않은 것이 없다. 이 세상에서 불공평한 대우를 받은 것도 하늘에서 보상된다는 것을 말한다. "나 때문에 모욕을 당하고 박해를 받으며 터무니없는 말로 갖은 비난을 다 받게 되면 너희는 행복하다"라고 말하며 언뜻 손해 보는 것 같은 짓을 하는 것이라도 도의 관점에서는 복되다고 말하고 있다.

그러면 누가 이 손해 보는 것 같은 행동을 할 수 있을까? 옳은 일을 하고 남에게 무조건 베푸는 사람은 손해를 보는 것 같지만 그러한 마음에 도는 넘치도록 채워줄 것이다.

이것을 실천할 수 있는 사람은 영적인 사람, 즉 성인들만이 할 수 있을 것이다. 위의 『도덕경』 본문에서는 '누가 능히 남아도는 것으로써 천하(天下)를 받들 수 있으리오? 오직 도를 터득한 사람뿐이로다.'라고 선언하고 있다. 그리고 성인이 하는 일이 남과 다르게 올바른 바를 다음과 같이 언급하고 있다.

성인은 쌓아 두는 일이 없도다.
이미 가진 것을 남을 위해 (아낌없이)쓰지만

자기 것은 더욱 늘어나고,
이미 가진 것을 남에게 (아낌없이)주지만
자기 것은 더욱 많아지도다.

하늘의 도는 (만물을)이롭게 하되 해를 끼치지 않고
성인의 도는 (남을 위해)베풀되 남과 다투지 않느니라.

(81장)

성인과 일반 세속인의 차이점은 바로 이러한 삶의 방식에서 나타날 것이다. 남는 것을 덜어서 부족한 곳에 채우는 일을 제도화하여 실행하는 것이 국가의 임무이기도 할 것이다. 많이 가진 자에게서 세금을 거두어 사회의 그늘진 곳에 쓰는 것이 그것이다. 그것은 사회복지 차원에서 하는 것이지만 하늘의 도에 일치하는 것이요 자연의 법칙이다.

(3) 도는 낮은 곳으로 향한다

존재와 규범을 일치시킨 구절 중에서 가장 빛나는 대목은 도가 자연의 산물 가운데 있는 물을 닮았다고 표현하는 곳에서이다. 물이라는 물질이 가장 도를 닮았다고 보는 노자는 이것을 놓치지 않고 이것에 대하여 설명을 붙이고 있다. 즉 최고의 선은 물과 같다는 것이다.

최고의 선은 물과 같도다.
물은 능히 만물을 이롭게 하되 만물과 다투지 않고,
모든 사람이 싫어하는 낮은 곳에 처하도다.
그러므로 물은 도에 가까운 것이니라.

(성인은)

선지(善地 : 가장 좋은 곳, 낮은 곳)에 거하고,

선연(善淵 : 가장 깊은 곳, 그윽한 곳)에 마음을 두고,

선인(善仁 : 최고의 인<仁>, 진정한 사랑)을 베풀고,

선신(善信 : 최고의 성실성)을 말하고,

선치(善治 : 최고의 질서)로 다스리고,

선능(善能 : 최고의 효능<效能>)으로 일하고,

선시(善時 : 가장 적합한 때)에 따라 움직이느니라.

대저 (道, 물, 聖人은)아무와도

다투지 않으므로 허물이 없느니라.

(8장)

너무도 유명한 구절 상선약수(上善若水), 아리스토텔레스의 지선(至善)도 노자처럼 이렇게 구체적인 비유로 설명하지는 못했다. 노자는 천성적인 시인이라, 좀 짓궂은 반어법을 사용하는 괴짜이긴 하지만……, 더 이상 무슨 설명이 필요하겠는가?

물은 낮은 곳을 향해 흘러간다. 흘러가다가 장애물이 있으면 옆으로 피하거나 기다렸다가 넘어간다. 장애물과 다투지 않는다. 흘러가다가 웅덩이가 있으면 채워주고 간다. 유행하는 어떤 소설의 이름처럼 저 낮은 곳을 향하여, 남이 싫어하는 곳에 기꺼이 찾아간다. 이것이 노자가 도를 물로 비유한 요점인데, 물질 중에서는 가장 부드러운 것이 물이기도 하다.

일찍이 물은 신(神)이기도 하였다. 중국의 『수룡경(水龍經)』이라는 책에 보면,

"기(氣)는 물의 어미요 물은 기의 아들이라. 기가 행하면 물이 따르고 물이 머물면 기도 머문다. 자모(子母)는 동정(同情)이요, 수기(水氣)는 서로 따른다."

라고 말하고 있다. 기는 우주자연을 이루는 기본 바탕이므로 신과 같은 것이요, 그 기가 응취하여 눈에 보이는 모습으로 나타난 것이 물이다. 물이 기의 아들이라 한 것은 그렇게 이해할 수 있다. 또 이 책은,

"기가 땅 밖으로 넘쳐서 흔적이 있는 것이 물이요 땅 가운데로 행하여 무형한 것이 기가 되니 표리동운(表裏同運)이요, 이는 조화의 묘용(妙用)인고로 땅 가운데의 기를 관찰한다."

라고도 말하고 있다. 성경에서도 다음과 같이 말하고 있다.

"한 처음 하느님께서 하늘과 땅을 지어 내셨다. 땅은 아직 모양을 갖추지 않고 아무것도 생기지 않았는데, 어둠이 깊은 물 위에 뒤덮여 있었고 그 물 위에 하느님의 기운이 휘돌고 있었다."

(창세기 1, 1~2)

동서를 막론하고 물의 신이 있었음은 물이라는 물질이 특이한 면이 있음을 파악한 것이라 할 것이다. 물에 관해서 상상력을 펼치면 끝이 없는 일이므로 이쯤에서 끝내는 것이 좋을 것이다.

『도덕경』의 이 시에서는 사람이 어떻게 살아야 하느냐 하는 규범이 강하게 표현되고 있다. 물의 속성을 체득하고 살면 도에 가까운 삶을 산다는 것을 알 수 있다. 일반적으로 사람은 물과는 정반대의 경향이 있을 것이다. 우선 사람은 남의 밑에 있는 것을 수치로 여긴다. 남의

결점을 보면 그것을 채워주고 가지 않고, 즉 물이 웅덩이를 채우고 또 낮은 곳을 향해 흘러가는 것처럼 가지 않고 오히려 인위적으로 은근히 교묘하게 그 결점을 들춰내어 자신이 우위에 서려고 한다. 그러한 인간의 심리를 알기 때문에 사람들은 자신의 결점을 숨기고 위선적인 태도를 취한다. 이렇게 하여 점점 더 도에서 멀어지고……, 지랄 같은 인생의 드라마가 엮어진다. 무엇보다도 물의 미덕은 모든 선(善)의 원천이면서도 자신이 선의 원천임을 의식하고 있지 않다는 것이다. 그러므로 물은 도에 가깝다.

⑷ 강풍은 아침 내내 불어댈 수 없고, 소나기는 하루 종일 퍼붓지 못한다

물이 도에 가까운 것과 마찬가지로 자연 자체가 인간의 규범과 일치한다는 것도 풍부하게 표현되고 있다.

자연은 말이 없도다.
강풍은 아침 내내 불어댈 수 없고,
소나기는 하루 종일 퍼붓지 못하느니라.
누가 이 비바람을 일으키는 것일꼬?
천지이니라.
천지도 비바람을 오래 지속시킬 수 없거늘
하물며 사람에게 있어서랴.

그러므로 도를 따르고 섬기면 도에 통하게 될 것이오,
덕을 숭상하고 따르면 덕에 달할 것이며,

(도와 덕, 이 두 가지를) 잃으면 그 두 가지가 그대를 버리게 될 것
이니라.

도에 통하면 도 역시 그를 얻어 즐길 것이며,
덕에 달하면 덕 역시 덕인(德人)을 즐길 것이며,
(도와 덕을) 잃게 되면 무도(無道)와 실덕(失德) 역시 그를 얻어 즐
겨할 것이로다.

제 몸에 믿음이 부족하면 남도 또한 믿지 않을 것이니라.

(23장)

손오공이 아무리 날뛰어도 부처님 손바닥을 벗어날 수 없다는 말이
있듯이, 사람이 인위적으로 하는 것은 도를 따르는 것만 못하다는 것
을 말하고 있다. 천지가 일으키는 강풍도 영원하지는 못할 것인데 하
물며 사람의 잔재주로 도를 거역하는 일이 있을 수 있느냐 하는 것이
며, 그런 어리석음을 범하지 말라고 말하고 있다.
   자연을 따르고 도를 즐기는 것이 인생의 목표가 된다고 말하고 있
는 것이다.

(5) 반자도지동(反者道之動) – 멀리 가는 것은 결국 되돌아오는 것이다

자연을 본받아 행하는 것 가운데 복귀의 도가 매우 중요하다. 온갖
만물은 자신들이 태어난 어머니의 태 안으로 다시 복귀한다고 하는
것이다. 자연으로 태어나서 자연으로 복귀한다는 것이 여기에 들어

있는 사상이다. 온갖 생물은 아무리 무성하게 자라난다 해도 그것은
결국 각자의 근본으로 되돌아가고 만다는 것이다.

> 욕심 비우기를 극진히 하고,
> 고요한 마음 지키기를 돈독히 하라.
> 만물이 서로 다투어 생육화성(生育化成)하지만
> 나는 그들이 근원으로 돌아가는 것을 보노라.

> 만물이 무성하게 자라지만
> 각기 그 근원에로 돌아가느니라.
> 귀근(歸根 : 근원에로 돌아가는 것)을 정(淨)이라 하고,
> 이를 일러 복명(復命 : 본성으로 돌아감)이라 하느니라.
> 복명을 일러 상(常 : 영구불변)이라 하고,
> 상(常)을 앎을 명(明 : 총명)이라 하느니라.
> 상(常)을 알면 관용(寬容)한 자 되고,
> 관용한 자 되면 공평무사한 자 되고,
> 공평무사한 자 되면 왕도(王道)를 갖추게 되고,
> 왕도를 갖추면 하늘과 같게 되고,
> 하늘과 같게 되면 도와 같게 되느니라.

> 도는 영구불변한지라,
> 몸은 죽어버려도 영원히 죽지 않으리라.

(16장)

만물이 뿌리로 돌아간다는 것은 모든 만물이 한 가지 근원에서 나
왔다는 것을 말하고 있다. 그것을 대생명(大生命)이라 할 수 있는데,

식물이나 동물 혹은 인간도 같은 대생명의 뿌리에 근원을 두고 있다고 본다. 이 이치를 아는 것이 매우 중요할 것이다. 한 가지 예를 들면 모든 생물은 영양을 섭취하여 자기 몸으로 동화시키는 일을 한다. 인간도 마찬가지로 그렇게 하는데, 다만 인간은 지성을 가지고 있는 존재이기 때문에 끊임없이 지식을 섭취하여 자기의 것으로 동화시키는 일을 추가한다. 이 이치를 설명하자면 매우 긴 논의를 할 필요가 있겠지만 한 가지 근원에서 모든 만물이 비롯되었다는 것은 분명하다. 노자는 그 한 가지 근원을 무위자연(無爲自然)의 도라고 보는 것이다. 영원히 죽지 않는 것을 노자는 도라고 하였지만 여기서 영원히 죽지 않고 사는 것은 대생명이라고 할 수 있다. 나뭇잎이 가을이 되면 땅에 떨어져 썩은 위에 수액이 되어 다시금 나무의 일생을 되풀이하듯이 살아 있는 모든 존재는 의식 가능한 세계에 나타났다가는 이윽고 불가시적인 세계로 사라져간다. 이러한 이치를 본받아 성인은 애초부터 이러한 순환과정으로부터 초연하게 존재할 것을 목표로 삼는다. 이 세상의 모든 것이 자연으로 복귀하는 것이 피할 수 없는 것이므로 성인은 자신을 자연의 도와 일치시키려고 노력함으로 인간으로서 영원한 생명까지 획득하는 데는 이르지 못한다 하더라도 위태로운 삶을 살지는 않는다.

　모든 존재가 결국 원점으로 돌아갈 수밖에 없다는 것은 보편적인 진리라고 이해하고 있기 때문에 이 세상에 사는 동안 무엇이 가장 중요한 일인지를 잘 알고 있는 사람이라고 할 수도 있다. 모든 존재가 원점으로 되돌아간다는 것은 보편적인 진리일 것이다. 그것을 인간이 본받아야 할 규범으로써 일치시키고 있는 것이다. 『도덕경』 40장에는 시원에로 복귀하는 것이 도의 활동이라는 것을 표현하는 구절이 또 보인다.

시원에로 되돌아가는 것이 도의 활동이요,
유약한 것이 도의 작용이로다.

세상 만물은 유(有)에서 생겨나고
유는 무(無)에서 생겨나느니라.

(40장)

한문으로는 매우 자주 인용되는 구절이다. '반자도지동(反者道之動)'이라는 구절도 그렇지만 '유생어무(有生於無)'라는 구절도 많은 논란을 불러일으키는 구절이다.

사실 도에 대해서 동(動)이니 부동(不動)이니 하는 말이 어불성설처럼 느껴지기도 할 것이다. 또 도를 유(有)나 무(無)로 설명하는 것도 적합하지 않을지도 모른다. 도는 형이상학적인 무형의 존재이지만 우리는 도의 능동적인 활동을 현상세계를 통하여 알 수밖에 없다. 그런데 현상적인 것은 유한하니 언젠가는 끝이 있을 수밖에 없고, 유한한 현상계를 벗어나 다시 무한한 시원으로 되돌아갈 수밖에 없다. 또 만물은 유(有)에서 생겨나고 유(有)는 무(無)에서 생겨난다는 말도 같은 방법으로 설명할 수 있다. 즉 만물은 유의 자기전개이고, 현상적 측면에서는 도의 운동으로 볼 수 있는 것이지만 그것은 무(道)로 되돌아갈 수밖에 없다는 것이다. 이런 면에서 무를 떠난 유가 있을 수 없는 것이다.

이렇게 보면 도가 지닌 중요한 측면 중의 하나는 운동이라는 것을 알 수 있다. 도에 이러한 운동의 속성이 없다면 생물이라든가 생명과 같은 것은 생겨날 수도 없었을 것이다. 단지 미분화된 통일만이 있었을 것이다. 그것은 죽어 있는 것이지 생명은 아니다. 도는 죽어 있는 것이 아니라 살아 있는 생명이다. 변화하는 이러한 운동을 통하여 미분화된 상태의 통일은 다양성을 획득하게 되고, 또한 자신의 근본적인 통일성-여기서는 생명의 근본이라 할 수 있는-을 유지해 나갈 수 있게 되는 것이다. 그렇기 때문에 도의 운동은 항상 순환하는 것으로 묘사되고 있다. 즉 원환운동이다. 반자도지동(反者道之動)이라는 구절은 순환의 운동을 표현하는 말이라고 할 수 있다. 이것을 좀 더 알게 해주는 구절은 위에서 이미 인용되었던 25장에 자세히 보인다. 그것을 다시 인용하면,

> 대(大)라 함은 한계 없이 뻗어감(逝)을 말함이요,
> 한계 없이 뻗어간다 함(逝)은
> 안 가는 곳 없이 멀리 감(遠)을 말함이요,
> 멀리 간다 함(遠)은 결국 되돌아옴(反)을 말함이라.
> 그러므로 도는 크고,
> 하늘은 크고,
> 땅도 크고,
> 사람 또한 크도다.
> 온 누리 안에는 큰 것이 네 가지 있으니
> 사람 역시 그 한몫을 차지하도다.
>
> (25장)

와 같이 될 것이다. 원문에서는 대일서, 서일원, 원일반(大曰逝, 逝曰遠, 遠曰反)이란 표현을 하고 있는데 영원한 원(圓)을 연상하게 한다. 영원한 운동을 공간적으로 표현하면 원으로 상징될 것이기 때문이다. 마치 우로보로스(Uroboros)라는 뱀과 같이……, 뱀이 자기의 꼬리를 물고 영원히 뱅뱅 도는 모습을 우로보로스라 한다. 시작도 끝도 없이 운동하는 것은 원일 수밖에 없다는 것이다. 사각형은 선의 처음과 끝

이 있으나 원은 아무데서나 시작해도 되고 아무 곳에서나 끝내도 되는 것이므로 영원한 운동을 상징하는 것으로 표현된다. 도는 죽은 것이 아니고 살아 있는 것으로 작용하는 것이므로 영원한 원으로 표현되는 것이다.

주역에서는 내괘의 ☳와 외괘의 ☷이 결합된 것을 지뢰복(地雷復)괘라 하는데 전체적으로 회복한다는 의미가 있다. 음이 극에 이르러 그 안에서 양이 처음 탄생되어 나오는 형상이 내괘(☳)다. 이것을 사계절에 비유하면 동지에 이르러 외견상 양기는 사라지고 음기가 극성하다가 그 음기 가운데서 양기가 다시 태어나 순환을 반복하는 것과 같다. 양기가 다시 태어나는 것은 봄을 예고하는 것이라 할 것이다.

음과 양의 교체는 이처럼 물러가는(逝) 것과 되돌아오는(反) 것으로 이루어지고 있다. 한 생물의 탄생과 죽음이라는 현상도 동일한 방식으로 이해할 수 있을 것이다. 양기는 생물의 생기를 북돋게 하지만 음기는 생물을 휴식의 상태로 이끌고 간다. 중국인의 양생비법은 우주의 순환리듬에 자신을 맡기는 것에 그치지 않고 그 순환리듬을 초월하여 삶과 죽음을 넘어서려고까지 하였다. 그럼으로써 내적인 허정, 곧 빈 마음을 추구하였다. 그들은 모든 존재가 근본으로 되돌아가는 것을 바라보는 것만이 아니라 그들 자신이 직접 그러한 존재들을 이끌고 근본으로 되돌아간다고 생각하였다. 절대적 공허, 혹은 절대적 빈 마음에서 생명을 부여하는 도의 기능까지도 가지려고 하였다.

언제나 정치의 법도를 알고 지키는 것을 현덕(玄德)이라 부르느니라.
현덕은 심오하고도 원대하구나!
속세와 반대이면서 만물과 더불어 도에 복귀하는구나!
그리하여 도와 크게 합일되도다.

(65장)

　인간이 도와 하나가 되어 현덕을 지니는 것은 자연을 본받아 자신의 수양을 극단에까지 밀고 가는 것에 그치지 않고 덕을 지닌 인간이 존재세계에 있는 만물의 생명까지도 부여할 수 있다는 것이다. 현덕을 지닌 사람은 생명을 부여하는 도의 기능까지도 공유한다고 믿기 때문이다. 노자철학의 주술적 성격이 여기서 잘 드러나고 있다. 그것을 위의 구절에서 '현덕은 심오하고도 원대하구나! 속세와 반대이면서 만물과 더불어 도에 복귀하는구나!(玄德深矣遠矣, 與物反矣)'라고 표현하고 있다.

5
도와 덕

5. 도와 덕

여기서는 노자의 덕에 관하여 생각해 보도록 하겠다. 그러기 위하여 위에서 한 것처럼 『도덕경』의 원문을 직접 인용하여 놓고 그것을 토대로 설명하는 형식을 취하는 것이 좋겠다.

(1) 도와 덕

도는 만물을 낳고 덕은 만물을 기르고,
물(物)은 만물을 형성하고 세(勢)는 만물을 이루도다.
이런 이유로 만물은 도를 존중하고
덕을 귀하게 여기지 않을 수 없도다.
도의 존귀함과 덕의 귀중함은
남의 강요(命)에 의해 그런 것이 아니라
늘 저절로 그렇게 되는 것이로다.

그러므로 도는 만물을 생성하고,
덕(德)은 만물을 양육하나니, 즉
그것은 자라나게 하고 화육(化育)하며,
그것은 성숙케 하고 무르익게 하며,
그것은 보호하고 감싸 주느니라.

도는 만물을 낳고도 소유하지 않으며,
이룩되게 하고도 자랑하지 않으며,

자라나게 하고도 지배하지 않나니
이를 일러 현덕이라 하도다.

(51장)

위의 구절들은 전체적으로 보면 덕을 쌓은 사람의 공용을 말하고 있지만, 먼저 제1연에서 도는 만물을 낳고(生), 덕은 만물을 기르고(畜), 물(物)은 만물을 형성하고(形), 세(勢)는 만물을 이룬다(成)는 것에 대해서 말해 보겠다. 모든 표현을 대구(對句)로 사용하는 한문의 장점을 살려 생축형성(生畜形成)을 차례대로 말하고 있다.

도에서 만물이 나온다고 하는 것은 위에서 말한 바와 같지만, 또 만물 가운데 도가 내재하여 있으니 그것을 덕이라고 하는 것이다. 다양한 만물의 형성에도 도는 내재하여 있을 것이니, 만물은 도를 따르게 되어 있는 것이라는 말로 표현할 수 있다. 만물 가운데 아주 작은 것일지라도 도를 따르지 않는 것은 없다는 것이다. 이것이 저절로 이루어진 자연의 이치이다. 생축형성(生畜形成)이 각각 따로 있는 것이 아니고 '하나'의 여러 다른 양상일 뿐인데, 그 중 축(畜)의 측면에 있는 것이 덕이고, 그 덕의 성격을 말하고 있는 것이 제4연이다. '도는 만물을 낳고도 소유하지 않으며, 이룩되게 하고도 자랑하지 않으며, 자라나게 하고도 지배하지 않나니, 이를 일러 현덕이라 하는 도다.' 참으로 빛나는 구절이 아닐 수 없다. 도와 덕을 따로 떼어서 설명할 수 없다는 것도 짐작할 수 있는 일이다.

여기서 떠오르는 생각은 그리스도교에서 '내 뜻대로 하지 마시고 아버지의 뜻대로 하소서' 하는 구절에서 보여주는 것처럼 나의 의지를 하느님의 의지에 맡기는 것과 도와의 조화는 좀 다르다는 느낌이 든다. 도와의 조화는 그렇게 되도록 명령받거나 의무로 느끼거나 도덕률에 의해 요구되거나 미래의 보답을 위해 추구하는 것이 아니다.

도와의 조화는 그 자체가 정신적으로 안정된 상태이다. 만약 '너의 의지를 도에 복종시켜라' 한다면 그리스도교라면 모르되 도가의 귀에는 잘 어울리는 말이 아닐 것이다. 우선 도는 자신의 '의지'를 가졌다는 말이 성립되지 않는다. 도는 의지적인 존재가 아니다. 감정을 가진 한쪽의 존재가 감정을 가진 다른 존재에게 복종하게 한다는 것은 어울리는 말이 아니다. 하나는 복종하고 다른 하나는 명령하는 상황을 도가는 절대로 받아들이기 어려울 것이다. 한편 도가 자유의지를 부정하는 것은 아니지만 자유 의지를 긍정하는 것도 아니라고 보인다. 따라서 자유의지와 결정론의 논쟁은 근본적으로 잘못된 것이라고 여겨진다. 도의 입장에서 보면 우리가 '자유의지'라고 부르는 것은 어느 것이나 단지 도의 일부에 지나지 않는다는 것을 지적하고 있을 뿐이다. 따라서 처음에 명령과 복종의 관계로 이해했더라도 그 과정에서 내적인 훈련과 자기 변모의 순화과정을 통하여 자신의 의지가 신의 의지의 일부라는 것을 깨닫게 된다면 상당히 도가적인 생각에 접근하게 될 것이다. 도가에서는 가장 높은 덕을 현덕이라 하는데 그것을 설명하는 구절을 들어서 생각해 보자.

(몸에) 영백(營魄 : 魂魄, 마음)을 신고,
일자(一者: 道, 절대자)를 품어 안아(抱一)
떨어지지 않는다면 얼마나 좋을꼬!
기(氣 : 精神)에 집중하여 부드럽게 됨으로써
어린아이와 같이 될 수 있으면 얼마나 좋을꼬!
현묘한 마음의 거울을 깨끗이 닦아서
티 없이 할 수 있다면 얼마나 좋을꼬!
백성을 사랑하고 나라를 다스리되
무위로써(인간의 꾀로써 말고) 할 수 있다면 얼마나 좋을꼬!

천문(天門)의 열고 닫음을
암컷과 같이 할 수 있다면(자연스럽게 위탁할 수 있다면)
얼마나 좋을꼬!
모든 일에 통달하여 있으면서도
무지자(無知者)로 자처할 수 있다면 얼마나 좋을꼬!

(천지만물을)낳고 또 기르도다!
낳고도 독점하지 않고,
공을 세우고도 자만하지 않고,
장(長)이면서도(으뜸이면서도) 지배하지 않도다.
이를 일러 현덕이라 하느니라.

위의 구절은 현덕을 지닌 사람이라는 노자의 이상적 인간의 모습을
표현하고 있다. 그는 덕을 가지고 있으면서도 스스로 덕이 있음을 알
지 못하고, 모든 일에 통달하여 있으면서도 스스로 알고 있음을 모르
고 있는 사람이다. 새가 부리를 놀리는 것은 자연스럽고, 갓난아이가
젖을 먹고 만족스러우면 자기도 모르게 웃는 모습은 자연스럽다. 마
찬가지로 현덕을 지닌 자가 무엇을 하는 것은 힘이 들지 않고 자연스
럽다.

비유를 들면, 예술적 경지에 이른 기능공이 하는 일은 힘이 들어 보
이지 않으나 물건을 아주 잘 만드는데, 자기가 다루는 도구와 기능공
의 마음이 혼연일체가 되어 있기 때문일 것이다. 즉 도구와 그 도구를
다루는 마음이 둘로 갈라져 있지 않고 하나로 일치되어 있기 때문일
것이다.

근본적으로 물건을 만드는 것은 마음으로 만드는 것이다. 그러나
그 기능공이 처음부터 그렇게 잘한 것은 아니고 잘 만들려고 하는 특

별한 의식이 없이도 저절로 잘 만드는 경지에 이른 것이라고 할 수 있다. 확실히 현덕을 지닌 사람이 하는 일은 힘들이지 않고도 큰일을 할 것이다.

도가 하는 일이 아무것도 안 하는 것 같지만 큰일을 하는 것처럼 말이다. 이것을 깨닫는 것은 분명히 종교적 경지일 것이다.

도, 그 자체가 현덕을 지니고 있다고 말해도 좋을 것이다. 도는 만물을 낳아 기르면서도 자랑하지 않고 사람들에게는 도가 있는지 없는지 숨어 있을 뿐이다. 지극한 덕은 그런 모양이다.

(2) 소박함을 지키는 것이 영원한 덕

남성적인 강인함을 알면서도(知其雄)
여성적인 온유함을 지키면(守其雌),
천하의 (물을 모아 흐르게 하는) 골짜기가 되리로다.
천하의 골짜기가 되면 영구불변의 덕이 떠나지 않아
천진한 어린이로 돌아가리로다.

과학적 지식을 알면서도(知其白)
현묘(玄妙)한 도를 지키면(守其黑),
천하의 규범이 되리로다.
천하의 규범이 되면 영구불변의 덕에 어긋남이 없어
무극(無極)으로 돌아가리로다.

현세의 부귀영화를 알면서도
하천한 자리를 지킬 수 있으면

천하의 골짜기가 되리로다.

천하의 골짜기가 되면
영구불변의 덕으로 충만하여
소박한 통나무 상태로 돌아가리로다.

통나무가 잘리고 쪼개져 흩어지면 그릇들이 되는 것이니,
성인은 그것을 이용하여 백관의 우두머리가 되도다.
그런고로 큰 정치는 쪼개지 않는 법이니라.

(28장)

『도덕경』은 여러 가지 비유법을 사용하여 적절히 표현하고 있어 때
때로 감탄하지 않을 수 없지만 여기서 표현되고 있는 소박함을 지키
는 것이 영원한 덕이라는 표현도 매우 훌륭하다. 여기서는 남성적인
것과 여성적인 것을 구분하여 설명하고 있는데 그것과 함께 덕의 영
원성을 잘 드러내고 있다. 도는 남성도 아니고 여성도 아니고, 양도
아니고 음도 아니라는 것, 그 전체라는 것이 중요한 골자이다.

옥스퍼드 영어사전을 보면 holy, hale, whole 등은 모두 한 가지 어
원에서 나온 것이라고 한다. 이 말의 뜻인 '전체성'은 신성하고 건강한
것과 관련을 맺고 있음을 표현하고 있다. 중세기 때는 천사가 남성이
냐 여성이냐를 가지고 토론을 한 적도 있다고 하는데, 결론은 남성도
아니고 여성도 아니라는 것이었다.

도는 남성도 아니고 여성도 아닌 그 전체성이라고 할 수 있다. 그렇
다면 제1연에서 표현하는 구절을 즐길 수 있지 않겠는가? 제2연에서
'과학적 지식을 알면서도 현묘한 도를 지키면 천하의 규범이 되리로
다'라는 표현은 어떤가? 과학적 지식을 남성이라 하고 현묘한 도를

여성이라 한다면 그 둘의 전체성이 바로 도라 할 수 있지 않겠는가? 인간의 윤리규범으로 표현한 제3연에서 '현세의 부귀영화를 알면서도 하천한 자리를 지킬 수 있으면 천하의 골짜기가 되리로다'라고 한 것은 어떤가? 그 전체가 도라고 한다면 도는 모든 면을 그대로 있게 하면서도 하나도 잃지 않는 그런 것이라고 할 수 있지 않을까? 마지막으로 좋은 정치는 도의 전체성을 본받는 것이라고 표현하고 있다.

정치에 대하여는 뒤에서 다시 말하려고 하지만 여기서 표현하고 있는 영원한 덕은 바로 전체를 구현한 것에서 나온다고 할 수 있을 것이다.

(3) 불로장생(不老長生)의 길

육신의 불멸을 추구했던 것은 한나라 이후의 일이라고 한다. 그것은 틀림없는 일이라고 여겨진다. 그러나 노자에게 있어서도 그 싹은 나타나고 있다고 보아야 하며 최소한 신성과 장생의 문제는 밀접히 연결된 상태로 이해되었던 것 같다. 자신의 마음이 진실로 허정함에 이르면 자신의 힘을 아무리 써도 쓴 만큼 다시 솟아 나온다는 것을 말하고 있다.

하늘과 땅과 마찬가지로 성인은 무진장한 도의 생명력을 지닐 수 있으리라는 기대를 갖고 있다.

하늘은 영원하고 땅은 구원(久遠)하도다.
하늘이 영원하고 땅이 구원할 수 있는 것은,
자신을 위해 살지 않기 때문이니
그러므로 천지는 영원하고 오래 살 수 있느니라.

이런 까닭으로
성인(聖人)은 자신을 (남보다) 뒤에 둠으로써
남보다 앞서게 되고
그 몸을 (남을 위해) 버림으로써
영원히 살게 되도다.
이는 (성인이) 사심이 없기 때문이 아니겠는가?
(성인은) 결국 이렇게 해서
자신을 이루게 되는 것이니라.

(7장)

이 구절에서 볼 수 있는 것처럼 일체의 생명활동을 낭비하지 않는 것이 생명을 연장하려고 하는 것보다 더욱 중요한 것임을 말하고 있다. 그러면서 하늘과 땅이 오래 살 수 있는 것은 자신을 위해 살지 않기 때문이라는 것을 지적하고 있다. 자신을 위해 살지 않는다는 것과 남의 뒤에 있으려고 하는 겸손이 오래 사는 비결이라는 것이다.

덕을 돈독하게 간직한 이는 갓난아이에 비할 만하다.
독충(毒蟲)도 쏘거나 물지를 않고,
맹수도 덤벼들거나 할퀴지 않으며,
사나운 새도 덮치거나 채가지 않도다.

뼈는 유약하고 근육은 부드럽지만 오므리는 힘이 굳고,
암수의 결합을 모르건만 성기가 벌떡 일어나나니,
이는 정기(精氣)가 충만해 있기 때문이로다.
온종일 울어대도 목쉬는 일이 없으니
이는 음양의 기운이 조화를 이루고 있기 때문이로다.

음양의 조화를 아는 것을 상(常 : 道)이라 하고,
상을 아는 것을 명(明)이라 하도다.
억지로 오래 살려하는 것을 흉(凶 : 祥)이라 하고,
욕심으로 정기를 부리는 것을 강(强)이라 하도다.

만물은 억지와 무리를 쓰면 쇠하는 법,
이것이 바로 무위자연의 도에 어긋나는 것이니,
도에 어긋나면 곧 망하는 법이니라.

(55장)

여기서도 덕을 쌓아 어린이와 같이 되는 자는 음양의 기운이 조화를 이루어 늙는 법이 없고 장생할 것이라는 점을 지적하고 있다. 노자는 도를 어린아이에 비유하여 설명한 곳이 여러 번 있는데, 여기 제1연에서도 '도를 돈독히 간직한 이는 갓난아이에 비할 만하다'고 말하고 있다. 사나운 동물들도 이러한 성인 앞에서는 유순하게 된다는 것이다.

구약성서에도 이와 비슷한 표현이 있는데, 성인들의 곁에는 사나운 동물들이 유순한 양같이 변한다는 것이고, 그것을 지상에서 이룰 수 있는 낙원의 한 상징으로 표현하고 있다. 어린아이처럼 원래의 정기를 간직한다면 오래 살 수 있다는 것과 지상의 낙원이 된다는 것을 표현하고 있다고 말할 수 있다.

제2연에서는 갓난아기 때에 정기가 가장 충만해 있다는 것을 지적하고 있다. 아닌 게 아니라 남자아기의 기저귀를 갈아주려고 하면 이 놈이 두 발을 쪽 뻗으며 기지개를 펴는데, 그때 그놈의 고추가 불쑥 일어서는 것을 흔히 볼 수 있다. 그 모습이 얼마나 자연스럽고 힘찬지……, 남성의 물건이 일어서는 것은 성적 자극을 받을 때라는 것은 누구나 아는 사실이지만 성적 자극 없이도 갓난아이는 그것이 불쑥 일어선다. 그리고 갓난아기가 손으로 잡아당기는 아귀의 힘이 얼마나 센지도 경험할 수 있다. 억지로 하지 않지만 자연스럽게 그 힘이 생겨 나온다는 것에서 노자는 이렇게 말한 것 같다. 순수한 생명력이 강하다는 것을 비유로 설명하고 있는 것이다. 노자는 이런 것을 가지고 도를 훌륭하게 설명하고 있다. 즉 도를 간직한 사람은 억지로 하지 않지만 사나운 맹수도 유순하게 만들 수 있으며, 정기도 세게 할 수 있다는 것이다. 그래서 오래 살 수 있고 큰일을 할 수 있다는 것이다.

한국인들은 정기를 북돋는 일이면 온갖 흉측한 동물들도 다 잡아먹는다고 하지 않는가? 동남아 각국을 휘젓고 다니면서……, 돈을 물 쓰듯 하면서……, 그런 사람들에 대하여 노자는 '욕심으로 정기를 부리는 것을 강(強)이라 하도다'라고 말하고 있다. 억지로 무리를 하면 건강을 해치는 것은 누구나 경험하는 것이므로 이런 평범한 경험을 가지고 도를 표현하는 수단으로 삼아 인위보다는 무위가 더욱 큰 힘을 발휘한다고 말하고 있다. 여기서도 나타나고 있는 바와 같이 노자의 관심은 내적인 덕을 중요시한 것이요, 또한 육체의 오랜 삶을 주로 한 것이라고 보기는 어렵기 때문에 불로장생의 사상이 노자에게서 직접 나왔다고 말하기는 어렵겠지만, 그래도 그 단초를 열어 놓았다고 말하기는 어렵지 않을 것이다.

삶에서 벗어나 자진하여 죽음으로 뛰어드는 수가 있노라.
제 수명을 다 사는 사람이 열 중 셋이요,
단명으로 죽어 가는 사람이 열 중 셋이요,
장수할 사람이 사지(死地)로 뛰어드는 사람 역시 열 중 셋이로다.
그 까닭이 무엇인고?
지나치게 오래 살려고 욕심을 내기 때문이로다.

대개 이런 말이 있도다.

섭생을 잘하는 사람은,

육지로 가도 코뿔소나 호랑이를 만나지 않고,

전쟁터에 나가도 무기에 상처를 입지 않고,

외뿔소도 그의 뿔로 찌르지 못하고,

무기도 예리한 날로 베지 못하도다.

그 까닭은 무엇인고?

그에게는 (생사를 초월하여) 죽음의 여지가 없기 때문이로다.

(50장)

생지도(生之徒)가 10중 3이 있고 사지도(死之徒)가 10중 3이 있다는 말……, 노자는 갓 태어난 아기의 유연함과 무저항감이 생명력이 넘치는 것으로 보고, 사지도(死之徒)는 시체처럼 굳어 있는 사람이라고 한다. '사람들이 가르치는 바를 나 또한 가르치리라. 힘이 억센 자제 명대로 살지 못하리니, 나 역시 이 말로 가르침의 근본으로 삼으리라(42장)'라고 말하고 있는 것처럼 지나칠 정도로 완고하거나 자신이 지닌 능력을 과시하는 것은 언제나 죽음의 불길한 징조라고 하는 것이다.

일찍 죽는 문제에 대해서 좀 더 생각해 보자. 사람의 생명에는 두 가지가 있는데, 하나는 생물학적인 생명이고 또 하나는 사회적인 생명이다. 여기서는 두 가지를 겸해서 말하고 있다. 그러나 전체적으로는 사회적 생명에 대해서 말하는 부분이 주조를 이룬다고 보인다. 생물학적인 죽음이야 어쩔 수 없는 우리의 운명이니까 다만 가을에 떨어지는 낙엽처럼 우리도 담담하게 죽음을 맞이할 수 있으면 다행이겠다. (노자는 영생의 가능성을 가질 수 있는 것처럼 오해를 불러일으킬 만하게 표현한 대목이 있긴 하지만) 사회적 생명을 단축하는 것은 오

래 살려고 하는 데 있다고 보인다. 자기를 죽이면 오히려 오래 산다고
하는 뜻의 '살신성인(殺身成仁)'의 이치가 여기서 보인다고 할 수 있
다. 기왕 죽음의 이야기가 나왔으니까 한마디 더하고 가는 것이 좋겠
다. 동양적 죽음관의 대표적인 문구는 아마도 '사생일여(死生一如)'라
고 할 수 있겠는데, 이 말은 삶을 지배하는 이치와 죽음 이후를 지배
하는 이치가 하나라는 것이다. 죽음 이후에 또 다른 생명이 있느냐 없
느냐 하는 문제는 차치하고, 죽음 이후에 또 다른 생명이 있다고 하더
라도 이 세상의 삶을 지배하는 이치와 다른 것일 수 없다는 것이다.
그러므로 이 세상에서 우리가 인륜의 법칙으로 받아들이는 이치들에
충실해야 한다. 이 세상을 지배하는 이치들에 충실하지 않고 제멋대
로 산 사람이 기도만 열심히 하면 저 세상에서 구원을 받으리라고 가
르치는 교리는 사이비 교리라고 보는 것이다. 이러한 사생관에 철저
한 사람은 이 세상에 오히려 충실하게 봉사하며 살신성인할 것이다.
이런 사람은 현실에서 상처를 받지 않고 외뿔소도 뿔로 받을 수 없다
고 본다.

사회적 생명이 살신성인과 밀접한 관련이 있는 것이기 때문에 노자
는 정치에서도 우선적으로 실천해야 하는 것은 갓난아기와 같은 유연
함과 무저항적인 것을 간직할 필요가 있다고 한다. 사회적 생명의 영
구함을 추구하는 것은 정치의 요체이기 때문일 것이다. 개인이 오래
살기 위해서는 따라서 현덕을 지닌 인간이 되어야 할 것이다. 노자는
위에서 말한 바와 같이 불로장생에 관한 직접적인 이야기는 하지 않
았지만 호흡법을 암시하는 말은 남기고 있어 주목된다. 위에서 인용
되었던 시를 다시 한 번 음미해 보자.

(몸에) 영백(營魄 : 魂魄, 마음)을 싣고,
일자(一者 : 道, 절대자)를 품어 안아(抱一)

떨어지지 않는다면 얼마나 좋을꼬!
기(氣: 精神)에 집중하여 부드럽게 됨으로써
어린아이와 같이 될 수 있으면 얼마나 좋을꼬!
현묘한 마음의 거울을 깨끗이 닦아서
티 없이 할 수 있다면 얼마나 좋을꼬!
백성을 사랑하고 나라를 다스리되
무위로써(인간의 꾀로써 말고) 할 수 있다면 얼마나 좋을꼬!
천문(天門)의 열고 닫음을
암컷과 같이할 수 있다면(자연스럽게 위탁할 수 있다면) 얼마나
좋을꼬!
모든 일에 통달하여 있으면서도
무지자(無知者)로 자처할 수 있다면 얼마나 좋을꼬!

(천지만물을)낳고 또 기르도다!
낳고도 독점하지 않고,
공을 세우고도 자만하지 않고,
장(長)이면서도(으뜸이면서도) 지배하지 않도다.
이를 일러 현덕이라 하느니라.

(10장)

중국인들은 생명에 두 가지 종류가 있다고 믿었다. 양의 종류인 혼
(魂)과 음의 종류인 백(魄)-혼은 호흡과 고차원의 여러 기능들을 담
당하고 백은 혈액순환, 뼈의 기능 및 신체의 유기적인 활동 전반을 담
당한다. 생명과 건강을 유지하기 위하여서는 위의 두 가지가 잘 조화
를 이루고 있어야 함은 두말 할 필요가 없다. 만약 그것의 조화가 깨
지면 질병이 찾아올 것이 틀림없다. 호흡법을 암시하는 구절은 첫 번

째 연에서 잘 나타나고 있다. '기(精神)에 집중하여 부드럽게 됨으로 써 어린아이와 같이 될 수 있으면 얼마나 좋을꼬! 현묘한 마음의 거울을 깨끗이 닦아서 티 없이 할 수 있다면 얼마나 좋을꼬! 백성을 사랑하고 나라를 다스리되 무위(無爲)로써(인간의 꾀로써 말고) 할 수 있다면 얼마나 좋을꼬! 천문(天門)의 열고 닫음을 암컷과 같이할 수 있다면(자연스럽게 위탁할 수 있다면) 얼마나 좋을꼬!'하는 구절들에서 기에 집중하여 호흡을 정돈하면 마음이 밝아지고 자연스럽게 자연에 맡기는 일이 가능함을 암시하고 있다. 아마도 기(氣) 가운데 포함된 활기를 흡수하는 방법으로 호흡을 하였던 것이 아닐까 짐작된다.

이런 방법을 가장 잘 터득하여 완성한 사람을 현덕을 지닌 사람이라고 말할 수 있을 것이다. 위의 구절은 현덕을 지닌 사람이라는 노자의 이상적 인간의 모습도 함께 표현하고 있다. 부연해서 설명을 하자면 그는 덕을 가지고 있으면서도 그가 덕이 있음을 알지 못하고, 모든 일에 통달하여 있으면서도 스스로 알고 있음을 모르고 있는 사람이다.

(4) 자신의 덕을 의식하지 않는 덕

자신이 최고의 덕을 지니고 있으면서도 덕을 지닌 것을 모르는 경지의 덕을 계속 강조하고 있다.

최고의 덕을 지닌 자는 자신의 덕을 의식하지 않으므로 덕을 지녔다 하겠노라.
하등(下等)의 덕을 지닌 자는 자신의 덕을 잃지 않으려 함으로 덕이 없다 하겠노라.

최고의 덕은 무위로써 하며 작위(作爲)하지 않으며,
하등의 덕은 작위하며 인위적으로 꾸미느니라.

최고의 인(仁)은 인덕(仁德)을 베풀지만 인위적으로 꾸미지 않으며,
최상의 의인은 의를 실천하지만 인위적으로 꾸미느니라.
최상의 예의 실천자는 예를 지켰는데 타인이 응하지 않으면
남의 팔을 잡고 예를 강요하느니라.

그러므로 도가 없어진 후에 덕이 생기고,
덕이 없어진 후에 인(仁)이 생기고,
인이 없어진 후에 의(義)가 생기고,
의가 없어진 후에 예(禮)가 생기느니라.

무릇 예는 충신이 희박해지므로 생겨난 것이며
어지러움의 시초가 되느니라.
남보다 먼저 하는 것이란 도의 겉모습일 뿐이니
남을 우매하게 만드는 시초이니라.
고로 대장부는 두터운 도에 머물고
얄팍한 예에 머물지 않으며
내실(內實)에 충실하고 외화(外華)에 머물지 않느니라.
인위적 덕인 외화를 버리고
도의 내실을 취하느니라.

(38장)

최고의 덕을 지닌 자는 자신의 덕을 의식하지 않으므로 참다운 덕
을 지녔다고 하는 말에 대하여 생각해 보도록 하자. 덕을 의식하지 않

는 '잊어버림'의 철학을 다시 생각하게 한다. 이것은 장자의 철학에서 핵심을 이루는 것이기도 하다.

오래 전에 TV의 '11시에 만납시다'라는 프로에서 아주 감동적인 이 야기를 들은 적이 있다. 크리스마스 전이라 구세군냄비가 거리에 나왔을 때여서 구세군의 대표자 한 분이 프로에 나와 대담을 하고 있었다. 아나운서가 지금까지 자선 냄비운동을 하면서 가장 인상 깊었던 일이 무엇이냐고 하니까 그는 이렇게 대답하였다. 하루는 광화문에서 자선냄비를 벌여놓고 모금을 하고 있는데, 어떤 스님들이 옆자리에 와서 목탁을 두드리며 또 모금을 하더라. 하루 종일 몹시 불쾌하였다고 한다. 하필이면 여기서 모금을 할 것이 뭔가 하고 말이다. 저녁이 되어서 해가 뉘엿뉘엿 넘어가자 그 스님들은 하루 종일 모금한 돈을 구세군의 자선냄비에 모두 쏟아 붓고는 어디론가 휘적휘적 사라져 가더라는 것이다. 지금까지 모금운동을 평생 해보았지만 이런 일은 처음 있는 일이어서 종일 원망했던 마음이 부끄러웠고, 그것이 인상에 남았다고 하였다. 이 예화에서 나는 스님들의 미담을 통해 다음의 3가지 자선하는 마음의 단계를 생각해 보았다.

첫째 단계는 연말연초면 흔히 볼 수 있었던 모금형식으로 우리가 TV에서 흔히 보는 이웃돕기의 일환으로 하는 모금이다. 화려한 무대와 가수들의 노래를 곁들이고 모금을 하는 사람들은 모금함에 돈 봉투를 넣기 위해 일정한 포즈를 취해 주기도 한다. 자기가 자선하는 모습을 모범적으로 만인들에게 보여주는 것이다. 그래서 사람들은 그 순수성에 대하여 의문을 품기도 한다. 그러나 그것조차 하지 않는 사람에 비하면 훨씬 사회를 위해 좋은 일을 하는 것이라고 할 수 있다. 만인에게 보여주기 위해서 했든 혹은 은연중에 강요에 의해서 했든지 간에 남을 돕는 일을 한 것이기 때문이다.

두 번째 단계는 자기가 자선하는 것을 남이 모르게 하는 것이다. 오른손이 하는 것을 왼손이 모르게 하라는 성경의 말씀처럼 그렇게 하는 것이다. 단지 자신의 내면적 도덕적 명령에 따라서 하는 것이므로 칭찬 받을 생각을 하지 않는다. 우리는 이러한 단계를 도덕적 단계라 부를 수 있을 것이다. 그러나 이 두 번째 단계는 세 번째의 단계에 비하면 한 수가 낮은 것이라 할 수 있다. 설사 남을 의식하지 않고 남에게 자선을 베풀었다고 하더라도 아직도 마음속에 자기가 '나는 어느 날 이런 저런 자선을 한 번 하였지'하고 의식을 하고 있는 것이다. 그 것이 자기의 내적 만족의 형태로 의식되는 것이든 또 다른 다짐을 위해 기억하는 것이든지 말이다. 그런데 만일 자기가 자선을 하고도 자기가 자선을 했다는 그 자체도 의식하지 못하는 사람이 있다면 어떻겠는가?

이것이 세 번째 단계인데, '잊어버림'의 경지라는 것은 바로 이 세 번째 단계를 말하는 것이다. 장자는 그것을 좌망(坐忘)이라고 했던가? 즉 마음에 어떤 찌꺼기를 남기지 않는 경지에 있는 사람이고, 두 번째 단계에 있는 사람보다 한 수 더 위에 있는 사람임에 틀림없을 것이다. 그 마음은 마치 맑은 가을하늘과 같아서 새 한 마리가 창공을 날아갔다고 하더라도 하늘에 어떤 찌꺼기를 남기지 않고 여전히 맑은 하늘 그대로인 것에 비유할 수 있을 것이다. 이러한 이치를 좀 더 현실에 적용해 본다면, 국회의원이 금배지를 다는 것은 어려운 일이지만 자신이 국회의원이라는 사실도 잊어버리고 진실로 국민의 봉사자가 되는 것은 더욱 어려운 일일 것이다. 박식한 사람이 되기는 물론 어렵지만 자신의 박식함도 잊어버린 사람이 되기는 더욱 어려울 것이다. 의인(義人)이 되기는 물론 어렵지만 자기가 의인이라는 사실도 잊어버리는 사람이 되기는 더욱 어려울 것이다. 잊어버림의 철학이 노자에서 싹트고 장자에서 본격적으로 제시된 배경을 알 수 있다.

최고의 덕을 지니고 있으면서도 자신의 덕을 의식하지 않는 사람이

노자가 제시한 현덕의 사람이다. 그러므로 인간의 윤리적 규범이라는
것이 결국 도가 무너짐으로 인하여 강화된다는 입장도 이해될 것이
다. 도의 결핍으로 인하여 덕이 강조되고 덕의 결핍으로 인하여 인
(仁)이 강조되고, 인(仁)의 결핍으로 인하여 예(禮)가 강조되고……,
과거에는 십계명이나 팔조법금의 간단한 법정도로도 살 수 있었는데
지금은 육법전서로도 모자라 법은 점점 많아지고……, 법을 만들어
인류의 질서를 유지하려는 것은 결국 지엽적인 말(末)을 미봉하는 것
이고 근본적인 본(本)을 다스리는 것은 아니라는 것도 이해가 된다.
그러므로 모든 것은 사람에게 귀착되고, 올바른 덕을 가진 사람을 만
들지 않고는 좋은 사회는 되지 않으리라는 예측도 하게 된다.

(5) 나만 홀로 우둔하고 멍청하도다

자신이 덕을 지니고 있으면서도 그 덕을 의식조차 하지 않는 덕이
란 다른 세속적인 사람들 눈에는 모자라는 듯이 보일 것이다. 세상의
영악한 사람들은 그 시대의 편견과 자신의 부족한 눈으로 보기 때문
에 정말 덕이 큰 사람을 알아보지 못한다. 그것을 잘 표현하고 있는
구절이 45장이다.

최고로 완성된 것은 마치 결함이 있는 것 같으나
아무리 써도 훼손되지 않으며,
최고로 가득 찬 것은 팅 빈 것 같으나
아무리 써도 다함이 없도다.

지극히 곧은 것은 구부러진 것 같고,

지극히 정교한 것은 마치 졸렬한 것 같고,
최고의 능변은 마치 말더듬이 같도다.

고요함이 시끄러움을 이기고,
추위가 더위를 이기고,
청정(淸靜)해야 천하가 바르게 되도다.

(45장)

이 구절을 감상하기 위하여 중국의 무술영화 한 토막을 이야기해보
겠다. 나는 전에 '돌아온 외팔이'에서 취미를 붙여 중국영화를 많이 보
다 보니 중국 무술영화라는 것이 대부분 비슷비슷한 이야기로 되어있
다는 것을 발견할 수 있었다. 그 줄거리를 요약하면 다음과 같다.
어떤 가문이 다른 적대가문으로부터 거의 절멸 당한다……, 씨를
말리는 철저한 파괴……, 그런데 그 가운데서 천행으로 어떤 갓난아
이가 구사일생으로 살아남는데 그가 자라서 장차 복수를 한다는 것이
다. 그 아이가 성장하여 복수를 일념으로 어떤 돌팔이 무사에게 무술
을 배운다. 이 청년은 무술이 깊어지면서 자만심을 가지게 되고 어느
날 적진에 뛰어들어 복수를 하려다가 오히려 매만 실컷 얻어맞고 간
신히 목숨을 건져 살아남는다. 이 청년은 그 후 실의에 사로잡혀 있는
데 우연히 어떤 주책없는 늙은이를 만나게 된다. 청년은 처음에 이 늙
은이를 대수롭지 않게 생각한다. 늙은이는 기존의 윤리나 질서를 무
시하고 제멋대로 사는 사람으로 집도 절도 없는 무위도식하는 사람처
럼 보인다. 대낮부터 술만 마시고 곤드레가 되어 아무데서나 낮잠을
잔다. 옷 입은 행색은 거지나 다름없고 바보처럼 행동하기 때문에 아
무도 그 늙은이를 주목하지 않는다. 늙은이는 실의에 사로잡힌 청년
의 주위에 자주 나타나 청년에게 끊임없이 심술궂게 약을 올린다. 그

러는 사이 청년은 그 늙은이와 친구처럼 지내게 되는데, 늙은이는 나이로 따지면 할아버지뻘 되는 사람이지만 청년은 그 주책없는 늙은이에게 반말로 지껄이면서 무시한다. 그러나 알 수 없는 인간적 매력으로 그 늙은이를 차츰 좋아하게 된다. 그 늙은이는 실의에 사로잡힌 젊은 청년을 이미 알고 있는 것처럼 보이기도 하지만, 겉으로 청년에게 보여주는 측면은 바보 같고 주책이 없는 늙고 노망난 거지 할아버지일 뿐이다. 가뜩이나 실의에 빠진 청년에게 늙은이는 고약한 말과 행동거지로 약을 올리기 일쑤이기 때문에 어느 날 청년은 그 늙은이를 혼내주려고 자기가 배운 무술실력으로 덤벼드는데, 노인은 술을 마시면서 이리 피하고 저리 피하는 솜씨가 범상치가 않다. 드디어 청년은 이 늙은이가 자기와는 상대할 수 없는 진짜 신기의 경지에 이른 무술사라는 것을 깨닫게 된다. 노인은 무술로 도의 경지에 이른 사람이지만 철저한 자기 위장으로 바보처럼 보일 뿐이라는 것을 어렴풋이 깨닫고 무릎을 꿇고 자신의 사부(師父)가 되어줄 것을 소원한다. 노인은 드디어 사부가 되어줄 것을 약속하고 청년에게 지독한 훈련을 시킨다. 늙은이는 술 마시고 낮잠 자고 제멋대로인 것이 하나도 달라진 것이 없지만 청년은 보면 볼수록 스승이 더욱 높아만 보인다. 세월이 흘러 청년의 경지도 괄목할 정도에 이르고 내적인 성숙도 눈에 띄게 나타나지만 이제는 가서 복수를 해도 좋다는 스승의 명이 좀체 떨어지지를 않는다. 스승의 경지를 뛰어 넘을 정도가 되려면 아직도 멀게만 느껴진다. 어느 날 스승은 엄숙한 얼굴로 '마지막으로 내가 너에게 전해줄 것이 있는데 이것은 네가 원수를 갚겠다고 하는 의식도 버려야만 가능한 경지다'라고 말한다. 청년은 지금까지 오로지 복수를 하겠다는 일념으로 고생도 마다하고 무술을 연마했는데, 복수하겠다는 '의식'을 포기해야 한다니! 그는 심각한 고민에 빠지고 진퇴양난에 떨어진다. 그러나 그는 스승의 마지막 경지를 전수 받기로 결심하고 내적 수양을 거듭한다. 폭포수 밑에 가부좌하고 참선에 들어가기도 하고……, 드디어 복수도 하고 무술의 명인이 된다는 이야기이다.

　이상의 이야기를 듣고 어떤 생각이 드는가? 노장사상의 색깔을 다분히 품고 있는 가장 중국적인 맛을 느끼게 하지 않는가? 미국의 서부영화를 보면 일당백으로 복수를 하는 건맨(gunman)이 등장한다. 건맨은 영웅적인 활동으로 목적을 이룬 후에 주민들이 자기 마을에 머물러 살기를 원하는데도 불구하고 홀로 석양이 지는 바닷가를 향하여 고독하게 걸어간다. 그 모습에서 우리는 영웅의 사나이다운 모습을 느낄 수 있다. 그 건맨은 마땅히 자신이 이룩한 영웅적 행동에 대한 주민들의 갈채를 만끽할 만하지만 그는 그것을 뿌리치고 석양이 지는 바닷가를 향하여 홀로 쓸쓸히 걸어가는 모습에서 서부영화의 전형적인 장면을 느낄 수 있다. 그러나 건맨은 자신을 철저히 바보처럼 위장하지는 않는다. 이 점이 중국의 무술사와 다른 점이고 노장철학이 매우 중국적인 것이라는 것은 이런 뜻에서이다. '최고로 완성된 것은 마치 결함이 있는 것 같다'고 한다던가, '최고로 가득 찬 것은 텅 빈 것 같다'고 한다던가, '지극히 곧은 것은 구부러진 것 같고', '지극히 정교한 것은 마치 졸렬한 것 같다'고 하는 것은 미국적인 사고방식에서는 이해하기 어려운 것이라고 감히 생각한다. 이것은 바로 도를 표현하는 말 이외에 다른 것이 아니다. 도의 경지에 있는 무술사, 주책없는 늙은이의 인간형은 건맨과 다르다. 늙은이는 건맨처럼 심각하지 않고 유머가 있으며 잔인하지 않다. 그는 규정하기 어려운 전체적 인물이기 때문이다.

　도는 음과 양, 성(聖)과 속(俗)을 포괄하고 있는 전체이므로 현명과 바보, 신기(神技)와 졸렬(拙劣), 재치(才致)와 어눌(語訥) 등등을 포괄하고 있다. 전체를 볼 수 없는 어리석은 사람은 그 늙은이를 바보라는 한 측면으로만 본다. 하늘의 인도로 청년은 그 늙은이가 바로 자기가 찾고 있던 그 전체적 인물이었음을 알고 희열을 느낀다. 아마도 그 청년의 소원이 하늘에 사무쳐 그 늙은이의 전체적 모습을 알아볼 수 있는 눈이 뜨인 것처럼 보인다. 거지행색을 하고 나타나는 미륵불이나 보살은 아무에게나 눈에 띄는 것이 아니고 전체를 꿰뚫어 볼 수 있는 순간에 기적적으로 나타난다.

늙은이는 겉으로 보기에 바보같이 여겨지겠지만 그는 바보가 아니라 진정으로 보배를 지니고 있는 사람이다. 그런데 '이 세상에서 나만 홀로 바보 같도다'라고 읊고 있는 노자는 자신의 인간적 고독을 슬며시 나타낸 시가 있다.

학문을 버리면 근심걱정이 사라지리로다.
'예'하는 대답과 '응'하는 대답 사이에
그 차이가 얼마나 된단 말인가?
'선'이니 '악'이니 하는 것 사이에
그 차이가 얼마나 된단 말인가?
사람들이 두려워하는 바를 나 역시 두려워하지 않을 수 없도다.
학문의 황당하고 막연함이여,
한도 끝도 없어라.

사람들은 마치 큰 잔칫상을 받은 듯
봄날에 높은 누각에 오른 듯,
희희낙락하건만,
나만 홀로 조용히 움직일 기색도 없으며
아직 웃을 줄도 모르는 젖먹이와 같고,
초라하게 풀이 죽어 있는 모습이 돌아갈 곳 없는 사람 같도다.
사람들은 모두 여유만만하건만

나 홀로 궁핍한 것 같도다.
내 마음 바보의 마음인가,
흐리멍덩하도다.
세상 사람들은 모두 영특하고 똑똑하건만
나만 홀로 우둔하고 멍청하도다.
(깊고 고요하기는 바다와 같고,
정처 없이 불어가는 바람과도 같도다).
세상 사람들은 모두 다 유능하건만
나만 홀로 무능하고 촌티가 나도다.

나만 홀로 사람들과 달리
유모(乳母 : 大道)를 소중히 여기도다.

(20장)

『도덕경』 가운데서 가장 빛나는 구절 가운데 하나이기도 하다. 이 시를 보면 보들레르의 알바트로스라는 시가 연상된다. 천상의 시인이 이 세상에 유배된 자처럼 와서 순진하게 구름을 따라 놀고 시냇물을 따라 놀던 보들레르……, 이 세상의 영리한 사람들은 주둥이가 크고 날개가 턱없이 큰 알바트로스라는 새를 보고 신기한 듯 손가락으로 쿡쿡 찔러보거나 때려보거나 욕도 해보며 놀리고……, 알바트로스는 바보처럼 어색하게 눈만 끔벅거리는 가련한 신세인데, 보들레르는 자신의 신세를 이 알바트로스에 비유하였다. '이 세상 사람들은 희희낙락하건만 도를 마음 가운데 품은 사람은 우둔하고 멍청하게 보인다'는 도인의 고독을 읊은 것이다. 그러나 마지막 구절에서 '유모(大道)를 소중히 여기도다'라고 말하고 있는데, 어머니인 도의 젖을 먹는 자신의 행복함을 말하고 있다. 도로부터 육신과 정신이 주어진 것이니 갓난아이가 어머니의 젖을 먹으며 무한히 만족스러운 것과 같이 활력을 얻고 있음을 비치고 있다.

또 『도덕경』 15장에는 도를 터득한 도사의 품격을 다음과 같이 말하고 있다.

누가 능히 혼탁한 것을 안정시켜
그것을 서서히 밝게 할 수 있을꼬?
누가 능히 안정된 것을 움직여
그것을 서서히 살아나게 할 수 있을꼬?

바로 이 도를(靜之徐淸하고 動之徐生者)
간직한 자 가득차기를(自滿自足하기를) 욕구하지 않는 법,
오직 가득차기를 욕구하지 않음으로 해서
밝은 것을 버리고 새롭게 이루어지느니라.

이 시는 자연이 말없이 생육화성(生育化成)하는 모습을 묘사하고 있는 것인데, 그대로 도사의 품격에 비유되고 있다. 도사가 남의 덕을 생육화성한다고 생각해 보라. 학교에서 주입식으로 가르치는 것과 전혀 다른 방식임을 알 수 있다. 마치 자연이 말없이 생육화성하는 것과 같이 남의 덕을 생육화성하는 사람은 어떤 사람이겠는가? 위의 시에서 어느 정도 짐작할 수 있다. 한마디로 말하면, 우리의 의지를 순화시키면 도가 그 마음 안에서 저절로 작용한다는 것을 지적하고 있다. 혼탁한 것을 안정시켜 서서히 밝게 하는 자는 도인이 아니고는 가르칠 수 없다. 도사는 바보가 아니라 아무도 잘 알지 못하는 방식으로 서서히 혼탁을 밝게 하는 것을 알 수 있다. 자연이 아무 것도 하지 않는 것 같지만 안하는 것이 없는 것과 같다.

6
무위의 정치

6. 무위의 정치

여기서는 노자의 정치사상을 표현하는 구절들을 모아 보고 그것을 중심으로 감상해 보려고 한다.

(1) 검소하게 다스려야 뿌리가 깊고 튼튼하다

나라를 다스리고 하늘을 섬기는 데는
검소한 것 만한 것이 없느니라.
오직 검소해야 빨리 도에 순응하게 되리로다.
빨리 도에 순응함을 일러 덕을 거듭 쌓는다 하나니
덕을 쌓으면 이기지 못할 것이 없고
극복하지 못할 것이 없으면
도와 같이 한없는 능력을 간직하게 되리라.

한없는 능력을 간직하면
가히 나라를 차지할 수 있을 것이며,
치국(治國)의 근본 도리를 지키면
오래오래 갈 수 있으리니,
이를 일러 뿌리가 깊고 튼튼하다 하며
장생구시(長生久視 : 오래오래 사는 도)의 도라 하느니라.

(59장)

여기서는 도를 지키는 것(守道)을 '검약과 동일한 개념으로 풀었다.

즉 낭비보다는 절약, 화려함보다는 검소함이 도에 가깝다는 사상이다. 나라를 다스리는 데에 있어서도 이 이치는 그대로 적용되어 백성들이 절약과 검소를 바탕으로 할 때 뿌리가 튼튼하게 된다는 것이다.

GNP가 높거나 낮거나 가리지 않고 소비가 미덕이라는 것은 있을 수 없는 것임을 말한다고 할 수도 있다. 국민 전체가 검소한 삶의 자세를 갖도록 하는 것이 좋은 정치의 목표가 됨을 지적하고 있다. 검약은 도에 가까운 마음의 자세이기 때문이다. 샴페인을 일찍 터뜨리고 허장성세를 벌이는 것은 교만한 마음이요 겸손한 마음자세가 아니다. 노자는 높이 있을 때에 낮음을 생각하라고 가르치고 있는데 하물며 변변치 못한 지위에 있을 때에 있어서랴!

도를 멀리하는 것은 뿌리를 잃는 것을 말함이니 검소하지 않고 들떠 있는 것은 오래 갈 수 없을 것이다.

(2) 큰 나라를 다스리는 방법

노자가 직면하여 본 현실은 모든 당대의 사람들이 대국주의를 지향하는 모습이었을 것이다. 어떻게 하면 나라를 크게 하여 부국강병을 할 것인가 하는 것이 정치인들의 관심사였다고 생각한다. 물론 노자는 대국보다는 소국을 지향하는 것이 좋다고 하여 당대의 정치가들과 정면으로 다른 생각을 내놓았지만 대국을 다스릴 때의 주의도 하고 있다.

큰 나라를 다스릴 때는
마치 작은 생선을 지지듯이 조심할지니라.
도를 가지고 천하에 임하면

음귀(陰鬼)도 조화를 부리지 못하며,

비단 음귀만이 조화를 부리지 못할 뿐만 아니라,

양신(陽神)도 사람을 해치지 못하며

비단 양신만이 사람을 해치지 못할 뿐만 아니라,

성인도 또한 사람을 해치지 못하게 되리로다.

무릇 귀신과 성인이 사람을 해치지 못하므로

모든 덕이 고스란히 백성에게 돌아가게 되리로다.

(60장)

대국(大國)을 다스릴 때는 마치 작은 생선을 지지듯이 조심하라는 말이 얼마나 재미있는 비유인지 감탄하게 된다. 여기에는 물론 노자의 신랄한 비꼼과 야유가 숨겨져 있다. 살이 얼마 붙어 있지 않은 생선을 지질 때 너무 인위적으로 젓가락질을 하여 이리 뒤집고 저리 뒤집고 하면 살은 다 날아가고 배만 남아서 먹을 것이 없게 될 것이다. 그러니 조심스럽게 살이 날아가지 않도록 해야 할 것이다. 대국을 다스릴 때도 그렇게 조심해야 하는데, 가장 좋은 방법은 너무 인위적인 방법으로 젓가락질을 하지 않고 내버려 두는 것이다. 즉 자연에 맡기는 방법이다. 이것이 바로 도를 가지고 천하에 임하는 자세이며 백성으로 하여금 덕을 쌓도록 하는 방법이다. 대국에는 각양각색의 의견을 가진 사람들이 많이 모여 살 것인데 누구라도 그것을 획일적으로 다스리기는 불가능할 것이다. 독재자들은 제멋대로 의견들이 나오는 것을 불안하게 생각할 것이겠지만. 그러나 우리는 다양성만 있고 그것을 통일하는 것이 없는 혼돈과 구분해야 할 것이다. 제멋대로의 의견이 난무하기만 한다면 그것은 일종의 혼란이지 치국(治國)이 아닐 것이다.

다양성과 통일을 한문으로 표현한다면 '일즉다(一卽多)요 다즉일

(多卽一)'인데, 여기서 일(一)은 두말 할 필요도 없이 도를 말한다. 다(多)만 있고 일(一)이 없으면 혼란과 무질서만 있어서 하루도 살 수가 없을 것이다. 또 일(一)만 있고 다(多)가 없으면 독재국가라면 모르되 노자가 말하는 대국을 다스리는 원리와 배치된다고 할 수 있다. 너무 추상적인 이야기를 한 것 같아 현실에서 한 가지 예를 들어보겠다. 얼마 전에 다니엘 벨이라는 유명한 문명비평가가 한국에 와서 인터뷰를 하였는데, 아주 좋은 말을 한 가지 하였다. 제멋대로인 것 같은 미국의 다양성이 유지될 수 있었던 힘이 무엇이냐고 질문을 하니까 그것은 사법부의 건재 때문이라고 하였다. 미국인들은 의견이 엇갈려 서로 싸움을 하다가도 마지막으로 중재를 할 수 있는 곳이 있는데, 그것은 법이고 그것을 결정하는 사법부의 권위를 의심하지 않는다고 한다.

다시 말하면 미국인들은 온갖 인종들이 모여서 이루어진 다문화 국가를 이루고 있지만 그들을 하나로 묶을 수 있었던 것은 하나의 신성불가침의 영역, 즉 사법부가 건재하였기 때문이라는 것이다. 사법부가 행정부의 시녀가 된 적이 없고 돈을 먹고 편파적으로 판결을 내린 적이 없기 때문에(신기하게도 그런 적이 없기 때문에) 비록 6 : 5로 판결이 나더라도 미국인들은 그 결정에 복종한다는 것이다. 미국처럼 인종과 문화적 배경이 다른 이질적 사람들이 모여 사는 나라도 지구상에 흔치 않다고 여겨진다. 따라서 온갖 이익집단들이 서로 이해관계가 얽혀 있는 나라이다.

이런 나라에 만약 다(多)만 있고 일(一 : 신성불가침의 영역으로서의 사법부)이 없었다면 어떻게 유지될 수 있었겠는가? 한국에는 신성불가침의 영역이라고 할 수 있는 일(一)이 없기 때문에(과거에는 군사적인 힘이 임시적으로 작용했다) 다양성을 받아들이는 일이 쉽지 않을 것이다. 사법부는 언제나 행정부의 시녀였으니까.

이야기가 곁길로 갔는지는 모르나 대국을 다스리는 원리를 노자는 잘 표현했다고 생각한다. 다즉일(多卽一)이요 일즉다(一卽多)에 대한 예로 이해되었으면 한다. 대국일수록 너무 인위적인 방법으로 다스리기 어렵다는 것을 말하면서 도가 통하는 방법으로 다스려야 된다는 것을 알게 해 준다.

(3) 국민들을 큰 사람으로 만드는 정치

위에서 인용했던 28장은 또한 큰 정치를 하는 방법을 말한 것이기도 하다.

통나무가 잘리고 쪼개져 흩어지면 그릇들이 되는 것이니,
성인은 그것을 이용하여 백관의 우두머리가 되도다.
그런고로 큰 정치는 쪼개지 않는 법이니라.

도를 통나무로 비유했던 노자는 '통나무가 잘리고 쪼개져 흩어지면 그릇들이 되는 것이니'라는 표현으로 그릇들을 만물로 비유하고 있다. 그러므로 성인은 통나무를 쪼개서 그릇을 만들어 사용하는 방식으로 다스리지 않고 통나무인 채로 그대로 놓아두는 정치를 한다는 것이다. 그것이 쪼개지 않는 큰 정치인 것이다. 국민들을 잘게 만드는 정치가 아니고 큰 사람이 되게 하는 정치가 성인이 다스리는 정치라는 것이다. 나라를 다스리는 사람이 쩨쩨하면 국민도 쩨쩨해진다. 대도(大道)로 나라를 다스리지 않고 잔꾀로 다스리는 것이 국민들을 쩨쩨하게 만드는 것이다.

나라를 다스리는 철학이 없는 사람이 잔꾀로 나라를 경영하려고 한다. 나라를 다스릴 실력이 모자라고 자신이 없는 사람이 잔꾀로 다스

리려고 한다. 백성을 통나무인 채로 놓아두고 다스리는 사람은 큰 사
람이나 가능하다. 그는 잔꾀를 사용하지 않을 뿐만 아니라 무리를 하
지 않으며 국민이 원하는 바를 알아서 큰물을 따라 흐르는 것처럼 힘
들이지 않고 다스린다. 다스린다는 생각이 없이 다스리는 사람이라고
할 수 있다.

(4) 큰 나라는 강의 하류와 같다

큰 나라는 강의 하류와 같으니,
천하의 모든 나라와 사람들이 모여드느니라.
큰 나라는 천하의 암컷과도 같으니,
언제나 고요로써 수컷을 이기고
고요로써 몸을 아래쪽에 두도다.
그런고로 큰 나라는 겸손하게 자신을 작은 나라 밑에 둠으로써,
작은 나라를 얻게 되며,
작은 나라 또한 자신을 큰 나라 밑에 둠으로써,
큰 나라를 얻게 되도다.
이렇게 큰 나라도 겸손으로써 얻게 되고,
작은 나라도 겸손으로써 얻게 되느니라.
큰 나라는 오직 모든 나라를 합하여 다 같이
백성들을 보살피기를 원할 뿐이요,
작은 나라 역시 큰 나라에 합하여 다 같이
백성을 돌보고자 할 뿐이로다.
서로가 다 소원을 성취하고자 하면 의당

큰 나라가 자신을 스스로 낮추어야 하느니라.

(61장)

모든 나라들이 패도정치와 대국주의(大國主義)를 지향하고 있을 때 노자는 정반대로 소국주의의 정치를 이상으로 하였으니 그 당시로서는 어지간히 비현실적인 면이 있었다고 할 것이다.

어차피 인간 세상에는 대국과 소국이 섞여 살 수밖에 없는 입장이라면 여기서 표현된 노자의 사상은 적절한 것 같다. 대국을 하류(下流)나 암컷에 비유하고 있는 것도 재미있지만 기본적으로 높은 것일수록 낮아져야 하고 큰 것일수록 작아져야 한다는 것이 도의 성격이라는 것을 바탕으로 대국(大國)이 지녀야 할 정신을 말하고 있다. 오늘날 '국가이익' 이론과 상당히 다른 것을 알 수 있다. '국가이익' 이론은 공리주의를 바탕으로 한 것이라면 노자의 대국이론(大國理論)은 도를 바탕으로 한 것이라고 말할 수 있을 것이다.

하류는 가만히 있어도 모든 물이 모여드는 곳이며 암컷은 가만히 있어도 수컷이 모여드는 것을 비유한 것이 대국이론이다. 그것은 한마디로 겸손을 말한다. 겸손이야말로 하류와 암컷에 비유할 수 있다. 대국이 겸손한 자세로 있을 때에 소국들은 자신의 독립적인 위치를 유지하면서도 대국을 우러러 존경할 수 있게 된다. 대국이 힘이 좀 있다고 하여 소국들을 못살게 굴거나 간섭을 하거나 한다면 대국다운 정신이 모자라는 것이다. 대국일수록 겸손해져야 한다는 것이다. 즉 그것이 자연의 이치에 맞는 일이다.

(5) 이상국가(理想國家)

(나의 이상국가는 이러하도다)
나라의 크기는 작게 하고, 나라의 인구는 적게 할지니라.
문명의 이기(利器)가 있다 해도 그것을 쓰지 않도록 할지니라.
백성들로 하여금 저마다 삶을 아끼고 멀리 떠돌지 않도록 할지니라.
비록 배나 수레가 있다 해도 타고 다닐 필요가 없게 하고,
무기가 있다 해도 그것을 쓸 필요가 없도록 할지니라.
백성들로 하여금 (문자를 버리고)다시 새끼줄을 묶어
뜻을 표현하도록 할지니라.

백성들로 하여금 자기들의 음식이 맛있다고 생각게 하고,
자기들이 입은 옷이 아름답다고 생각게 하며,
자기들이 사는 마을이 편한 곳으로 느끼게 해주어서,
이렇게 자기들의 삶을 즐기도록 해 줄지니라.
이웃나라끼리 서로 바라보고,
닭 우는 소리와 개 짖는 소리를 들을 수 있어도,
백성들이 늙어 죽을 때까지 서로 왕래하지 않도록 할지니라.
(80장)

    노자가 생각하는 이상국가가 소박하게 잘 표현되고 있다. 농경사회
의 전원적 풍경이 잘 표현되고 있다. 나라는 작을수록 좋고 인구는 적
을수록 좋다는 것은 당시의 대국주의 풍조에서 보면 매우 비현실적인
것이 사실이다. 그러나 고대사회를 찬미하고 갓난아이를 찬미하며 자
연 상태로 복귀하는 것을 이상으로 여긴 노자의 사상에서 이해가 안
되는 것도 아니다.

첫째 연에서 말하는 것은 나라는 작을수록 좋고 인구는 적을수록 좋다는 것 외에 온갖 문명의 이기들을 사용하지 않는 것이 좋다는 뜻도 포함되어 있다. 그러한 문명의 이기들이 오히려 인간에게 위험한 요인이 된다는 것을 암암리에 포함하고 있다. 두 번째 연에서는 백성들로 하여금 자족할 줄 알게 하고 서로 경쟁을 하지 않도록 하는 것이 좋다는 뜻이 표현되어 있다. 인간의 인위보다는 도가 작용하는 정치를 바라고 있는 노자의 기본적인 사상에서 나온 정치철학이라 할 것이다.

(6) 무위(無爲)의 정치사상

노자의 정치철학이 어떤 것이었는지 위에서 짐작할 수 있는 일이지만 그 정치방법은 구체적으로 어떻게 하는 것인지, 그것은 실현성이 있는 것인지 혹은 하나의 이상에 불과한 것인지를 여기서 생각해 볼 필요가 있다고 생각한다. 이번에도 노자 『도덕경』을 직접 인용하면서 그것을 몇 가지로 생각하자.

첫째로 노자의 정치사상은 백성으로 하여금 무지무욕(無知無慾)하게 하는 것이 정치방법에 있어서 가장 중요한 것이다.

현명하다는 사람들을 숭상하지 말아야
국민들이 다투지 않게 하리로다.
얻기 어려운 재화(財貨)를 진귀하게 여기지 말아야
국민들이 훔치지 않게 할 수 있으리로다.
탐욕을 내지 않는 것을 보여 주어야
국민들로 하여금 마음을 어지럽히지 않게 하리로다.

그러므로 성인의 다스림은

국민으로 하여금 그 마음을 비우게 하고 그 배는 실(實)하게 하고,

국민으로 하여금 그 헛된 뜻은 약하게 하고, 그 참된 뼈는 강하게

하도다.

늘 국민으로 하여금 무지무욕(無知無慾)하게 하고,

지혜롭다는 자들로 하여금 수작을 못 부리게 하도다.

무위로 하니 다스려지지 않는 것이 없으리로다.

(3장)

우선 사람들이 서로 지(知)를 앞세우면 어떻게 될까? 지(知)가 하는 가장 중요한 일은 자연을 인위적으로 만드는 것이다. 위에서 그것을 이미 언급하였지만 우리가 문화라든가 문명이라든가 하는 것은 바로 지(知)로 자연을 인간화한 것이라고 할 수 있다. 그래서 경쟁이 생기고 모든 인간사회의 우환이 생겼다. 그 다음에 사람들로 하여금 서로 많이 가지게 하려고 경쟁을 하게 되는데 그 경쟁에서 이기는 소수자는 기뻐하겠지만 대다수는 경쟁에서 질 것이기 때문에 불행을 느끼게 될 것이다. 나라를 다스릴 때 가장 중요하게 염두에 두어야 하는 것은 사람들로 하여금 지적인 경쟁이나 서로 많이 가지려고 경쟁을 시키는 것이 아니라 안으로 덕성을 쌓게 하는 것이다. 이것이 길게 보면 가장 근본적인 것이다.

최근 한국의 대기업체에서 가장 골머리를 앓는 것이 불량품의 생산이라고 한다. 그래서 어떤 기업은 이른바 라인스톱제(Line Stop System)를 실시하고 있다고 한다. 즉 한 곳에서 불량품이 나오면 연계되어 있는 전체 공정을 멈추면서 그 원인을 알고 해결해 간다는 것이다. 말이 그렇지 쉬운 일이 아닐 것이며 그대로 실천하는지는 잘 모르겠으나 죽기 아니면 살기라는 각오가 없이는 그것을 해내기가 어려

울 것이다. 불량품의 대부분은 사람의 정성이 들어가지 않고 적당히 하는 데서 나오는 것이라고 생각한다. 근본적인 것은 사람의 성의와 열성에 달려 있다는 것이다. 개인이나 기업, 국가의 도덕적 에너지가 21세기 경쟁력의 가장 핵심부분이 된다는 것을 이제 기업들이 깨닫고 있는 것도 흥미 있는 일이다. 미국이 쇠퇴하는 이유는 무엇인가? 그 기름진 영토와 부와 민주주의를 가지고도 경쟁에서 번번이 지고 있는 이유는 무엇인가? 그것은 범죄, 마약, 폭력, 사치, 개인이기주의, 집단 이기주의 등이 그 사회를 지배하고 있기 때문이다.

21세기는 인간을 존중하고 도덕이 살아 숨쉬며, 문화의 꽃을 피운 나라가 지배하게 될 것이다. 정치의 요체는 부를 가지고 경쟁하게 하는 것이 아니라 올바른 가치관을 가지고 사는 사람이 되려고 서로 경쟁하게 하는 것이다. 그러기 위하여서는 인문적 가치를 다시 존경하는 사회분위기를 만들어야 한다. 그래야만 국가적 낭비가 적고 부를 축적할 수 있게 된다. 사람들의 도덕적 심성이 무너지면 아무리 부를 축적하더라도 그것은 사상누각과 같으며 밑 빠진 독에 물 붓기처럼 국가적 낭비가 심하게 될 것이다. 단단한 땅에 물이 고인다는 속담이 있는데 단단한 땅은 바로 도덕적인 것이 살아 숨쉬는 사회적 바탕을 말한다. '그러므로 성인의 다스림은 국민으로 하여금 그 마음을 비우게 하고 그 배는 실(實)하게 하고, 국민으로 하여금 그 헛된 뜻은 약하게 하고, 그 참된 뼈는 강하게 하도다'라고 말하는 것처럼 욕심을 비우고 근본적인 인간의 도리로 실하게 하여야 튼튼하고 강하게 된다는 것을 알 수 있다.

'배를 채운다'고 하는 것은 고대 중국인들에게 있어서 경멸의 뜻이 있는 것이 아니라 상류사회를 상징한 것으로 여겨진다. 실상 배를 충분히 채울 수 있는 사람은 귀족들이나 가능하였기 때문이다. 배가 부르고 살이 찐 것은 언제나 부러움과 존경의 염을 불러일으키는 것이었다. 그것을 여기서 그대로 표현한 것으로 볼 수 있다. 한편 중국 고대인에게 있어서 뼈라는 것은 가장 귀중한 생명력의 근원이 모여 있는 곳이라고 생각되었다. 가장 소박한 통나무(樸)야말로 튼튼한 뼈대라고 해석한 사람도 있다. 튼튼한 뼈대 속에 풍요한 정신력을 지니게끔 하는 원동력이 있게 된다는 것이다. 이렇게 보면 본문에서 표현한 상징들은 실제적인 의미가 있다는 것을 알 수 있다.

둘째로 생각해 볼 수 있는 것은 영적으로 배부를 수 있는 사람이 많아야 한다는 것이다. 다시 말하면 내면성이 있는 국민이 많게 하는 것, 내적으로 충실한 사람이 많게 하는 정치가 필요하다. 내적으로 텅텅 빈 사람들이 많은 나라, 졸부들이 설치는 나라에서는 아무리 돈을 벌어도 밑 빠진 독에 물 붓기처럼 부가 축적되지 않는다. 그러기 위해서는 어떻게 해야 하는가? 휘황찬란한 밖의 현상보다도 내적으로 배부른 사람이 많은 나라를 만들어야 한다.

오색(五色)은 사람을 눈멀게 하고,
오음(五音)은 사람을 귀머거리가 되게 하고,
오미(五味)는 사람의 입맛을 상(傷)하게 하도다.
말달리며 사냥하면 사람의 마음을 미치게 하며,
얻기 힘든 재화(財貨)는 사람의 행위를 비뚤게 하도다.

그러므로 성인은 (靈的으로) 배불리기에 힘쓰고,
외적인 겉치레에 힘쓰지 아니하느니라.
따라서 저것을 버리고 이것을 취하도다.

(12장)

우리의 눈을 밖을 향하여 보면 모두 총천연색으로 보이지만 우리의 마음 안을 향하여 보면 캄캄한 밤처럼 흑백으로만 보인다. 그래서 노자는 무(無)라는 단어를 썼는지도 모른다. 그러나 도를 아는 사람들은 정반대로 본다. 마음 안이 오히려 총천연색이요 밖이 흑백일 것이다. 그만큼 우리가 제대로 보지 못하는 이유는 위의 구절에서 말하는 것처럼 우리의 감각에 눈이 멀어 있기 때문일 것이다.

　대부분의 사람들은 밖의 현실이 휘황찬란한 것만을 보고 안으로는 칠흑 같은 어둠만 있는 것으로 본다. 오히려 혼자 안으로 바라보기를 두려워하기까지 한다. 그러나 밖의 현실만을 진정으로 실재하는 것이라 여기고 우리의 감각적인 것만을 추구하게 되면 우리는 오래지 않아 고갈될 것이며 우리의 타고난 감각조차 잃어버리는 비인간화의 길을 가게 될 것이다. 가까운 예를 들어보도록 하자. 감각의 여러 예 중에서 맛에 대한 것을 말해보겠다. 지금은 정년퇴임을 하였지만 모 대학의 어떤 교수(궁중요리 전문가)가 퇴계로에 요리연구소를 차리고 제자들을 양성하고 있었는데, 당시 모 재벌 총수의 전문요리사가 와서 그 교수로부터 공부를 하고 있었다. 그 재벌 총수는 얼마나 맛에 민감한지 전문요리사를 고용하고 있을 정도였고, 소문이지만 별안간 미국에서 김이 모락모락 나는 음식을 수입해다 먹기도 했다고 한다. 즉 그 재벌 총수는 혓바닥이 지극히 전문화되어 있어 웬만한 것은 맛으로 느끼지 못할 만큼 되었다고 할 수 있을 것이다. 좋게 말하면 미식가라는 그럴듯한 이름을 붙이겠지만 혓바닥이 심하게 병든 것이라고 할 수 있다. 그 재벌 총수는 그렇게 맛있는 것만 탐하여 먹었는데도 불구하고 꼬챙이처럼 말라 있었다.

　노자는 맛 중에서 가장 좋은 맛은 자연 그대로의 맛이라고 하였다. 즉 무는 무의 자연대로의 맛이 있고, 감자는 감자대로의 자연의 맛이 있다는 말이다. 여기에 자꾸 인공적인 것을 가미하여 맛을 전문화하면 결국 혓바닥을 상하게 하여 맛을 잃는 결과를 가져오지 않을까?

상식에 속하는 일이다. 그러니 '오미(五味)는 사람의 입맛을 상하게 하는 도다'라고 한 것이다. 비단 맛만 그런 것이 아니라 감각을 통해 외적인 것을 추구하는 것은 결국 자연적 본성을 상하게 하고 사람의 마음을 미치게 할 것이다. 그 해결책을 노자가 제시한 것은 제2연에서 말하고 있는 그대로인데, 너무도 멋대가리 없는 흑백의 언어처럼 보인다. 그러나 그 흑백의 언어를 총천연색 언어로 느낄 수 있도록 하는 것은 우리의 수양정도에 달려 있다고 할 것이다. 멋대가리 없는 말 같지만 정치의 요체는 여기에 있다. 국민들이 소박하게 살면서도 행복을 느끼게 하는 것이 좋은 정치라고 생각한다. 모든 사람에게 지적인 경쟁을 시키고 욕심이 경쟁을 시켜서 결국 모두 미치게 하는 정치가 좋은 정치가 될 리는 없을 것이다. 여기서 한마디 덧붙인다면 감각을 무조건 비판한 것이 아니라 감각을 사용하는 데 절제가 있어야 한다는 정도로 이해하는 것이 좋겠다는 것이다.

중국의 고대인들은 일반적으로 감각기관을 일종의 구멍(竅)으로 생각하였는데, 언제나 잘 감시하지 않으면 그 구멍을 통하여 생기가 흘러나간다고 생각하였다. 가령 정욕을 낭비하면 인간의 생명과 함께 정신까지도 갉아먹는다고 생각하였다. 그 구멍을 감시하지 못하고 총천연색으로 된 밖의 세계에 정신을 파는 것은 동시에 불가시적인 내적 세계의 빛깔을 보지 못하게 될 것이다.

세 번째로 너무도 당연한 말이지만 가능한 한 인위적인 것을 버리고 자연에 맡기는 정치를 하는 것이 최상이 된다는 것이다. 천하는 인위적으로 쟁취할 수 없다는 사상이 그것이다.

천하를 쟁취하려 하여 인위적으로 그렇게 하지만,
그렇게 될 수 없음을 나는 익히 보노라.
천하는 신비로운 것이라

인위적으로 다룰 수도 없고(움켜 쥘 수도 없는 것)
인위적으로 다루나 실패할 것이오,
움켜쥐어 보나 잃어버릴 것이니라.
(고로 성인은 인위적으로 다루지 않기 때문에 실패하지 않고
움켜쥐지 않기 때문에 잃는 것이 없느니라).

무릇 세상만사 각양각색이라
앞서는 것이 있는가 하면 뒤따르는 것이 있고,
조용히 숨을 내쉬는 자가 있는가 하면
성급하게 불어 대는 자가 있느니라.
강한 자가 있는가 하면 약한 자가 있고,
안정된 것이 있는가 하면 불안한 것이 있느니라.

그런고로 성인은
과격한 것을 피하고,
사치함을 멀리하고,
교만함을 삼가느니라.

(29장)

인위적으로 하지 않고 자연에 내맡기는 것이 가장 잘하는 것이라는 사상이 다시 한 번 나타나고 있다. 사물의 다양한 모습과 기능의 다양성을 그대로 인정하는 것, 그 생긴 대로 잘 피어나게 하는 것이 좋은 정치라는 것 등이 여기서 나타나고 있다. 오케스트라에서 악기는 제각각이지만 각각 제소리를 내면서 비로소 악기 하나하나의 존재가치가 있는 것과 같다고 할까? 피리가 바이올린 소리를 못 낸다고 불평을 해서도 안 되고, 피리는 오로지 피리소리를 내면서 전체적으로 화

음을 이룬다는 것이다. 선생은 선생이 되어야 하고, 의사는 의사가 되
어야 하고, 정치가는 정치가가 되어야 하고, 목수는 목수가 되어야 하
고…….

위의 구절은 천하를 어떻게 인위적으로 쟁취할 수 있느냐 하는 것
이 기본 주제이지만 위와 같은 여러 내용들이 내포되어 있다고 보인
다. 경험적으로 보더라도 보통 10여 명 정도만 되더라도 우리는 그들
을 인위적으로 지배하고 쟁취할 수 없다. 그러므로 가장 잘 다스리는
것은 다스리지 않는 것이라고 할 수 있을 것이다. 그러면서 각자의 기
능을 잘 탈취하도록 하는 큰 중심을 쥐고 있는 것이 가장 잘 다스리
는 노자의 정치사상이라고 할 수 있을 것이다.

넷째로 다시 한 번 인위적으로 다스리지 않을 때 도가 작용하여 오
히려 더욱 잘 다스려진다는 것을 표현하고 있다. 나라의 지도자가 마
치 통나무와 같이 도를 가지고 덕으로 다스리면 저절로 국민들은 순
박하게 될 것이며 잘 다스려지게 된다는 것이다.

도는 원래 이름 붙일 수 없으니 통나무 그대로다.
비록 도가 통나무와 같이 소박하다 할지라도
아무도 그를 신하로 부릴 수 없느니라.
군왕이 만일 이 통나무 같은 도를 간직할 수 있으면
만물이 스스로 복종하게 되리로다.
천지가 서로 화합하여 감로수(甘露水)를 내리게 될 것이고
사람들은 명령을 기다릴 것 없이
스스로 다스려지리로다.

만물은 만들어짐으로써 이름을 가지게 되고
이름가진 현상세계가 이미 생겨나면

이름가진 것들의 한계가 알려지나니
그 한계를 알면 위태롭지 않으리라.

도를 지닌 사람이 천하를 다스림을 비유하건대
마치 골짜기의 냇물들이 스스로 강과 바다로
흘러들어가는 것과 같도다.

(32장)

군왕이 성스러운 덕을 지니면 나라를 잘 다스릴 수 있으리라는 철학을 내비치고 있다. 앞에서 이미 언급되었던 내용이므로 길게 말할 필요가 없을 것이다. 천지가 화합하여 감로수를 내리는 것처럼 덕을 가진 임금이 있으면 그 덕의 교화로 만민이 혜택을 볼 수 있다는 것이다. 도가 하는 일이 하나도 힘들이지 않고 하는 것처럼 다스리는 일도 하나도 힘들지 않게 하는데, '마치 골짜기의 냇물들이 스스로 강과 바다로 흘러들어가는 것과 같이' 그렇게 된다는 것인데, 지나치게 과장된 말처럼 들리기도 한다. 요즘처럼 복잡한 이해관계가 얽혀 있는 정치현실에서 과연 이런 식으로 잘 다스려질 수 있을지……. 그러나 그 이상과 꿈이 틀렸다고 생각되지는 않는다.
　다섯째로 무위로 다스리는 정치를 다시 한 번 언급하고 있다. 표현과 맛이 다를 뿐 그 근본사상은 항상 같은 원리에서 나온다는 것을 여기서도 볼 수 있다.

도는 항상 작위하지 않으나 하지 않는 일이 없도다.
군왕들이 만일 도를 잘 지킬 수 있다면
만물도 스스로 잘 생성화육(生成化育)되리라.

만물이 자생자장(自生自長)함에 욕(欲)이 생기는 법,
나는 그것을 소박한 무명(無名)의 도로써 진정시키려 하노라.

소박한 무명의 도로 다스린다면,
만물도 장차 무욕하게 되리라.

욕심을 일으키지 않고 고요하게 된다면,
천하가 스스로 안정하게 되리라.

(37장)

무위의 정치철학이 다시 언급되고 있다. '무위이무불위(無爲而無不爲)', 작위하지 않으나 하지 않는 일이 없다는 것이 골자인데, 장자의 후계자들은 실제로 어떤 군주가 되어야 가장 이상적인 군주가 될 것인지를 청사진으로 제시한 적도 있다. 즉 황로파(黃老派)라고 불리는 일종의 장자의 아류들이 그들이라 할 수 있다. 장자 가운데 천지(天地), 천도(天道), 천운(天運), 재유(在宥), 각의(刻意), 선성(繕性), 천하편(天下篇) 등에서 표현된 것이 그러한 것이 아닌가 여겨진다. 황노파는 무위(無爲)를 통치술의 일부로 삼아 지혜는 군주가 사용하고 신하는 일을 맡는다든가, 군주는 무지무위(無知無爲)하고 신하는 유위유지(有爲有知)해야 한다고 한다든가, 군주는 천도(天道)이고 신하는 인도(人道)라고 한다든가 하는 이론이 그러한 것이다. 군주는 졸렬함을 감추고 우매함을 숨길 수 있고, 신하는 반드시 직무를 다해야 하며 국가는 제한과 독재를 할 수 있다는 것이다.

노자의 무위의 정치철학을 군주의 무능과 속성을 감추고 독재를 할 수 있는 도구로 삼으려고 하다니 이쯤 되면 노자의 사상을 상당히 왜곡한 것이라 할 수 있을 것이다. 노자의 생각은 인간의 인위적인 의지가 작동하지 않으면 도가 작동할 수 있다는 것이고, 인위적인 것을 훨씬 초월하는 도가 작용하는 정치가 되어야 이상적인 정치가 된다는 것이다.

여섯째로 백성을 아이와 같이 만드는 정치를 해야 한다는 것이다. 성인이 무심으로 다스리는 것을 이상으로 하고 있음을 밝힌 대목이라고 할 것이다. 성인의 덕은 백성을 아이와 같이 만드는데 그러한 성인이 백성을 다스린다면 백성이 아이와 같이 될 것이다. 무심으로 다스리는 무심의 정치철학이 표현되고 있다.

성인에게는 고정된 사심이 없고,
백성의 마음으로 자신의 마음을 삼는다.
착한 사람도 착하게 대하고,
착하지 않은 사람도 착하게 대하니,
이는 성인의 덕이 진정 착하기 때문이로다.
진실한 사람도 진실하게 대하고,
진실치 않은 사람도 진실하게 대하니,
이는 성인의 덕이 진정 진실하기 때문이로다.

성인은 천하를 다스림에 있어
사람들의 욕심을 줄어들게 하고,
천하를 위해 그 마음을 도와 혼연일체가 되게 하도다.
백성들의 눈과 귀가 모두 그에게 쏠리게 하여,
성인은 백성을 모두 어린아이같이 되게 하느니라.

(49장)

성인이 나라를 다스리면 백성을 어린아이같이 순박하게 만들 수 있을까? 또 순박한 마음을 가진 국민이 있다고 치고 그런 나라가 이 세상에서 남의 지배를 받지 않고 살아남을 수 있을까? 이런 질문들이 노자를 읽을 때 우리를 괴롭히는 문제들이다. 그의 이상적인 꿈과 허황된 목표가 이 세상에서 좀처럼 달성될 것 같지 않기 때문이다. 오히려 눈에는 눈, 이에는 이, 악에는 악으로 갚아야 한다는 이론이 설득력을 가지는 세상에서 노자의 꿈은 너무도 허황되게 들릴지도 모른다. 그래서 그의 이상계는 너무도 멀고 내적인 것이어서 장자는 무하여지향(無何如之鄕)으로 초월해 버렸는지도 모른다. 노자를 비평하는 이들은 현실적으로 실현될 수 없는 이러한 목표에 초점을 맞추어 그는 현실의 고통을 놓아두고 형이상학적인 초월의 세계로 도피했거나 은둔했다고 한다.

현실적 관점에서 보면 나도 그 비평에 동의를 한다. 그러나 다른 면에서 그는 우리의 영원한 꿈을 대변하고 있고, 현실이 고통스러울수록 그 꿈은 더욱 절실해지는 것을 볼 수 있다. 그런 면에서 노자는 현실이 얼마나 고통스러웠으면 저토록 큰 꿈을 꾸었을까 하고 동정을 하게 된다. 예컨대 장자가 살았던 생애만을 보더라도 그의 주변에서 있었던 피비린내 나는 전쟁을 헤아려보니까 무려 10번도 넘었다. 그러니 장자가 아닌 나라도 그런 미쳐 버린 시대에 살았더라면 아마 내면적으로 초월해 버렸을 것이라 상상된다. 나의 의지와는 관계없이 벌어지는 저 객관세계의 미쳐버린 역사에서 내가 무엇을 할 수 있단 말인가? 머릿속에 알량한 지식깨나 가지고 있는 사람은 무엇인가 할 말이 있으면 해 보라.

시대는 그렇게 요청하지만 그런 시대에 인간의 지식이란 얼마나 부질없는 것인지 노장(老莊)이 아니더라도 알 만한 사람은 안다. 우리도 가까이 6.25사변을 통해 지식인들이 그것을 경험했을 것이다. 그러한 전쟁 중에도 자연은 참으로 태평하다. 인간의 역사만 미쳐버린 것이

지 자연은 아무 일이 없었다는 듯이 꽃이 피고 계절이 바뀌며 새들이
즐겁게 지저귀며 운다. 인간의 역사도 저 자연에 일치시킬 수만 있다
면 사람들은 덜 미치게 될 것이며 인간의 심성도 어린아이와 같이 순
박함을 회복할 수 있을 것이다. 또 따지고 보면 인간의 역사를 미치게
만드는 것은 소수의 탐욕스러운 정치가들에 의해 이루어지고 있다.
노자가 본 것은 바로 이것이기 때문에 나라를 다스리는 제왕의 덕이
역사에 미치는 영향이 크다는 것을 절실하게 보았다고 여겨진다. 그
래서 백성을 어린아이같이 만드는 제왕이 다스리는 나라를 꿈꾸었는
지도 모른다. 철인의 한계일 것이다.
　일곱째는 무심으로 다스리는 성인으로부터 불어오는 덕의 바람이
백성을 순화한다는 것이다. 무위로 다스릴 것을 다시 한 번 강조하고
있다고 할 것이다.

　나라를 다스리는 데는 정도(正道)로써 하고,
　병사(兵事)에는 기발한 작전을 써서 하지만,
　천하를 얻는 데는 무위무사(無爲無事)로써 하는 법이니라.
　나 무엇으로써 이러함을 알게 되는고?
　무위자연의 도로써 알게 되느니라.

　천하에 금기가 많으면 백성은 더욱 가난해지고,
　통치자가 권모술수를 부릴수록 나라는 더욱 혼란해지고,
　사람들이 간교한 꾀를 많이 쓸수록 고약한 일들이 더욱 많이 일어
나고,
　법령이 더욱 다양해질수록 도둑이 더욱 득실거리게 되느니라.

　그러므로 성인은 말했다.

내가 잔꾀를 부리지 아니하니,
백성들이 저절로 교화되고,
내가 고요함을 좋아하니
백성들이 저절로 정의로워지고,
내가 아무 일도 꾸미지 않으니
백성들이 저절로 부(富)를 누리고
내가 욕심을 내지 않으니,
백성들이 더욱 순박해지도다.

(57장)

통치자가 도로 다스리면 그 덕화(德化)의 힘으로 잘 다스려진다는 사상을 말하고 있다. 이 57장의 제목이 순풍(淳風)이므로 이번에는 그 제목에서 말하고 있는 순풍, 무위자연으로부터 다스리는 통치자로부터 불어오는 순수한 바람에 대하여 말해볼까 한다. 동양고전에서는 이 풍(風)이라는 글자가 매우 흥미롭다. 서양 사람들이 말하는 person, persona라는 단어에 대하여 '인격'이라고 번역해서 사용하지만 동양적인 특색을 잘 드러내고 있지 못하다. 오히려 동양적으로는 풍격(風格)이라는 말로 표현해야 심오한 특색이 잘 드러난다. 물론 서양의 persona와 풍격은 엄청나게 차이가 있다. 그것은 인간을 보는 인간관의 차이에서 생겨진다고 할 수 있다. 인격(person)에 대해서 가장 전형적으로 표현한 사람은 칸트가 아닐까 여겨지는데, 그는 인격을 물격(物格)과 대비시켰고, 유명한 그의 말 '너의 격률(格律)이 항상 어디서나 보편적 입법에 맞게 행위하라'라는 데서 잘 나타나듯이 완성된 인격이 너무 엄숙하고 빈틈없으며 법률적인 냄새를 풍긴다. 그런데 풍격의 인간은 전혀 그렇지가 않다.

풍격을 말하기 전에 이 바람 '풍(風)'자가 매우 널리 쓰이고 있는 용

례를 몇 개 들어보는 것이 도움이 될 것이다. 교풍(校風), 가풍(家風) 등에서 쓰이는 풍(風)자를 음미해 보자. 우선 이 풍이라는 글자가 붙으려면 역사가 오래된 근원을 간직하고 있어야 한다. 하루 이틀에 교풍이 형성될 리 없다. 그리고 거기서 역사에 남을 만한 인물들이 배출되어야 한다. 오래된 것이면 저절로 자동적으로 풍(風)자가 붙을 수 있는 것이 되지 않는다. 오래된 것이 추하고 쇠한 모습을 드러내는 것이 얼마나 많은가? 다시 말하면, 오랜 역사를 간직하고 있는 학교에서 근원을 알 수 없게 은은하게 불어오는 바람이 있어야 한다. 오래된 학교나 가문에서는 얼마간 시간과 공간적인 물질적 연관에서 초월하여 저절로 비물질적인 영적인 면을 획득하고 있다. 인간의 솜씨로 만든 물건도(도자기나 예술품) 정말 좋은 것은 은은하게 불어오는 바람(우리는 일상회화에서 '풍긴다'라는 용어를 쓰지만)이 있어서 사람들은 그 물건에도 '풍격이 있다'고 한다. 유럽의 오래된 중소도시에서 우리는 서양인의 풍격을 느낄 수 있다(서울은 6백년이나 된 고도(古都)임에도 풍격이 없는 도시가 되고 말았지만). 인간이 만든 작은 물건에서도 풍격을 느낄 수 있는데, 우리는 인간에게서 어찌 풍격을 느낄 수 없겠는가? 풍격 있는 인간에게서 무엇인가 불어오는 바람이 있다. 그 바람의 성격이 무엇일까에 대하여 한 번 상상해 보기 바란다. 노자에 있어서는 그 바람의 근원이 무(無)에서 불어오는 것이다. 무에서 불어오는 바람……, 도를 체득하고 있는 사람에게서 풍기는 알 수 없는 인간적 매력……, 공자와 맹자도 '임금의 덕은 바람과 같고 백성은 풀과 같다'고 하였다. 속셈이 빤히 들여다보이는 얕은 곳(有)에서 불어오는 바람이 아니라 상상할 수 없이 깊은 곳(無)에서 불어오는 바람이 나라 백성들에게까지 불어갈 때 진정한 신바람이 생기는 것이 아닐까? 말로는 신바람 신바람 하지만 정치가들의 얕은 수작이 모두 드러나는 곳에서 불어오는 바람을 가지고 어찌 국민들의 마음 속 깊은 곳을 움직일 수 있는 신바람이 생기겠는가? 가능한 한 유(有)를 벗어나 무(無)에 다가가려는 바람(풍조)이 한 번 대한민국에 불어야 할 것이다.

그런데 이와 반대로 위정자가 잔꾀로써 백성을 다스리면 어떻게 될까? 백성의 지혜도 그에 못지않게 자라나서 아마도 위정자의 머리꼭대기에 있으려고 할 것이다. 라틴어 격언에 감정은 전염하는 힘이 있다는 말이 있다. 한 사람이 좋지 않은 감정을 품으면 다른 사람에게도 전염된다는 것이다. 좋은 감정은 좋은 것으로 전염되겠지만 말이다.

옛날에 아주 두터운 우정을 가지고 사는 친구 여럿이 있었다. 그들은 어느 날 맹세하기를 우리의 우정은 일생 변치 말고 만약 결혼을 하여 살더라도 함께 이웃하여 살며, 네 것 내 것 가리지 말고 서로 어려운 일이 있으면 함께 나누고 좋은 일이 있으면 그것도 함께 나누며 살자고 하였다. 과연 그들은 결혼을 하여 이웃에 나란히 집을 짓고 살았다. 같이 맹세를 한 남자들은 각각 여인들을 한 사람씩 만나게 되었다. 그런데 그중 한 여인이 욕심이 많아서 매사 자기의 것을 먼저 챙기려고 하였다. 다른 여인이 그것을 보고 미워하였다. 다른 여인도지지 않으려고 자기의 것을 챙기기 시작하였다. 여인들은 각각 자기의 것을 챙기기 시작하고 서로 경쟁을 하기에 이르렀다. 남자들은 처음에는 자기의 아내를 나무랐지만 이야기를 듣고 보면 자기 아내가 잘못한 일이 없다는 것을 알게 되었다. 다른 남자도 그렇게 생각하였다. 드디어 그토록 우정을 맹세했던 남자들은 각각 헤어져서 따로따로 살았던 것만 못하게 되고 말았다. 옛날의 우정에는 금이 가고 친구가 야속하고 섭섭하였으며 미워지기까지 하였다.

이 이야기는 분명히 지어낸 것에 불과하지만 한 사람의 이기심이 처음에는 자기에게 유리하게 될지 몰라도 다른 사람도 이기적이 될 것이므로 결국 손해를 보게 된다는 것을 표현한 말이다. 길게 보면 내가 이기적인 인간이 되면 남도 이기적이 되어서 결국 손해를 보게 된다는 것이다. 나는 남으로부터 도움을 받지만 나는 남을 돕지 않으리라는 이기심은 얕은꾀를 가진 사람들의 얕은 생각에 불과하다는 것을 알 수 있다. 그런데 하물며 나라를 다스리는 위정자가 얕은꾀를 가지고 백성을 다스린다면 처음에는 속을지 몰라도 결국 모든 백성의 마음을 속이지는 못할 것이므로 어느 날엔가 밝혀질 것이요 그 다음에는 더욱 그 백성을 다스리기 어렵게 될 것이다. 차라리 백성을 순박하게 놓아두는 것만 못할 것이라는 노자의 생각이 일리가 있다는 것을 알게 된다. 많은 법률을 만들어서 통제하려고 하겠지만 그 법을 빠져나가는 지혜도 아울러 생겨질 것이므로 사회는 도덕적으로 점점 타락되어 간다.

백성을 순박하게 하는 길이 정치에 중요한 요체가 된다는 것을 말하는 구절이 또 있어 인용하면 다음과 같다.

정치가 깊고 어두우면 백성들이 순박해지고,
정치가 잔꾀를 부리면 백성들이 교활해지느니라.

재앙 속에 축복이 깃들어 있고,
축복 속에 재앙이 숨어 있느니라.
누구라 그 종말을 알 수 있으리오?
세상에는 영구히 올바른 것이 없느니라.
올바르다는 것은 사악한 것으로 변하고
훌륭하다는 것은 요상한 것으로 변하나니,
사람들이 이 이치를 모르고 미혹된 지 오래이니라.

그런고로 성인은
자신이 방정하다 해서 남을 자르고 베어서 방정하게 만들고자 하지

않고,
자신이 청렴하다 해서 남을 상심케 하지 않고,
자신이 곧다 해서 남을 강요하지 않고,
자신이 빛난다 해서 남을 눈부시게 현혹시키지 않느니라.

(58장)

제1연에서 말하는 것은 백성을 순박하게 하는 것이 정치의 목표라고 하는 사상이다. 한국에서 정치가 어려운 것은 너무 정치가들이 밀실에서 잔꾀와 권모술수를 사용하였기 때문에 국민들도 원만한 일에는 속아 넘어가지 않게 되어 있다는 것이다. 누가 정치를 하더라도 한국에서 성공적으로 잘하기는 그렇게 쉽지 않으리라는 것을 짐작할 수 있다. 정치에 대한 불신이 깊어서 어떤 좋은 정책을 세워 발표하더라도 일단 그 진의를 의심하는 버릇이 생겨 있다.

그런데 『도덕경』 58장의 주제가 '백성을 순박하게 하는 것'이 정치의 요체라는 점을 표현하고 있긴 하지만 이와 관련하여 제2~3연에 있는 구절에 대하여 생각해 보겠다. 즉 한마디로 말해서 정치가 판단하는 가치의 척도는 다른 것에 비하여 짧기 때문에 좀 더 영원한 것에 뿌리를 두고 있는 인간생명에 관계된 사형제도 같은 것은 없애야 한다는 것이다. 정치적인 이유로 사형을 시키는 것은 헌법상 없도록 규정해야 한다고 말하고 싶다. 다시 말하면 정치범을 사형시키는 제도는 절대로 있어서는 안 된다고 주장하고 싶다. 다른 나라 역사는 차치하고라도 최근의 우리나라 역사에서 정치적인 이유로 사형된 김재규를 생각해 보면 알 수 있다. 보도된 김재규의 최후 증언을 읽으면서 이 분이 개인적 사감으로 살인을 한 것이 아니고 어떤 정치철학을 가지고 했다는 심증이 분명해지고 있다. 그러나 김재규는 사람을 죽였으니까 그렇다 치더라도 사람을 죽이지도 않고 다만 정치적 견해를 달리한다는 이유로 사형을 시키는 것은 분명히 잘못된 일이다.

노자의 말을 인용하자. '세상에는 영구히 올바른 것이 없느니라. 올바르다는 것은 사악한 것으로 변하고 훌륭하다는 것은 요상한 것으로 변하나니, 사람들이 이 이치를 모르고 미혹된 지 오래이니라. 그런고로 성인은 자신이 방정하다 해서 남을 자르고 베어서 방정하게 만들고자 하지 않고, 자신이 곧다 해서 남을 강요하지 않고, 자신이 빛난다 해서 남을 눈부시게 현혹시키지 않느니라.' 정치를 하는 사람이 이 정도의 역사인식을 가지고 행동하면 좋겠다. 무위로 다스리는 자는 그 덕이 순풍처럼 백성에게 스며든다는 사상을 밝히는 구절이 17장에도 보인다.

최고의 통치자는 무위로 다스리는 자로서
백성들은 그가 있는 것조차 알지 못하느니라.
그 다음가는 통치자는 덕으로 다스리는 자(德治)로서
백성들은 그를 어버이같이 여기고 그를 칭송하느니라.
그 다음가는 통치자는 법으로 다스리는 자(法治)로서
백성들은 그를 두려워하느니라.
그 다음가는 통치자는 폭력으로 다스리는 자로서
백성들은 그를 모멸하느니라.

통치자의 신의가 부족하면
백성들로부터 불신을 사게 되는 법,

통치자가 유연자약하여 말을 신중히 하고
무언지교(無言之敎)를 펴면 화육의 공을 세우고 통치의 위업을 성취할지라도 백성은 모두 자연히 자신의 힘으로 잘살게 되었다고 하느니라.

(17장)

위의 구절은 별로 추가할 말이 필요 없을 정도로 무위로 다스리는 것의 효용성을 잘 표현하고 있다. 통치자가 무위로 다스리는 자이기 때문에 백성은 통치자가 있는지조차 잊어버리고 있다는 것이다. 그리고 백성들은 통치자가 정치를 잘해서 잘살게 되었다고 생각하지 않고 스스로 자신의 힘으로 잘살게 되었다고 생각한다는 것이다. 이것이 이상정치인 것은 틀림없는 것 같다. 즉 정치를 잊어버리게 하는 것이 참 좋은 정치를 하는 것이다. 우리나라 사람들에게 있어 가장 큰 병은 정치와 교육에 대한 광적인 관심을 가지고 있는 것이다. 정치와 교육에 대해서 일가견을 가지고 있지 않은 사람은 아마도 한 사람도 없을 것이다. 왜 그럴까? 정치와 교육을 오매불망 잊어버리지 못하고 밤낮 의식하지 않으면 안 되는 것은 그것이 문제가 많은 것이기 때문이다.

신발이 발에 잘 맞으면 걸어가면서 그 신발을 우리는 의식하지 않고 잊어버리고 있지만, 신발이 맞지 않아 발뒤꿈치를 계속 물어뜯으면 우리는 그 신발에 온 신경이 집중되어 의식하게 된다. 우리나라의 정치와 교육은 지금까지 우리나라 사람에게 있어서 잘 맞지 않는 신발처럼 우리의 발뒤꿈치를 계속 물어뜯고 있는 것은 아닐까?

정치가가 정치를 잘하면 우리는 그 정치가에게 정치를 맡기고 잊고 살 수 있을 것이요, 교육에 문제가 없으면 모든 사람이 교육에 신경을 쓸 필요가 있을까? 이러한 이치를 계속 밀고 가면 노자의 이상정치론이 그렇게 틀린 말이 아니라는 것을 알 수 있다. 실제로 정치가 안정된 나라의 국민들은 정치에 관심이 별로 없는 것을 볼 수 있다. 우리나라 학생들은 정치에 너무 많은 관심들을 가지고 있다. 정치가 우리의 발뒤꿈치를 계속 물어뜯으니 관심을 안 가질 수도 없겠지만……

무위의 정치철학을 다시 한 번 요약할 필요가 있다고 생각한다. 너무 산만하게 여러 가지를 말하여 혹시 오해가 생길 수 있는 소지도 남기고 있기 때문이다.

우선 첫째로 무위의 정치는 애민치국(愛民治國)이요, 인간을 버리는 정치가 아니라는 것을 말해 둘 필요가 있다. 무위로 한다는 것은 통치가 백성들을 그냥 내버려 두는 기인(棄人)이 아니고 인위적으로 자신의 생각대로 이끌고 가려고 하는 것이 아니다. 반대로 백성들을 가장 편하게 하는 것을 지상 목표로 한다고 말할 수 있다. 백성의 입장에서 최대한 간섭을 하지 않는 것이다. 그것이 자연에 맡기는 정치의 요체이다.

둘째는 백성을 무지무욕하게 한다는 것을 들어 혹시 우민정치(愚民政治)를 하려는 것이 아닌가 하는 오해가 있을 수 있다. 백성을 무지무욕하게 되는 것을 배격한 것은 감각적 인간이 되는 것을 배격하고 도를 안으로 쌓는 덕을 가진 사람이 되게 하는 것을 목표로 한 것이다.

셋째로 군주가 무위로 정치를 한다는 것은 군주가 순일무잡(純一無雜)한 근원을 지키고 있으면 그 군주의 마음에서 불어오는 무(無)의 바람이 온 백성에게 미쳐서 결국 세상은 태평하게 된다는 국가이상주의에서 나온 것이라 여겨진다. 전체적으로 무리를 하지 않고 자연에 맡기는 정치철학이라고 할 수 있을 것이다.

7

도대립을 넘어 통일로

7. 대립을 넘어 통일로

이 현상세계에 있는 것은 모두 완전한 것은 없고 불완전하게 되어 있다든가 혹은 존재하는 것은 모두 상대적이라든가 하는 것이 본 장의 중요한 테마들이다. 도는 완전한 것이 부분이 아니라 전체라는 것을 표현하기 위하여 『도덕경』에는 많은 표현을 하고 있다. 그것을 여기서 생각해 보도록 한다.

(1) 유(有)와 무(無)의 상대성

세상 사람들이 모두 아름답다고 해서
아름다운 줄로 알지만 그것은 추한 것일 뿐이요,
세상 사람들이 모두 선한 것이라 함으로 해서
선한 줄로 알지만 그것은 선하지 않은 것일 뿐이로다.

그러므로 유(有)와 무(無)는 상생(相生)하고(서로 낳아주고),
난(難)과 이(易)는 상성(相成)하고(서로 상보적인 것이고),
장(長)과 단(短)은 상형(相形)하고(서로 상대적인 것이고)
고(高)와 하(下)는 상경(相傾)하고(서로 비교적인 것이고),
음(音)과 성(聲)은 상화(相和)하고(서로 조화를 이루고),
전(前)과 후(後)는 상수(相隨)하기 때문이로다(서로 뒤따르느니라).

이 때문에 성인은 무위로 일을 처리하고,
불언지교(不言之敎)로써 가르치느니라.
(도는) 만물이 다 생겨나도록 하되 간섭하지 않고,

자라나도록 하되 소유하지 않고,

행위 하되 뽐내지 않고,

공을 세우고도 그것에 집착하지 않는다.

그것(자신이 세운 공)에 집착하지 않으므로 해서

그의 공은 사라지지 않도다.

(2장)

첫째 구절에서는 미추와 선악, 두 번째 구절에서는 난이(難易), 장단(長短), 고하(高下), 음성(音聲), 전후(前後)의 상대성을 말하고 있다. 아름다움이나 선악의 기준도 시대에 따라 변한다는 사실 하나만을 가지고 보더라도 그것이 영원한 전체가 되지 못한다는 것은 두말할 필요가 없을 것이다. 어떤 사람에게는 어렵다고 하는 것이 다른 사람에게는 쉬울 수 있고, 인간은 하루가 짧다고 하겠지만 하루살이의 입장에서 보면 하루는 일생만큼이나 긴 것이 될 수 있을 것이다. 높다든가 낮다든가 하는 것도 상대적인 것이다.

현상세계에 있는 상대적 가치를 가지고 그것 중의 어느 하나를 고집하는 것은 얼마나 어리석은 일인가 하는 것을 짐작할 수 있다. 그래서 성인은 무위로 일을 처리하고 불언지교(不言之敎)로 가르친다고 하는 것이다. 무위는 인위적으로 하지 않는 것이요 불언지교는 언어의 열등성을 극복하여 전체로 가르친다고 하는 것이다. 도를 스스로 드러나게 하는 방법일 것이다. 다만 여기서 우려되는 것은 모든 것이 상대적 가치밖에 없다는 것을 지나치게 확대하여 회의주의에 빠지는 경우이다. 회의주의자는 도를 모르는 사람이다. 회의주의와 함께 이것도 옳고 저것도 옳으며, 이것도 틀렸고 저것도 틀렸다고 하는 양시양비론도 경계해야 할 일이다. 이들은 모두 도와는 관계가 없는 또 하나의 상대적 가치에 매달려 있는 것이라 할 것 이다.

(2) 무(無)의 가치

사람들은 현상세계에 있는 것이 완전한 것이 아니고 부분적이라는 것을 모르고 그것이 전부인 줄 알고 그것에 집착한다. 눈에 보이는 것만이 진정으로 가치 있는 것으로 여기며 눈에 보이지 않는 도(道)나 무(無)의 가치를 인정하려 들지 않는다. 그런데 노자는 사실 눈에 보이지 않는 무(無)가 눈에 보이는 유(有)보다 훨씬 더 쓸모가 있다는 것을 다음과 같은 시를 통하여 표현하고 있다.

30개의 바퀴살이 하나의 바퀴통을 공유(共有)하느니라,
그런데 그 바퀴통이 비어 있어 차(車)를 쓰게 되도다.

찰흙을 이겨 그릇을 만들되
그 안이 비어 있어 그릇이 쓸모 있게 되도다.

문과 창문을 내어 방을 만들되
그 안이 비어 있기에 방이 쓸모 있게 되도다.

그러므로 유형(有形)한 것이 쓸모 있게 되는 것은,
무형(無形)한 것이 쓰이기 때문이니라.

(11장)

즉 여기서는 쓸모 있음에 대한 근본적인 관점의 차이를 보여주고 있다. 한마디로 노자는 유(有)보다는 무(無)가 더욱 쓸모 있다고 가르치고 있다. 여기서 세상 사람들의 관점을 180도로 다르게 보도록 하고 있다. 속이 텅 빈 바퀴통을 향하여 모여드는 30개의 바퀴살의 형상

은 종종 모든 피조물로 하여금 자신에게 복종하도록 하는 지배자의 덕이나 가지각색의 사물들을 질서정연하게 정돈하여 지배하고 있는 지상의 통일의 덕을 상징하고 있다. 눈에 보이고 만져볼 수 있는 것에만 가치를 두고 눈에 보이지 않고 만져볼 수 없는 것을 무가치하다고 생각하는 사람들의 관점과 얼마나 다른지를 알 수 있다. 세 가지 비유를 사용하고 있는 것이 절묘하다. 바퀴통의 비어 있음(無), 그릇의 비어 있음(無), 방안의 비어 있음(無)이 그것이다. 무를 유용하게 사용하기 위하여 유를 사용한다는 것이다. 눈에 보이지 않는 무가 더욱 가치가 있고 쓸모가 있다는 것을 이보다 잘 표현할 수 있을까? 사람들은 유용성의 관점을 가지고 유(有)는 유용(有用)하지만 무(無)는 무용(無用)하다고 생각하기 쉽다. 그는 크게 보지 못하는 사람이다. 정말 무의 유용성을 보는 사람은 성인들이나 가능한지도 모르겠다. 왜냐하면 대부분의 사람들은 눈에 보이지 않는 것을 무시하고 눈에 보이는 것만이 참 실재라고 믿고 있기 때문이다.

(3) 도를 얻으면 뜻대로 이루어진다

만물은 하나인 도를 지켜야 생성화육(生成化育)할 수 있다는 원리를 말하고 있다. 눈에 보이지 않는 참 실재를 여기서 일(一)이라고 표현하는데 눈에 보이는 것들은 실상의 일(一)이 있음으로써 완성된다는 것이다. 이것을 아는 자가 어디 그리 흔하게 있을 것 같지는 않지만 우리는 그것을 말하지 않을 수 없다.

예로부터 하나인 도를 터득한 것을 들면

다음과 같은 것들이 있노라.

하늘은 하나인 도를 얻어서 맑고,

땅은 하나인 도를 얻어서 평안하고,
신(神)은 하나인 도를 얻어서 영묘하고,
골짜기는 하나인 도를 얻어서 충만하고,
만물은 하나인 도를 얻어서 생겨나고,
군왕은 하나인 도를 얻어서 천하가 바르게 다스려지나니,
이 모든 것은 하나인 도를 얻어서 그렇게 되는 것이니라.

하늘이 하나인 도를 얻어서 맑지 못하면
아마도 갈라져 내릴 것이요,
땅이 하나인 도를 얻어서 편안치 못하면
아마도 무너져 내릴 것이요,
신이 하나인 도를 얻어서 영묘하지 못하면
아마도 신통력이 막힐 것이요,
골짜기가 하나인 도를 얻어서 충만하지 못하면
아마도 말라 버릴 것이요,
만물이 하나인 도를 얻어서 생겨나지 못하면
아마도 소별할 것이요,
군왕이 하나인 도를 얻어서 천하를 바르게 다스리지 못하면
아마도 쫓겨나게 될 것이니라.

그런고로 귀한 것은 천한 것을 근본으로 삼고
높은 것은 낮은 것을 바탕으로 삼느니라.
고로 임금은 자신을 일러 고독한 자, 덕이 적은 자, 쭉정이 같은 자
라 하도다.
이것이 바로 천한 것을 근본으로 삼는 것이 아니면 무엇이겠는고?

따라서 자주 명예롭기를 구하면
도리어 명예롭지 못하게 되느니라.
고로 옥(玉)과 같이 찬란하게 되기를 원치 않고

돌자갈처럼 천한 자 되기를 원하느니라.

(39장)

제1연과 2연은 하나인 도를 얻어서 뜻대로 이루어진다는 것을 말하고 있고, 3연과 4연은 그 이치를 인간세계에 적용하는 것이라 할 수 있다. 하나는 만물의 근원인 생명의 원천이요 완전한 것이요 전체를 말한다. 하늘이 하나를 얻지 못하면 그것은 그냥 푸른 하늘에 불과할 것이요, 땅이 하나를 얻지 못하면 만물을 생육하는 힘을 잃어버릴 것이요, 신(神)이라는 것도 하나를 얻지 못하면 영험을 잃어버릴 것이요, 골짜기도 하나를 얻지 못하면 말라버리고 말 것이다 아무리 박식한 사람이라도 하나를 모르면 똑똑바보나 다름없고 박사라도 하나를 얻지 못하면 무엇을 안다고 할 수 없다.

예수나 부처를 믿는다고 하더라도 하나를 얻지 못하면 맹목적인 신앙인이 된다. '예수님, 당신은 참으로 하느님의 아들입니다'라는 고백을 할 수 있는 사람만이 예수를 믿고 하나를 얻은 사람이라고 할 수 있다. 만물이 모두 도에서 비롯되었다는 것을 역으로 한번 다시 설명하는 것이므로 다른 부언이 더 필요가 없을지 모르겠다.

그런데 3연에서 임금이 자신을 고(孤 : 외로움), 과(寡 : 적음), 불곡(不穀 : 쭉정이)이라고 부르는 것이 결국 높은 위치에 있는 임금이 스스로 낮추어 천(賤)을 기본으로 하는 것이어서 도에 적합하다는 표현은 재미가 있다.

제4연에 언급하고 있는 바와 같이 스스로 명예롭고자 한다면 낮아질 것이요, 낮아지려고 하면 높아진다는 말은 만고의 진리처럼 여겨진다. 도를 아는 사람은 지극히 겸손해지는 사람이기 때문이다. 눈에 보이지 않는 그 하나를 얻은 사람만이 높이 있으면서도 낮아질 수 있을 것이다. 눈에 보이는 한쪽 현실만 볼 줄 아는 사람은 임금의 자리가 높은 줄로만 알겠지만 그는 기껏해야 똑똑바보의 신세를 면치 못한 사람이요 철이 들지 못한 사람이다. 임금이 스스로 고(孤), 과(寡), 불곡(不穀)이라고 하며 '과인이 불인하여……'라는 말로 시작하는, 진실로 겸허해질 수 있는 임금만이 하나를 얻은 성인이라 할 수 있을 것이다. 한편 비록 종의 자식이라 하더라도 하나를 얻으면 그는 하늘의 자식이 되는 것이니 그의 지체가 낮다고 할 수 없을 것이다. 정규교육을 받지 못하여 비록 학력이 부족하다고 할지라도 그가 진실로 하나를 얻으면 그는 진리를 함께 이야기할 수 있는 어른이 되는 것이다. 우리의 궁극적 목표는 하나를 얻느냐 그렇지 못하냐 하는데 있는 것이지 그따위 형식적 학력이야 기껏해야 밥벌이를 하는 데 소용될 뿐이다. 따지고 보면 우리의 교육이 이 하나를 얻는 교육이 되지 못하고 너무 지식위주의 교육을 하니까 많은 사회문제가 생기는 것이라고 여겨진다. 인생의 철부지들만을 양산해 내는 교육이 아무리 겉으로 화려해 보여도 하나를 모르는 똑똑바보들이 모인 사회일 것이니 그 사회가 건강해질 리가 없다.

(4) 마음을 비우면 환난도 복이 된다

도를 하나로 표현했던 위의 구절들에서 알 수 있었던 바와 같이 만물은 도의 한 뿌리에서 나온 것이라는 점, 그래서 현상세계에 있는 만물이 그 자체 완전한 것은 없지만 서로 타(他)를 포함하고 있다는 사상을 낳았다. 그것을 적절히 설명하는 것은 음양사상이라고 할 수 있다. 물론 음양의 뿌리는 도이지만 현상세계의 배후에서 작용하는 이치는 음양사상이라고 할 수 있다. 즉 양이 극에 이르면 양의 내부에서 음이 생기며, 음이 극에 이르면 음의 내부에서 양이 배태되어 나온다는 것이 그것이다. 그것을 사계절에 비유한다면 양이 극에 이른 하지에 이미 음이 양의 내부에서 탄생되어 가을을 준비하고 있으며, 음이 극에 이른 동지에 이미 음의 내부에서 양이 탄생되어 나와 봄의 씨가 자라기 시작한다는 것이다. 음양이 순환하면서 교체하는 것이 사계절의 변화라고 할 수 있다.

봄이 완전한 것도 아니요 가을이 완전한 것도 아니요 그것들은 사계절의 전체 순환과정의 하나일 뿐이다. 현상세계에서 만물은 서로 대립하는 것처럼 보이지만 그것은 서로서로 다른 것을 보완하며 전체는 하나의 도를 표현하고 있을 뿐이다. 만물은 도의 한 뿌리에서 나온 것이기 때문이다.

　도는 하나(氣)를 낳고,
　하나는 둘(陰과 陽)을 낳고,
　둘은 셋(陰과 陽의 合體)을 낳고,
　셋은 만물을 낳는다.
　만물은 음을 업고 양을 안아
　충화(沖和)의 기운에 의해 조화를 이루도다.

　모든 사람들이 싫어하는 바는,
　고(孤 : 외로움)와 과(寡 : 적음)와 불곡(不穀 : 쭉정이)이니
　군왕들이 자신을 낮춰 이런 말들로 자칭하도다.
　그러므로 모든 것은 덜어내려 할 때 더해지고,

더하려 할 때 덜어지게 되는 것이니라.

사람들이 가르치는 바를 나 또한 가르치리라.
힘이 억센 자 제 명대로 살지 못하리니,
나 역시 이 말로 가르침의 근본으로 삼으리라.

(42장)

42장은 도에서 모든 만물이 생겨진다는 것을 음양의 도리와 결부하
여 설명하고 있다. 앞에서도 만물이 귀착하는 곳이 도라는 것을 이미
말했듯이 도에서 만물이 발생되어 나온다고 하는 것은 당연한 것이
다. 그런데 재미있는 것은 존재세계의 생성과 발전을 말하면서 그것
을 곧바로 인도(人道)에 적용한다는 것이다. 이런 식의 설명은 비단
노자(老子)만 그런 것은 아니겠지만 제1연에서 말하는 것은 분명히
인간의 문제를 말하는 것이 아니고 인간 밖의 우주의 발생과 전개에
관하여 말하고 있다. 그런데 그런 설명이 얼마나 절묘하게 이루어지
고 있는지 감탄할 때가 많다.

앞에서 말한 것처럼 우리는 음양의 도리에서 음이 성하여 극에 이
르면 그 음에서 양을 배태한다고 볼 수 있고 반대도 가능할 것이라는
것을 알 수 있다. 이것을 인도(人道)에 적용하면 '모든 것을 덜어내려
할 때 더해지고, 더하려 할 때 덜어지게 되는 것'이라는 이치를 이해
할 수 있다. 왜냐하면 모든 것을 더하려 하면 가득 차게 되고 가득 차
는 것은 한계가 있을 것이니 어느 때는 덜어지게 될 것이기 때문이다.
양이 차면 거기서 음이 생기고 음이 차면 거기서 양이 생기는 이치와
같은 것이다. 그러므로 높은 자리에 있는 임금은 오래 그 자리를 유지
하려면 끊임없이 덜어내는 일을 해야 할 것이다. 그 덜어내는 일이 스
스로를 낮추어 자신을 고(孤)라 하고 과(寡)라 하고 불곡(不穀)이라

자처하는 것이다.

인간의 지위에서 더 이상 올라갈 데가 없는 높은 자리가 임금이므로 이제는 내려오는 일만 남은 자리인데, 끊임없이 덜어내는 일을 하는 겸손한 행동을 하면 오래 지속될 수도 있을 것이다. 높은 자리에 있는 사람일수록 더욱 겸손해야 하는 것은 천지의 이치라는 것을 알 수 있다. 음이 극에 이르면 양을 내포하고 양이 극에 이르면 음을 내포하고 있는 것과 같이 대립하고 있는 것은 서로 타(他)를 포함하고 있는 것이다. 이렇게 생각한다면 이 세상에서 버릴 것이 하나도 없다는 것을 알 수 있을 것이다.

내가 가장 완전하다고 고집하는 행위야말로 가장 위험한 것이 아닐 수 없을 것이다. 나의 부족한 점을 보완하는 면을 지니고 있는 다른 사람이 있을 것이다. 모든 각 개체는 전체의 도에서 한 뿌리로 연결되어 있다는 것이다. 그러면 개체를 모은 전체는 도와 아주 똑같이 완전한가? 그렇지는 않을 것이다. 도와 온전하게 같다는 것은 있을 수 없다. 도는 무한하기 때문이다. 이와 관련하여 인간이 좋아하고 싫어하는 바를 가지고 희비가 엇갈리는 이치에 대하여 말하고 싶다. 사람은 누구나 부귀와 영화는 좋아하고 빈천이나 굴욕은 싫어할 것이다. 이것은 인간의 본능적 행위일지도 모른다. 좋아하고 싫어하는 감정 소모를 너무 많이 하였을 때에 인생이 고통이 되기도 한다.

내가 너무 정을 주었던 사람에게 배신을 당하면 나에게 한이 맺힐 것이다. 한국인들은 정이 너무 많아서 그런지 한이 많고 그 한을 푸는 것이 무당의 중요한 과제가 되고 있다. 이 문제에 대하여 『도덕경』은 다음과 같이 말하고 있다.

총(寵 : 총애, 부귀, 영화)이나 욕(辱 : 구박, 빈천, 굴욕)이나
다 같이

놀라고 경계하라!
대환(大患 : 큰 환난, 天地이변, 重病)을 내 몸같이 두렵게
여기고 조심하라!

어찌하여 총욕약경(寵辱若驚)이라 하는 것일꼬?
총(寵)을 하천한 것으로 여기고
이를 얻어도 놀라고 이를 잃어도 놀라는지라,
이를 일러 총욕약경이라 하느니라.

어찌하여 귀대환약신(貴大患若身)이라 하는 것일꼬?
나에게 큰 환난이 있는 까닭은
내가 몸을 지니고 있기 때문이 아니겠는가?
내가 몸을 가지지 않게 될 때,
나 무슨 환난을 당하게 되겠는가?

그러므로 자신을 귀하게 여기듯이 천하를 위하는 자에게는
가히 천하를 맡길 만하고,
자신을 사랑하는 듯이 천하를 위하는 자에게는
가히 천하를 맡길 만하도다.

(13장)

제1~2연은 남이 나에게 총애를 주거나 혹은 욕을 하거나 모두 똑같은 비중으로 놀라는 듯이 받아들이라는 말이고, 제3연은 나에게 재앙으로 임하는 것 같은 환난은 왜 있게 되는가 하는 것에 대해서 말하고 있다. 사람은 누구나 대환(大患)을 본능적으로 싫어하지만 그것이 나에게 왜 생기며, 성인들처럼 비록 대환(大患)이라고 하는 것이 있다고 하더라도 그것을 전화위복하는 방법을 모르기 때문에 그 대환

에 능동적으로 대처하지 못한다고 여겨진다.

라즈니쉬는 장자의 '빈 배'의 예를 들면서 아주 인상적인 해설을 붙이고 있다. 뱃놀이를 하는 중에 어떤 배가 내가 탄 배에 부딪쳤다고 하면 나는 씩씩거리며 그 배에 다가가 한바탕 할 자세가 될 것이다. 그런데 그 배에는 아무도 타고 있지 않은 '빈 배'다. 화를 내고 싶어도 빈 배에 어떻게 화를 내겠는가? 여기서 빈 배로 상징된 것은 '나'를 비운 '빈 마음'이라고 할 수 있다. 빈 마음을 가진 사람에게는 대환(大患)이 있을 수 없고, 설사 세속적인 눈으로 대환이라는 것이 그에게 닥쳐온다 하더라도 모두 전화위복하는 결과를 가져다 줄 것으로 본다.

『도덕경』에서는 '어찌하여 귀대환약신이라 하는 것일꼬? 나에게 큰 환난이 있는 까닭은 내가 몸을 지니고 있기 때문이 아니겠는가? 내가 몸을 가지지 않게 될 때, 나 무슨 환난을 당하게 되겠는가?'라고 말하고 있다. 즉 큰 환난이 있는 것은 '나'라고 하는 '가짜의 나'를 지키고 있기 때문이요 진정한 자아로 다시 태어나지 않았기 때문에 생기는 것이다. 가짜의 나를 버리고 진정한 나로 다시 태어난다면, 즉 빈 배 혹은 빈 마음이 된다면 모든 환난도 복이 된다고 말할 수 있을 것이다. 이것이 자신의 본성을 잘 간직하는 사람이고 자신을 귀하게 여기는 사람일 것이다. 제4연에서는 바로 이러한 사람에게 천하를 맡길 만하다고 한 것이다.

(5) 한번 성하면 쇠하는 법

만물의 하나가 타(他)를 포함하는 것과 마찬가지로 하나는 타(他)로 이행해간다는 말도 가능할 것이다. 장(壯)은 반드시 노(老)로 이행하고 장(壯) 안에 노(老)가 내재하여 있다는 말도 가능할 것이다.

도로써 군주를 보좌하는 자는
무력으로 천하를 지배하게 하지 않느니라.
그가 하는 일은 모든 일을 도에 복귀시키는 데에 힘쓰는 것이니라.

군(軍)이 주둔한 곳에는 가시덤불이 생겨나고
큰 전쟁 후에는 반드시 흉년이 따르는 법.

(군사를) 잘 다스리는 자는 저절로 목적을 달성하여 열매를 맺게
할 뿐
강권을 써서 취하려 하지 않도다.
성취하되 자랑하지 않고,
성취하되 공을 내세우지 않고,
성취하되 교만하지 않고,
성취하되 무위자연의 도를 따라서 하고
성취하되 강권을 휘두르지 않느니라.

만물은 한번 성하면 쇠하는 법,
무력적 강권은 도에 어긋나며
도에 어긋나면 이내 망하는 법이니라.

(30장)

30장은 전체적으로 전쟁에 관하여 말하는 노자의 전쟁관이라고 할
수 있다. 우리의 관심은 이 시의 끝에 나오는 구절이지만 노자의 전쟁
관을 간단하게라도 언급하고 가는 것이 좋을 것이다. 손자병법도 실
상 『도덕경』과 마찬가지로 도를 바탕으로 한 병법이라고 할 수 있을
것이다. 전쟁이란 무엇인가? 전쟁론에 관해 두꺼운 책을 쓴 어떤 전
문가는 '전쟁이란 자국의 정치적 의지를 상대지역까지 넓히려는 의도'

라고 쓰고 있다. 동양에서도 고대부터 덕으로 다스리지 못하는 나라
는 전쟁을 일으켜 쳐들어갈 수 있다는 명분이 있었다. 전쟁의 궁극목
적은 자기의 덕치를 상대지역에 넓히고 확대하는 것이고, 그 목적을
달성하면 끝나는 것이지 꼭 인명을 살상할 필요가 없다는 생각이었
다.『도덕경』31장에서도 말하는 바와 같이 노자는 전쟁을 하되 마치
장례를 치르는 것처럼 하라는 말도 하였다.

　그런 문맥에서 보면 여기서 표현되고 있는 구절들이 모두 잘 이해
가 될 것으로 여겨진다. 전쟁이란 어쩔 수 없이 하는 것이겠지만 수행
하되 '만물은 한번 성하면 쇠하는 법, 무력적 강권은 도에 어긋나며
도에 어긋나면 이내 망하는 법이니라'는 구절에서 보이는 것처럼 도
를 어기는 전쟁을 해서는 안 된다는 것이다. 전쟁에서 이겼다고 하더
라도 좋아할 필요가 없다. 왜냐하면 만물은 성하면 쇠해지는 것이 자
연의 이치이기 때문이다. 오늘의 적이 내일의 동지가 되고 오늘의 동
지가 내일의 적이 된다는 말도 있다. 또 강한 나라는 영원히 강한 나
라로 있을 수 없고 약한 나라라고 하여 영원히 약한 나라로 있는 것
도 아니다. 장(壯)은 노(老)로 이행하고 노(老)는 장(壯)으로 이행해간
다. 세계적으로 유명한 기업도 평균 수명은 약 30년 정도가 된다고 한
다. 세상을 떨게 하는 권좌도 화무십일홍이요 젊음과 미모를 자랑하
는 것도 잠깐일 뿐이다. 이런 이치를 안다면 전쟁을 마치 장례를 치르
는 것처럼 하라고 가르치는 노자의 정신도 짐작이 될 것이다.

(6) 최고의 흰빛은 검은빛 같다

　참 실재인 도는 대립하는 것의 통일이라는 것은 너무도 당연하다.
41장은 위에서도 한 번 인용된 바 있지만 매우 신비스럽게 표현되고

있다. '밝은 도는 마치 어둠침침한 것 같다'는 말은 명(明)은 매(昧)와 대립이 아니고 매(昧)를 포괄하고 있는 명(明)이라고 할 수 있다. 명(明)과 매(昧)의 관계뿐만 아니라 진도(進道)와 퇴도(退道)도 같다. 그래서 41장에서는 다음과 같이 말하고 있다.

그러므로 다음과 같은 격언이 있느니라.
밝은 도는 마치 어둠침침한 것 같고,
앞으로 나가는 도는 마치 뒷걸음질하는 것 같고,
평탄한 도는 마치 울퉁불퉁한 것 같노라.

최고의 덕은 마치 (팅 빈) 골짜기 같고,
최고의 흰빛은 마치 검은빛 같고,
넓은 덕은 마치 모자라는 것 같고,
강건한 덕은 마치 게으른 것 같고,
진실한 덕은 마치 절조가 없는 것 같고,

(41장)

참 실재는 대립하는 것의 통일이라는 것이 이처럼 잘 표현된 것을 찾기는 쉽지가 않을 것이다. 음미해볼수록 맛이 있는 구절이며 동시에 『도덕경』의 특성을 잘 나타내고 있다. 예수의 삶은 세속적인 눈으로만 본다면 실패한 삶처럼 보이고, 왕실을 떠나 고행한 석가모니의 삶도 세속적으로만 보면 바보짓처럼 보인다. '최고의 덕(德)은 마치 (팅 빈) 골짜기 같고, 최고의 흰빛은 마치 검은빛 같고'라는 노자의 말은 그것을 말해 주고 있다.

8

장자가 발전시킨 도의
현실적 응용

8. 장자가 발전시킨 도의 현실적 응용

노자의 사상을 계승하고 발전시킨 사람은 장자이다. 여기서는 장자의 사상을 현실 속에서 발전시킨 재미있는 예화를 몇 개 들면서 무심한 생활태도와 현실비판을 중심으로 이야기해 보려고 한다.

(1) 무심(無心)의 사람들

(1-1) 형체는 마른 나무와 같고 마음은 식은 재와 같다

장자는 여러 곳에서 무심한 생활태도를 강조하였다. 여기서 무심한 사람이란 매사에 관심이 없는 사람, 적극적이지 못한 사람을 가리키는 것이 아니다. 무엇을 하되 인위적으로 하는 것이 표면상 큰일을 하는 것 같지만 우환을 더욱 깊이 할 뿐이라는 것을 가리킨다. 도와 하나가 되어 하는 일은 무심한 상태로 하는 것이 될 수밖에 없을 것이다. 사심 없이 무심으로 하는 일이 큰일을 할 수 있다는 것이다. 무심은 누구나 할 수 있는 쉬운 일이 아니라는 것도 짐작이 될 것이다. 장자는 이러한 주제를 가지고 대단히 재미있는 예화를 많이 들어서 설명하고 있다.

장자 지북유(知北遊)라는 곳을 보면 다음과 같은 예화가 있다. 설결(齧缺)이라는 사람이 피의(被衣)에게 도가 무엇인지를 물었다고 한다. 그랬더니 피의는 다음과 같이 대답하였다.

"자네는 자네 몸을 단정히 하고, 자네의 시선을 한 곳으로 집중하면, 자연의 화기(和氣)가 자네 몸에 갖추어질 것일세. 자네의 지혜를 버리고 자네의 태도를 하나로 통일하면 바른 정신이 자네 몸에 와 깃들 것일세. 그리하여 장차 덕이 자네를 아름답게 만들고, 도가 자네에게 깃들 것이네. 따라서 무심하기가 간난송아지와 같아서 부질없이 일의 까닭을 찾지 않을 것이네."

무엇을 캐고 알려는 자세를 취하지 않고 무심한 마음을 가져야 바른 정신과 덕이 깃들이게 된다는 것이다. 여기서 간난송아지의 예를 든 것은 매우 흥미롭다. 간난송아지는 그 맑은 천진한 눈으로 사방을 두리번거리지만 어떤 의지적인 목적을 가지지 않는다. 이처럼 사람도 무심한 마음을 가지고 있어야 한다는 것이다. 그런데 그 말이 끝나기도 전에 설결은 잠이 들어 버렸다고 한다. 피의는 설결의 이런 태도를 보고 크게 기뻐하고 떠나가면서 노래를 불렀다고 한다. 한 폭의 동양화를 보는듯한 도가적인 이야기다.

그리고는 그들의 경지를 읊어 말하기를 "형체는 마른 나무와도 같고, 마음은 식어 버린 재와도 같구나. 참으로 참된 것을 알면서도 일체 자랑하지 않는구나. 마음을 잊어버리고 지혜를 잊었으니 더불어 의논할 수도 없네. 대체 그는 어떤 사람일까?"라고 하였다. 그는 마음이 있으나 마치 식어 버린 재와도 같고 곁에 나타난 그의 외형은 마치 마른 나무와도 같아서 무심하기가 하나의 사물이 된듯하다. 그의 무심은 목석이 된듯하여 그에게 화를 내고 싶어도 화를 낼 수 없다. 인간의 인위적인 지혜를 잊어 버린듯하여 그와 더불어 의논을 할 수 없는 것 같다. 그 묘사가 아주 극단적으로 보일 만큼 설결이나 피의의 인간됨이 그려져 있다.

(1-2) 오는 것을 물리치지 않고, 가는 것을 잡지 못한다

장자의 전자방(全子方)에는 견오와 손숙오라는 사람의 대화가 보이는데 이 세상에서 얻는 것이나 잃는 것, 혹은 이 세상에서 얻는 명예가 마음을 상하게 하지 않는 무심의 경지를 표현하고 있다. 견오가 손숙오에게 말하기를,

"자네는 세 번씩 영륜이 되었어도 영화로 생각지 않고 세 번이나 그
자리에서 물러났어도 근심하는 빛이 없었네. 그래서 나는 처음에는
자네를 의심했었네. 지금 자네의 코언저리를 보니 매우 즐거운 모
습이네. 자네는 어떻게 수양을 하여 그런가."
하니, 손숙오는 이렇게 대답했다.

"내가 어떻게 남보다 낫겠는가? 나는 자연히 오는 것을 물리칠 수
없고, 자연히 가는 것을 잡아 두지 못한다고 생각하네. 나는 이해와
득실이 내가 행할 바가 아니라고 생각하므로, 근심하는 빛이 없을
뿐이네. 내가 무슨 남보다 나을 것이 있겠는가? 더욱이 내가 재상
이 되면 남들이 존경하는데 그 존경이 재상이란 관직에 존재하는
것인지, 아니면 나 자신에 존재하는지를 알지도 못하네. 그것이 재
상이란 관직 때문에 있다면 나 자신하고는 관계가 없으니 기뻐할
것도 없고, 그것이 나 자신 때문에 있다면 재상의 지위를 잃어도 슬
퍼할 것이 못되네. 나는 바야흐로 유유자적하면서 팔방을 돌아보려
하니 어느 겨를에 사람의 귀천을 알겠는가."

이 대화는 논리적으로도 빈틈없이 들어맞는 멋진 이야기로 되어 있다. 즉 이해득실이나 명예가 나에게 원래부터 있었던 것이냐 그렇지 않으면 내 주관 밖의 대상에 있는 것이냐 둘 중에 하나일 수밖에 없

겠는데, 만약 나에게 원래부터 있는 것이라면 그것을 누구도 빼앗을 수 없을 것이니 잃는다는 것은 처음부터 없을 것이요, 만약 내 주관 밖의 대상에 있는 것이라면 처음부터 나의 것이 아니니 그것을 잃는다고 하여 억울해 할 필요가 없다는 것이다.

남이 나를 총애하는 것이나 남이 나를 모욕하는 것이나 모두 놀라는 듯이 받아들이고 거기에 마음을 빼앗길 필요가 없다는 것이다. 견오와 손숙오의 대화를 전해들은 공자는 이렇게 말했다고 한다. 이 부분에서는 장자가 공자를 등장시켜 비꼬고 있는 것도 재미있다. 공자는 현실을 무시하지 않고 정치를 통하여 그 뜻을 실현해 보려고 무진 애를 썼으니 장자에서는 그를 비꼴 만도 하다.

"옛날의 진인(眞人)은 지혜로운 자도 그를 달래지 못했고, 아름다운 여인도 그를 유혹하지 못했으며, 도둑도 그를 위협하지 못했고, 복희 황제도 그를 벗하지 못했다. 삶과 죽음은 세상에서 가장 큰 일로 치는데도 그의 마음을 바꿀 수가 없었다. 그러니 더군다나 속세의 벼슬 따위야 무슨 문제가 되었겠느냐? 그러한 사람은 그 정신이 태산을 지나가도 장애를 받지 않고, 깊은 연못에 들어가도 젖지 않으며, 낮은 지위에 처해도 괴로워하지 않고, 그 정신이 온 천지에 가득 차 있다. 모든 것을 남에게 주어도 도리어 자신에게는 더욱더 많은 것이 있기 때문이다."

(1-3) 열어구(列禦寇)의 활쏘기

득실과 변화가 자신에게 달려 있는 것인지 아니면 외부에 달려 있는 것인지 알 수 없다는 회의(懷疑)를 하면서 무심무정으로써 초월할 것을 가르쳐 주고 있다. 무심한 사람의 경지나 장점이야 언어로 어떻게 다 표현할 수 있겠는가?

이번에는 무심의 경지에서 가장 큰일을 한다는 이야기를 들어 보려고 한다. 활을 잘 쏘는 사람은 무념무상의 무심을 터득해야 한다고 한다. 이와 유사한 이야기가 장자 전자방에 보인다.

열어구(列禦寇)라는 사람과 백혼무인(伯昏無人)이라는 사람이 활쏘기 시합을 하는데 열어구는 활을 당겨 화살촉 끝까지 활이 휘도록 당기고 왼팔 위에다 물을 담은 잔을 올려놓고 그 물이 엎질러지지 않도록 활을 쏘았다. 그리고 한 화살이 활시위를 떠났는가 하면, 금방 다른 화살이 활시위 위에 놓여지고, 또 그 화살이 떠나면 또 다른 화살이 활시위 위에 놓이게 하는 등 그 기술이 신기에 가까우리만큼 그렇게 신속했다. 그러나 그렇게 하는 동안 몸을 움직이지 않아 마치 나무로 만든 인형과 같았다고 한다. 이것을 본 백혼무인은 말하기를,

"자네가 지금 활을 쏘는 것은 유심(有心)의 사술(射術)이고, 무심의 사술이 아니다. 이제 시험삼아 너와 함께 높은 산에 올라가 위태로운 돌을 딛고 백 길이나 되는 연못가에 서 보자. 그래도 너는 활을 쓸 수가 있겠는가."

하였다. 그리고 곧 백혼무인은 높은 산으로 올라가 위험한 돌을 밀고 백 길이나 되는 연못가에 서서 연못을 등지고 뒷걸음질하여 발꿈치의 삼분의 이쯤이 벼랑 밖으로 나가 있을 때에 열어구를 불러서 올라오라고 하였다. 이에 열어구는 땅에 엎드려 있는 채 두려워서 땀을 흘리는데 그 땀이 발뒤꿈치까지 흘렀다고 한다. 이때 백혼무인은 말했다.

"대체로 지인(至人)은 위로 하늘을 엿보고, 아래로 황천에 잠기면서 천지와 팔방을 종횡무진 날아도 신기가 조금도 변하지 않는다. 그런데 지금 너는 두려워 눈마저 어두워진 지경이다. 그러니 너는

활을 쏘아 과녁을 맞힐 가망이 거의 없으리라."

무심의 경지에서야말로 초인적인 결과를 가져온다는 것이다. 유심에서보다 무심에서 더욱 큰일을 한다는 것을 이러한 기능의 극치로 예를 들고 있다. 이것은 하나의 과장인지도 모른다. 그러나 지금도 활을 잘 쏘거나 사격을 하는 사람은 이와 같은 무심의 마음을 가지도록 훈련되어야 할 것이라고 생각한다.

정신을 집중한다는 것은 이런 무심한 경지에 이르는 것을 말하기 때문이다. 비단 활을 잘 쏘는 경우에만 해당되는 것은 아닐 것이다.

매사 어떤 일을 하는 데 있어서 무심의 경지에서 하면 큰 지혜를 얻을 것이며 기능적으로도 남이 쫓아올 수 없는 뛰어난 능력을 발휘할 것이라 본다. 오늘날 경쟁사회에서 생산직에 종사하는 사람들이 마음의 수양을 통하여 이러한 무심의 경지에서 상품을 생산한다면 예술적인 상품을 만들어 세계에서도 가장 훌륭한 물건을 만들어 낼 수 있을 것이다. 위에서 열어구는 이러한 정신적인 경지에 도달하지 못하였기 때문에 의식적으로는 활을 쏘지만 무심하게는 쏠 수 없어서 활 쏘는 기술의 극치에는 이르지 못한 것이다. 이것이 부동심(不動心)이라는 동양적인 경지이다.

(1-4) 쓸모 없으면서도 쓸모 있는 사람

무심한 경지에서 사는 사람들은 이 세상에서 우환을 면할 수 있다는 이야기가 장자에는 많이 보인다. 장자 산목(山木)에는 이런 이야기가 있다. 시장의 남쪽에 사는 의료(宜僚)라는 사람이 있었는데 어느 날 노나라 임금을 뵈었더니 노나라 임금이 근심 띤 얼굴빛을 하고 있었다. 그래서 의료와 임금은 다음과 같이 대화를 하였다.

"임금님께서는 근심 띤 안색을 하시니 어째서입니까?"

"나는 선왕의 도를 배우고, 선군의 업을 닦으며, 귀신을 공경하고 현인을 존중하며, 덕이 있는 사람을 친애하면서 행동하기를 잠시라도 벗어난 적이 없건만, 그런데도 여전히 환난을 면하지 못하고 있다. 나는 그래서 근심하는 것이다."

"임금님께서 환난을 제거하시는 방법이 너무나 천박하시군요. 저 살찌고 커다란 여우와 털 무늬가 아름다운 표범이 산림 속에 숨어 살며 굴속에 엎드려 있는 것은 조용함을 지니기 위해서요, 밤에는 나다니고 낮에는 틀어박혀 있는 것은 경계하기 때문이며, 비록 기갈이 심하고 곤궁해도 사람과 멀리 떨어진 강이나 호숫가에서 먹이를 구하는 것은 마음을 흩뜨리지 않고 고요히 모을 수 있기 때문입니다. 그러나 그들이 그렇게 주의하면서도 망이나 덫에 치이는 근심을 면할 수 없으니, 이것이 그들에게 어찌 죄가 있어서 그런 것이겠습니까? 그들의 아름다운 가죽이 재난을 불러오는 것입니다. 그렇다면 지금 노나라는 임금님께 이러한 가죽의 격이 되고 있지 않겠습니까? 제가 바라건대, 임금님께서는 당신의 몸을 잊어버리시고 가죽을 벗어버리시며, 속마음을 씻으시고 욕심을 제거하시고, 사람들이 없는 들로 나가서 노십시오.

남월 땅에 고을이 있는데, 건덕(建德)이라는 나라가 있습니다. 그 나라 백성은 어리석으면서도 소박하여 사심이 적고 욕심이 적습니다. 그들은 농사만 지을 줄 알지 저장할 줄을 모르며, 주기는 해도 갚으라고 요구할 줄도 모르고, 의가 어디에 맞는지도 모르며, 예가 어떤 경우에 행해지는지도 모르고, 다만 생각대로 무심히 행동하면서도 자연의 대도를 밟아 나갑니다. 그러면서 그들은 살아서는 즐기고, 죽으면 편안히 장사를 지냅니다. 그러니 제가 원하건대, 임금님께서는 나라를 버리시고 속사(俗事)도 버리시고 도(道)와 함께 서로 도우면서 가십시오."

여기서 들고 있는 비유가 참으로 잘 어울린다. 가죽과 털이 풍부한 여우를 사람들이 그냥 놓아둘 리가 없다. 여우 털은 값비싼 옷감이 되기 때문이다. 호랑이 가죽도 사람들이 좋아하는 것이다. 가죽과 털이 풍부한 여우와 털이 화려한 호랑이는 깊은 산 속에 살면서 낮에는 숨어 있고 밤에만 나다니는데도 불구하고 그물과 덫에 걸려 환난을 당하는 이유는 그들의 가죽이 인간들에게 유용하기 때문이다. 즉 너무 쓸모가 많은 것을 가지고 있기 때문이다. 임금의 자리는 여우의 가죽이나 호랑이의 빛나는 털보다도 더 화려한 쓸모가 있는 것이니 누구나 그것을 차지하려고 그물과 덫을 놓지 않을 수 있겠는가? '임금님께서는 당신의 몸을 잊어버리시고 가죽을 벗어버리시며 속마음을 씻으시고 욕심을 제거하시고, 사람들이 없는 들로 나가서 노십시오.'라고 한 것은 세속에 마음을 두지 말고 세상 밖으로 초월하라는 충고로 이해할 수 있다.

위에서 우리는 쓸모없는 무(無)가 유(有)보다 더욱 쓸모가 있다는 것을 여러 번 말하였다. 여우나 호랑이의 가죽 따위보다도 진짜 쓸모 있게 하는 것은 도라는 것이다. 이와 관련되는 말로 『도덕경』에 있는 구절을 하나 더 인용하여 감상해 보도록 하자.

(道에 순응하여) 잘 가는 걸음은 자국을 남기지 않고,
잘하는 말은 허물이 없고,
정말로 잘하는 계산은 계산기를 쓰지 않느니라.

참으로 잘 잠긴 문은 빗장이 걸려 있지 않아도 열 수가 없고,
참으로 잘 묶여진 것은 포승줄이 없어도 풀 길이 없느니라.

성인은 늘 사람을 구제하여 쓸모 있는 사람이 되게 하니
사람을 버리는 일이 없느니라.
늘 사물을 쓸모 있게 하여 활용하니
아무것도 버리는 일이 없느니라.
이를 일러 습명(襲明:밝은 지혜를 간직함)이라 하느니라.

그러므로 선인(善人)은 선하지 못한 사람의 스승이 되고,
선하지 못한 사람은 선한 사람의 제자가 되느니라.
스승을 귀하게 여기지 않거나
제자를 사랑하지 않는다면,
비록 지혜가 있는 자라 할지라도 크게 그르치리라.
이를 일러 절묘한 이치(要妙)라 하느니라.

(27장)

아무것도 하지 않는 것 같은 도가 사실은 가장 쓸모 있음을 말하는
것인데, 즉 인위적으로 인간이 하는 것보다 도가 자연적으로 하는 것
이 더욱 완전하고 잘하는 것이라는 것이다. 이 이치를 지혜로운 사람
은 어느 정도 알고 있다. 내면성이 있는 사람, 사물의 겉만 보지 않는
사람은 알고 있다. 제1연과 2연에서 말하는 바를 음미해 보면 어려울
것이 전혀 없는 표현 그대로 이해가 될 것이다. 제3연에서는 도가 하
는 일을 본받아 행하는 성인이 모든 사물을 쓸모 있게 한다는 도리를
말하고 있다.
　장자에는 이와 같은 이치를 풀어서 여러 가지 예화를 들어 설명하
고 있는 것이 많다. 장자가 말하는 무용지용(無用之用)의 이치를 설명
하는 것이 가장 대표적이라 할만하다. 인간세상(모든 것을 인위적으
로 처리하는)에서는 너무 쓸모가 있어도 일찍 죽고 너무 쓸모가 없어

도 일찍 죽으니 '쓸모가 없으면서도 쓸모 있음(無用之用)'이 되어야 한다는 것이다. 인간세상에서는 약의 감초처럼 너무 쓸모가 많은 사람이 일찍 죽는 경우가 많다. 장자는 아주 훤칠하게 잘 자란 나무에 비유하였는데, 나무가 너무 잘 자라서 쓸모가 많게 되면 인간에 의해 일찍 베어져 사용되니 일찍 죽는 것이다. 우리나라에서 사회적 명성이 자자하고 너무 쓸모가 많은 사람으로 비춰진 저명인사가 독재자들에 의해 일찍 베어져 죽는 일이 있지 않았는가? 즉 일회용으로 사용하기 위하여 독재자가 자기 밑에 두고 이용하고 쓸모가 없어지면 용도 폐기하는 것이 그것이다. 이렇게 하여 한국에는 인물다운 인물이 없는지도 모른다.

너무 쓸모가 없어서 일찍 죽는 이치를 장자는 울 수 있는 거위와 울지 못하는 벙어리 거위의 예를 들었다. 어느 날 어떤 집에 손님이 찾아왔다. 그 집에는 거위 두 마리를 키우고 있었는데, 한 마리는 울 줄 아는 거위이고 한 마리는 울지 못하는 벙어리 거위더라. 손님에게 대접하려고 하인이 주인에게 가로되 '우는 거위를 잡아서 대접할까요, 울지 못하는 거위를 잡아서 대접할까요?' 주인 왈 '울지 못하는 거위를 잡아서 대접하라. 이렇게 하여 쓸모없는 거위가 먼저 죽게 되었다. 너무 쓸모가 있어도 일찍 죽고 너무 쓸모가 없어도 일찍 죽는 것이 인간 세상의 모순이다. 그래서 장자가 가르치는 것은 '쓸모없으면서도 쓸모 있는 사람'이 되라는 것이다. 역설적인 말처럼 보이지만 난세를 살아가던 장자의 처세요 지혜가 번뜩이는 말이 아닐 수 없다. 너무 쓸모가 많다고 뽐내거나 자랑하지 말아야 할 것이다. 그래봤자 도의 견지에서 보면 일찍 죽는 것이므로…….

TV드라마에서 주인공들의 각각의 입장에 서서 볼 때 그들의 생각이나 행동이 모두 옳다. 드라마 속에서 그들끼리는 서로 갈등을 빚고 있지만 관전하는 제3자인 우리의 입장에 서면 그들 하나하나는 모두 옳은 것이다. 우리도 넓은 눈으로 보면 드라마 속의 주인공들과 같다고 할 수 있다. 즉 따지고 보면 우리들도 '문화'라고 하는 각본에 따라 '사회'라고 하는 무대에서 연출하는 배우들인 것이다. 그러므로 노자의 입장을 이해하려면 높은 관점에 설 수 있어야 한다. 높은 관점은 도와 한가지의 입장이니까.

무용지용의 인간을 세상의 영악한 사람의 입장에서 보면 바보처럼 보이지만 지혜로운 사람의 입장에서 보면 매우 쓸모 있는 사람이라고 해석하면 될까? 무용지용의 사람은 이런 사람을 말할 것이다.

(1-5) 마음을 쓰되 둘로 갈라지지 않는다

장자에는 기상천외한 이야기가 많지만 무심무정을 기능이나 기예 같은 것에 적용하여 인간의 기능이나 기예의 최고경지는 무심무정에서 이룩된다는 것을 강조하고 있다. 곱사등이가 기가 막히게 매미를 잘 잡는 예는 그것을 잘 말해 주고 있다. 장자 달생(達生)편에는 그것을 이렇게 시작하고 있다.

"공자가 초나라로 가는 도중 숲속을 지나가는데 꼽추 한 사람이 매미를 잡고 있었다. 그런데, 그는 마치 손으로 물건을 주워 넣듯이 잘도 잡았다."

장자에는 표면상 허풍이 심한 말투로 시작하는 경우가 많다. 한 수 아래인 공자를 등장시켜 말하고 있는 것도 재미있다. 공자와 꼽추는 다음과 같이 대화가 이어졌다.

공자 : 당신은 참으로 재주가 뛰어나구려. 매미를 잡는데 무슨 도가 있소?

꼽추 : 저에게도 도는 있습죠. 오뉴월에는 탄환 두 개를 매미채 위에 포개 놓고 잡는데, 그 탄환이 떨어지지 않고 잡으면 실수할 일이 별로 없고, 세 개를 포개 놓고 떨어지지 않게 하면 실수할 확률은 10의 1이요, 다섯 개를 포개서 떨어지지 않으면 물건을 줍듯이 잡아낼 수 있습죠.

그때 나의 몸가짐은 마치 마른 나무가 서 있는 것처럼 하고 내가 매미채를 잡은 팔은 고목의 가지와 같이 하였습죠. 비록 천지가 크고 만물이 많다고 하나 저는 오직 매미의 날개만을 알지요. 나는 꼼짝도 않고 있으므로 세상의 어떤 것도 매미의 날개만을 생각하는 나의 마음을 바꿔놓지 못하니 어째서 그렇게 되지 않을 수 있겠습니까?

공자 : (제자들을 돌아다보고 말하기를) 마음을 쓰되 둘로 갈라지지 않고 정신이 통일되어 흩어지지 않는다는 말이 있더니 이는 바로 저 꼼추 노인을 두고 하는 말이로구나.

보통 사람은 매미채 위에 둥근 탄환 하나를 올려놓기도 힘들 것이다. 그런데 그것을 두 개씩이나 올려놓고 그것으로 매미를 잡는다……, 두 개가 아니라 다섯 개를 올려놓고…… 장자의 허풍은 대단하다는 생각을 가지는 사람도 있을 것이다.

우리도 옛날에 매미나 잠자리를 잡은 경험이 있다. 매미보다는 잠자리를 잡는 일이 훨씬 용이하다. 잠자리는 한 군데 오래 붙어 있어 마치 마른 잎이 고정되어 있는 것과 같은 모습을 하고 졸고 있는 듯이 앉아 있다. 그런데 그 잠자리도 좀체 손으로 직접 잡는다는 일이 그렇게 쉽지가 않다. 잠자리가 앉아 있는 곳을 향하여 숨을 죽이며 다가가 손을 서서히 뻗으며 막 덮쳐잡으려는 순간 잠자리의 본능은 나의 동작보다 빠르게 움직여서 번번이 놓치기 일쑤이다. 목에 힘을 주고 잡으려는 나의 '욕망'이 손끝을 통하여 잠자리에 전달되는 것이다. 그런데 잠자리는 사람의 손은 경계를 하지만 마른 나뭇가지나 잎에는 아무런 경계를 하지 않고 앉아서 쉬기도 하고 잠도 잔다.

만약 나의 팔이나 손도 마른 나뭇가지처럼 될 수 있다면 잠자리도 경계를 하지 않을 것이다. 저 꼽추노인은 마음을 비워 무심하기를 팔이 마른 나뭇가지처럼 되었다고 하니 그의 숙달된 경지가 가히 짐작될 것이다. 마른 나뭇가지가 바람에 흔들려 매미에게 다가가는 것처럼 늙은 꼽추의 팔은 매미에게 다가갔던 것이다. 그리하여 마치 낙엽을 주워 담듯이 매미를 잡았던 것이다.

(1-6) 마음을 뺏기지 않으면 큰일을 한다

마음을 비워 무심하게 되는 것이 매우 큰일을 하게 되는 것이라는 이야기 가운데 재경(梓慶)이라는 사람이 귀신도 감동시키는 악기를 만들었다는 이야기가 있다. 이 이야기도 장자 달생편에 있다. 재경이라는 노나라 목공이 나무를 깎아 악기를 만들었는데 그 악기가 만들어지자 보는 사람들마다 모두 그 신기한 솜씨에 놀랐다고 한다. 그래서 노나라 임금이 그것을 보고 묻기를,

"자네는 어떠한 기술이 있기에 이렇게 만들 수 있었는가?"

하였다. 재경의 답변은 다음과 같았다.

"저는 목수인데 무슨 비술이 있겠습니까? 그러나 한 가지는 있습니다. 제가 악기를 만들려고 할 때는 일찍이 기운을 소모함이 없이 반드시 재계하여 마음을 평온하게 갖습니다. 이렇게 3일을 재계하면 포상과 작록에 대한 생각이 없어지고, 5일 동안 재계하면 비방이나

명예나 교졸(巧拙)을 생각지 않게 되며, 7일 동안 재계하면 문득 제
게 사지가 있고 형체가 있는 것도 잊게 됩니다. 이런 때가 되면 조
정의 권세에 대한 생각도 없어지고 교묘한 기술에만 전일(專一)해
져 마음을 어지럽히는 외물의 유혹도 완전히 사라집니다. 그런 뒤
에야 산림 속으로 들어가 나무의 천성을 살펴 형태가 최고인 것을
찾아냅니다. 그런 뒤에 마음속으로 악기를 그려봅니다. 그리고 손
을 대기 시작합니다. 그렇지 못할 경우에는 그만 둡니다. 이렇게 만
들면 나무의 천성과 저의 천성이 일치되어집니다. 제가 만든 악기
가 신기로 이루어졌다고 의심하는 것은 이런 까닭입니다.”

이것도 마음을 비워서 외물에 대하여 마음을 빼앗기지 않으면 큰일
을 할 수 있다는 테마이다. 마음을 깨끗이 비우면 악기의 형태가 나무
가운데 있는 것이 눈에 보이고 그것을 가지고 악기를 만드는 것이므
로 악기가 나무 가운데 천성적으로 가지고 있는 것을 이끌어 낸다는
것이다. 무심의 경지에 있어야 나무 자체가 지니고 있는 천성적인 악
기의 형상이 보이는 것이므로 천성과 천성이 일치하는 것이라 할 수
있을 것이다. 기능인이 최고의 물건을 만들어 내는 것도 이러한 마음
의 수양으로 된다는 것을 알 수 있다.
　우리도 이러한 장인 정신을 존중할 줄 아는 사회가 되어야 할 것이
다. 화가가 그림을 통하여 작품을 만들어 내는 것이나 기능인이 무심
의 경지에서 물건을 만들어 내는 것은 일치된다는 것을 알 수 있다.
더욱이 오늘날은 예술상품을 만들어 내야만 국제경쟁에서 이기는 다
품종 소량생산을 하는 시대에 접어들고 있다. 전통적으로 동양사회에
있는 이러한 장인정신을 오늘에 되살려 최고의 물건을 만들어 내야
하고 그것을 존중하는 국민적 인식도 있어야 하리라고 본다.

(1-7) 혼돈(混沌)의 일곱 구멍

사람들은 감각을 통한 경험적 지식을 가장 최상의 것으로 여기고 그것을 제외한 진리들은 부정하는 경향이 있게 되었다. 감각으로 아는 것만이 유일한 진리라고 생각할 때는 많은 것을 잃어버릴 가능성이 있다. 그렇다고 감각을 통해 아는 것을 부정하는 것도 올바른 태도는 아닐 것이다. 가장 튼튼한 인식의 기초를 마련해 주는 것이 감각을 통한 경험적 지식이 되는 것만은 틀림없지만 그것이 전부라고 생각하는 것만은 경계해야 한다는 것이다. 장자는 이와 관련된 재미있는 이야기를 많이 언급하고 있는데 그 중 한두 가지를 들어보고자 한다. 먼저 감각적인 지식을 버리는 것이 참된 진리를 아는데 필수적이라는 주장을 담은 이야기로서 응제왕편에 다음과 같은 이야기가 있다.

남해의 임금을 숙(儵)이라 하고, 북해의 임금을 홀(忽)이라 하며, 중앙의 임금을 혼돈(混沌)이라 하였다. 숙과 홀이 어느 날 혼돈의 땅에서 만났을 때 혼돈이 그들을 위하여 잘 대접을 했다. 그래서 숙과 홀은 서로 상의하여 혼돈의 덕을 갚으려 했다. "사람들은 모두 일곱 구멍이 있어 그것으로 보고 듣고 먹고 숨 쉬는데 이 분만 혼자 없으니 시험 삼아 뚫어 주자" 하고 하루 한 구멍씩 뚫어 7일이 되니 혼돈은 죽고 말았다.

여기서 숙이라 함은 공간적인 최소단위의 상(像)을 의인화한 것이고 홀이라 함은 시간적인 최소단위의 찰나를 의인화한 것이라 할 수 있다.

중앙의 혼돈은 공간과 시간의 차원에 있지 않은, 즉 감각을 초월해 있는 것을 의인화하여 말하고 있는데 그것을 왕이라 하였다. 그런데 숙과 홀이 7개의 구멍을 뚫어주어 감각을 지니도록 하자 곧 죽어 버렸다는 것이다. 사람에게 7개의 구멍이 있다고도 하고 9개의 구멍이 있다고도 하는데 그것이 중요한 것이 아니라 하루에 한 구멍씩 모두 7개의 구멍을 뚫어 주어 감각기관이 성립되도록 하자 혼돈의 왕은 낙원에서 쫓겨나 한정된 지식밖에 가지지 못하는 신세가 되었다는 것이다. 이 이야기는 아담과 이브가 낙원에서 쫓겨난 이야기와 매우 유사하다. 무화과 열매를 먹으면서 인간의 지식이 생겨나기는 했지만 그대신 낙원에서 쫓겨난다는 이야기인데, 원래 아담과 이브는 혼돈의 왕처럼 낙원에서 행복하게 살았던 것을 알 수 있다. 성경에서는 인간의 지혜가 생기는 계기를 무화과 열매를 먹는 것으로 표현했다면, 장자에서는 7개의 구멍을 뚫어 주는 것으로 표현했다고 할 수 있다. 아담은 물론이고 그 후손들은 무화과 열매를 먹음으로 인하여 죽음이라는 것이 있게 되었다고 표현하였다면 혼돈의 왕은 7개의 구멍이 생기므로 인하여 죽음이 오게 되었다고 표현하고 있다. 프랑스의 가스똥 바슐라르는『물과 꿈』이란 책에서 이런 말을 하였다.

"아담은 꿈에서 깨어나면서 이브가 그처럼 아름다운 것을 알게 되었다.(Adam a trouvé Eve en sortant de les rêves, c'est pourqoui elle est si belle.)"

아담이 이브를 성적인 대상으로, 즉 성적인 소유의 대상으로 이브를 발견한 것은 낙원 안에 있던 꿈에서 깨어나 인간의 지혜에 눈을 뜬 이후부터이다. 아담과 이브의 남녀 양성이 구분되기 이전의 전체로부터 깨어나 이제 남녀 양성의 구분이 이루어진 분열된 현세에서 아담은 이브를 한 성적인 대상으로 눈을 뜨게 된 것이다. 장자의 이야기는 좀 더 추상적이고 압축된 표현을 하고 있을 뿐 동일한 사상을 내포하고 있다고 말할 수 있다. 노자는 감각으로 인식하는 것이 불완전하다는 것을 이미 말하였다.

> 오색(五色)은 사람을 눈멀게 하고,
> 오음(五音)은 사람을 귀머거리 되게 하고,
> 오미(五味)는 사람의 입맛을 상하게 하도다.
> 말달리며 사냥하면 사람의 마음을 미치게 하며,
> 얻기 힘든 재화는 사람의 행위를 비뚤게 하도다.
>
> (12장)

7개의 구멍이 생겨남으로 인하여 감각기능이 생겨지고 그로부터 도를 아는 길이 점점 멀어지게 되었다는 기본적인 사상이 여기서 나오고 있다. 감각은 우리를 도에 가까이 가게 하기는커녕 오히려 우리를 눈멀게 하고 귀머거리가 되게 하고 입맛을 잃게 하고 마음을 미치게 할 뿐이라는 것이다. 그러면 어떻게 하면 감각을 통하여 우리를 미치게 하는 것을 면할 수 있을까? 장자는 마음의 재계(齋戒)를 가르치고 있다. 인간세편에서는 공자와 안회와의 대화를 통해 재계를 가르치고 있다.

> 공자 : 재계(齋戒)하라. 내 네게 말해주겠다만 마음에 사심을 품은 채 재계를 하면 그게 쉽게 될까? 그것을 쉽다고 여기는 자는 하늘도 좋다고 여기지 않을 것이다.
> 안회 : 저는 집이 가난하여 술도 마시지 않고 냄새나는 채소도 먹지 않은 지가 몇 달이 되었습니다. 이만하면 재계가 되었다고 말할 수 있겠습니까?
> 공자 : 그것은 제사 때의 재계이지 마음의 재계는 아니다.
> 안회 : 마음의 재계란 무엇입니까?

공자 : 너는 뜻을 한가지로 가져라. 그래서 귀로 듣지 말고 마음으로 들으며, 마음으로 듣지 말고 기(氣)로 들어라. 듣는 것은 귀에서 그치고 마음은 밖에서 들어온 것에 맞추어 깨달을 뿐이지만 기는 허(虛)하여 온갖 걸 다 받아들인다. 오직 도는 허한 데서 모이니 허한게 곧 마음의 재계이다.

안회 : 제가 지금까지 마음의 재계를 못한 것은 정말 제 자신에 얽매여 있었기 때문입니다. 지금 마음의 재계를 하여 자신에 구애되지 않게 되었습니다만 이것으로 허하다고 할 수 있을까요?

공자 : 지극하도다. 내 너에게 말해주리라. 네가 위나라로 들어가 노닐 때면 그 명예에 사로잡히지 말라. 너의 말이 용납되거든 입을 놀리고 용납되지 않거든 그만두어라. 마음속을 남에게 보여 탈을 잡히지 말고 한가지로 자기 내부의 세계를 지켜 부득이한 경우 이외에는 움직이지 말라. 그러면 도에 가까우리라. 걷지 않기란 쉽지만 걸을 때 땅을 밟지 않기란 어렵다. 사람의 작위에 몸을 맡기는 자는 허위에 사로잡히기 쉬우나 하늘의 이치에 몸을 맡기는 자는 허위에 사로잡히기 어렵다. 날개가 있어서 난다는 말은 들었어도 날개 없이 난다는 말은 듣지 못했으며 지식이 있어서 안다는 말은 들었어도 지식 없이 안다는 말은 들은 적이 없다. 저 텅 빈 것을 보라. 저 텅 빈 방에 밝은 빛이 비추어 사물의 진상이 뚜렷하게 드러나고 거기에 길한 징조가 깃들어 있다. 대저 마음이 머물러야 할 곳에 머물지 않으면 이를 좌치(坐馳: 몸은 앉아 있어도 마음은 달린다는 뜻)라고 한다. 대체로 귀와 눈의 작용을 안으로 받아들여 마음의 지각(知覺)을 벗어난다면 귀신도 와서 깃들 것이니 하물며 사람이야 말해 무

엇 하랴? 이것이야말로 만물을 교화하는 길이며 우(禹)와 순(舜)도 근본으로 삼은 바이고 복희(伏羲)나 궤거(机遽)도 이로써 한평생을 마쳤는데 하물며 범인에게 있어서랴.

위에서 "날개가 있어서 난다는 말은 들었어도 날개 없이 난다는 말은 듣지 못했으며 지식이 있어서 안다는 말은 들었어도 지식 없이 안다는 말은 들은 적이 없다."고 하였는데 '지식이 있음(有知)'에서의 지식은 감각기관과 사유기관이 획득한 지식에 의지한다는 것을 가리키고 '지식이 있어서 안다'는 것은 날개가 있음으로써 난다는 것과 같이 일반인들의 인식 과정이다. '지식이 없다(無知)'는 것은 인식기관이 필요하지 않다는 것과 또 지식의 축적도 필요하지 않다는 것을 가리키는데 '지식 없이 안다'는 것은 날개가 없음으로써 난다는 것과 같이 지인(至人)이나 진인(眞人)의 인식 방법이다. 장자는 일반인들의 인식 능력과 인식 방법은 의심하고 부정하며 지인(至人)의 날개가 없이도 난다는 인식 방법을 높이 말하는데 이것은 감각 기관의 인식 방법을 거치지 않고도 직접 최고의 도(道)를 체험해 갈 수 있다는 것이고 또 신비한 직관을 거쳐서 참된 지식(眞知)을 획득해 간다는 것을 강조하고 있다.

(1-8) 소 잡는 포정의 이야기

감각과 의식을 통하여 아는 것은 날개 없이 나는 데는 이르지 못할 것이 뻔하다고 가르치고 있다. 이러한 내용을 비유적으로 설명하는 것은 장자에 많지만 그중에도 평생 소만 잡던 포정의 이야기는 유명하다. 이 사람은 평생 소만 잡았으므로 소 잡는 일을 통하여 도가 통한 사람이다. 그는 춤을 추듯이 소의 여기저기를 옮겨 다니며 칼질을 하는데 소의 뼈와 살에 엉겨 있던 매듭이 쉽게 풀어지고 순식간에 뼈는 뼈대로 살은 살대로 추려진다. 그렇게 칼질하기를 19년 동안이나 하더라도 칼날이 상하지 않아서 숫돌에 칼을 갈 필요가 없었다고 한다. 그 소 잡는 모습을 장자 양생주편에서는 다음과 같이 묘사하고 있다.

"포정이 문혜군(文惠君)을 위하여 소를 잡는데, 그 손을 놀리는 것이나 어깨로 받치는 것이나 발로 딛는 것이나 무릎을 굽히는 모양이나 쪽쪽 칼질하는 품이 음률에 맞지 않음이 없었다. 따라서 그 행동이 상림(桑林)의 춤에 맞고 경수(經首)의 장단에도 맞았다."

양(梁)나라 혜왕(惠王)인 문혜군을 위하여 소를 잡는데 그 모습이나 몸을 움직이는 경지가 가히 예술적인 경지에 이르렀음을 알 수 있다. 그 예술적인 경지를 상림과 경수에 비교한 것이 그것을 잘 말해 주고 있다. 상림은 은나라 탕왕이 상림이라는 땅에서 기우제를 지냈다고 하는 고사에서 나온 것이며, 경수는 요 임금 때의 음악이라고 전해지는 함지곡(咸池曲)의 한 악장을 말한다. 탕왕의 제사는 무아지경에서 완전히 신과 합일을 이룬 상태에서 이루어진 가장 이상적인 제사였음을 말하고, 요 임금의 음악은 인간의 소리가 아니라 그것을 초월하는 신의 소리를 상징한 것인데 이러한 신인합일(神人合一)에서나 이루어지는 경지에 포정의 소 잡는 모습을 비유하고 있는 것이다. 그래서 문혜군이 감탄하여 너는 어찌하여 재주가 그런 경지에 이르렀느냐고 하자 이 포정은 다음과 같이 말하였다.

"제가 좋아하는 것은 도로서 그것은 기술에 앞서는 것입니다. 처음 제가 소를 잡을 때는 눈에 보이는 것이 소뿐이었습니다. 그러나 3년 후에는 소가 보이지 않았고 지금 저는 영감으로써 대할 뿐 눈으로 보지를 않습니다.

곧 감관은 멈춰버리고 영감만 작용하고 있습니다. 그래서 소 몸뚱이 조직의 자연적인 이치를 따라서 뼈와 살이 붙어 있는 틈을 젖히는 것이나 뼈마디에 있는 큰 구멍에 칼을 집어넣는 것이나 모두 자연의 이치를 따라 갈라나갑니다. 그래서 그 기술은 뼈와 살이 합친 곳에서는 칼이 걸린 적이 한 번도 없는데 하물며 큰 뼈에 부딪치는 일이야 있겠습니까? 훌륭한 포정은 1년에 한 번 칼을 바꾸는데 그것은 살을 베기 때문이며, 보통 포정은 한 달에 한 번 칼을 바꾸니 그것은 뼈에 칼이 부딪쳐 칼이 부러지기 때문입니다. 그러나 지금 저의 칼은 19년 동안이나 썼고 또 잡은 소도 수천 마리나 되지만, 그 칼날은 지금 막 새로 숫돌에 간 것 같습니다. 저 뼈에는 틈이 있고 칼날에는 두께가 없습니다. 두께가 없는 것으로써 틈이 있는데다 넣으므로 넓고 그 칼날을 휘둘러도 반드시 여유가 있습니다. 그러므로 19년이나 되었어도 그것은 지금 막 숫돌에 갈아낸 것 같습니다. 그러나 막상 뼈와 심줄이 한데 얽힌 곳을 만났을 때에는 저도 조심하여 곧 눈길을 멈추고 행동을 천천히 하며 칼을 놀리는 것도 매우 미묘해집니다. 그러다가 쩍 갈라지면 마치 흙덩이가 땅에 떨어지듯 고기가 와르르 풀어집니다. 그때야 칼을 들고 일어서서 사방을 둘러보며 머뭇머뭇 만족해하며 칼을 잘 닦아 집어넣습니다."

이 말은 비교적 분명하다. 그러나 이것을 나누어 분석을 한다면 첫째 소를 처음 가르기 시작할 때는 순전히 눈으로만 보기 때문에 보이는 것이 완전한 소가 아닌 것이 없어서 기술로만 소를 가른다는 것을 말하고 있다. 그런데 둘째로 3년 후에는 "소가 보이지 않았고 지금 저는 영감으로서 대할 뿐 눈으로 보지를 않습니다."라고 말하고 있다. 즉 이제는 소를 마음으로 만나지 눈으로 보지 않는다고 한다. 감각기관의 앎은 그치고 정신이 작용하려 한다. 그렇게 되니 천리(天理)에 의존하여 큰 틈을 칼로 치게 되고 큰 구멍에 칼을 넣는 것과 같이 된다는 것이다. 소를 처음 가르기 시작할 때는 순전히 눈으로만 보기 때문에 보이는 것이 완전한 소가 아닌 것이 없어서 기술로만 소를 가른 것이었지만 3년 후에는 마음으로 만나지 눈으로 보지 않는다고 하는 경지를 말한 것이다. 눈으로 보지 않지만 소를 직접 마음으로 투시할 수 있어 손을 놀리는 것이 자연스럽게 된다는 것이다. 마음으로 칼을 넣어 어디쯤에 무엇이 있는지를 알고 그것에 칼은 저절로 들어간다는 것이다. 이것이 천리의 자연스러움에 부합된다는 것이다.

소 잡는 일에 도를 통했다는 것이고 기술보다 앞섰다는 의미에서 "제가 좋아하는 것은 도로서 그것은 기술에 앞서는 것입니다."라고 말하는 본래의 뜻이다. 도를 가졌을 때 감각기관의 지식은 멈추고 완전히 정신적인 직관이 작용한다는 것을 말한다. 일반인의 지식을 벗어나서 진인(眞人)의 신비한 지식을 얻었다는 것을 의미하는 것이기도 한데 그것은 마음이 가장 활발하게 작용하는 경지를 말한다.

(2) 현실에 대한 비판

노장철학 가운데는 현실비판이 숙명적으로 들어있다. 노장철학은 현실을 초과하는 사상을 담고 있기 때문이다.

이미 위에서 현실에 대한 비판을 많이 하였지만 여기서는 장자의 철학과 관련하여 재미있는 예화를 중심으로 생각해 보도록 하겠다.

(2-1) 최고의 도둑은 나라를 훔친 자

위에서 나라를 훔친 큰 도둑에 대하여 이야기하였다. 여기서 우리는 본격적으로 도둑에 관하여 생각을 해보아야 하겠다. 진짜 도둑이 누구인가? 도둑들이 득실거리는 현실 속에 살고 있으니 도둑의 정체를 정확히 아는 것도 필요하리라고 생각한다. 장자 거협편은 이러한 테마를 가지고 흥미진진한 이야기를 많이 전하고 있다. 우선 한 구절 인용해 보자.

"상자를 열고 주머니를 뒤지며 궤짝을 여는 좀도둑을 대비하기 위해서는 반드시 줄이나 끈으로 묶고 빗장이나 자물쇠를 단단히 채워 둔다. 이것이 세상의 속인이 말하는 지혜라는 것이다. 그런데 큰 도둑이 오면 궤짝을 지고 상자를 들고 주머니를 베고 달아나면서 오직 줄과 끈이나 빗장과 자물쇠가 튼튼치 못할까 걱정한다. 그러니 세상에서 말하는 지혜로운 자는 곧 큰 도둑을 위하여 물건을 쌓아 놓은 것이 아닌가?"

그러므로 세속에서 말하는 지혜로운 자라는 것은 기껏해야 큰 도둑을 위하여 물건을 쌓아 놓은 자가 아닌가? 배가 고파서 빵을 하나 훔친 현대판 장발장은 오랫동안 감옥 안에서 고생하며 살아야 하지만 나라를 송두리째 훔친 자들은 고대광실에서 온갖 호사와 명예를 누리며 행복하게 산다. 작은 도둑은 엄격하게 얽어매는 법망이 큰 도둑에게는 오히려 그 법이 도움이 된다는 모순을 신랄하게 비판하는 것이다. 그러면 큰 도둑은 어떤 자들이며 작은 도둑은 어떤 자들인가? 큰 도둑은 우선 쿠데타를 일으켜 비합법적인 방법으로 나라를 송두리째 차지한 자들이거나 나라 전체를 다른 나라에 팔아넘기는 자들이다. 나라 전체를 차지하지는 못하더라도 현행의 법을 교묘하게 이용하여 합법적으로 해먹는 자들도 그 다음 큰 도둑에 속한다. 국가에서 필요한 물자를 국민의 세금으로 들여오면서 합법적으로 중간에서 몇 십 프로씩 착복하는 것이 여기에 속한다. 또 다른 나라에 이권을 넘겨주는 대신 자신은 출세하여 호의호식하는 자들도 여기에 속한다. 현행의 법을 이용하여 해먹는 자들이므로 그러한 법이 있는 것이 여간 다행하고 좋은 것이 아니다. 만약 법이 방해가 된다면 그 법을 마음대로 고쳐서 자기에게 이로운 방향으로 만들어 해먹는 자들도 그 다음 도둑에 속한다. 단돈 10원짜리 땅값을 수 십 만원씩 올려놓고 이득을 취하는 자들도 그 다음 도둑에 속한다.

이에 반하여 법망을 요리조리 피하면서 도둑질을 하는 자들은 좀도둑에 불과하고 창고에 쌓아 둔 곡식을 밤에 몰래 들어가 갉아먹는 쥐새끼 정도에 지나지 않는다. 큰 도둑과 작은 도둑의 차이는 큰 도둑은 대낮에 떳떳이 해먹는다면 작은 도둑은 밤에 남몰래 해먹는 데 있다. 여기에 덧붙여 한 부류의 인간들이 또 있으니 큰 도둑들에 빌붙어 거기에 아첨하고 그들의 행동을 합법화시킴으로써 먹고사는 자들이다. 그들은 세상에서 지식깨나 가지고 있는 경우가 많고 머리가 좋은 사람들이라는 것이 예나 지금이나 공통적이다. 동서고금의 서책들을 산같이 쌓아 놓고 읽어서 아는 것이 많고 과거와 현재, 동과 서를 비교 검토하여 무식한 사람들이 무슨 소린지 알지 못할 소리로 지껄여대므로 큰 도둑들이 아주 좋아한다. 이들을 세상에서는 도덕군자라고 하고 박사들이라고 부른다. 장자는 이들을 아주 싫어하여 권력자들의 똥구멍의 치질을 핥는 자들이라고 하였다. 큰 도둑들이 좋아하는 바가 무엇인지 영리한 머리로 잘 알고 비위를 맞추며 시원하게 해주니 치질을 핥는 자들이라고 한 것이다. 옛날에는 이러한 지식 아첨꾼들이 성인이라고 칭송되기도 했으니 장자의 비판이 더욱 신랄해질 수밖에 없다.

"이른바 성인은 큰 도둑을 위하여 보물 궤짝을 단단히 지켜주는 자가 아닌가? 어째서 그런 줄을 아는가? 옛날 제(齎)나라는 이웃 고

을이 서로 바라보여 닭소리, 개소리가 서로 들리고 그물을 치고 경
작하는 곳이 사방 2천여 리나 돼 온나라 안에 뻗어 있었다. 그래서
종묘(宗廟)와 사직(社稷)을 세우고 읍옥(邑屋), 주려(州間), 향곡(鄕
曲)을 다스리는 것이 어찌 일찍 성인을 본받지 않은 바가 있었겠는
가? 그러나 전성자(田成子)는 한나절에 제(齋)나라 임금을 죽이고
그 나라를 도둑질해 버렸다. 어찌 그 나라뿐이었겠는가? 아울러 그
성인의 지혜로 만들어진 법도 도둑질해 버렸다. 그러므로 전성자는
도둑의 이름을 지녔으면서도 그 몸은 요순과 같이 편안히 살았다.
작은 나라가 감히 비난하지 못하고 큰 나라도 감히 그를 죽이지 못
하여 12대 동안 제(齋)나라를 소유했었으니 이는 그 제(齋)나라와
그 성인의 지혜에서 나온 법을 아울러 도둑질하여 그 도둑의 몸을
보호한 것이 아닌가?"

이와 같이 도둑질을 하여 나라 전체를 해먹고 하는 말이 정치라는
것은 원인이야 어떻든 결과만 좋으면 합법화되는 것이라고 그럴듯하
게 말한다. 비록 쿠데타를 통해서 나라 전체를 송두리째 훔쳤더라도
그 나라를 잘 다스려 백성들이 잘먹고 잘살면 된다는 것이다. 그러면
그 도둑질도 합법화된다는 것이다. 이러한 기막힌 정치철학을 고안해
낸 사람들은 말할 것도 없이 머리가 좋은 박사들이다. 그리하여 장자
는 그것을 이렇게 말한다.

"세속에서 말하는 지극히 지혜로운 자란 큰 도둑을 위하여 물건을
쌓아 두는 자가 아닌가? 이른바 지극히 성스러운 자란 큰 도둑을
위하여 물건을 지켜 주는 자가 아닌가?"

이러한 질문의 형태로 세상의 지극히 지혜로운 자라고 칭송되는 자

들이 권력자에 붙어서 아부하고 그들의 불법을 합법화시키는데 앞장 서는 것을 비난하였다. 세상의 어리석은 사람들은 큰 도둑은 그냥 놓 아두고 작은 좀도둑이 법망을 피해서 도둑질을 하는 것은 크게 야단 을 친다. 그것은 큰 도둑들이 합법을 가장해서 대낮에 떳떳이 하기 때 문에 무식한 국민이 헷갈려 잘 알지를 못하기 때문이다. 더구나 세상 에서 내로라하는 박사들이 이구동성으로 떠받드니 그냥 그런 줄 알고 속아 넘어가기 때문이다. 큰 도둑들은 법이 있음을 다행으로 여기고 그것을 자기에게 유리하게 마음대로 이용하는 자들이다. 장자는 이 문제에 관하여 또한 신랄한 비판을 가하였다.

"도척의 무리들이 도척에게 물었다. '도둑에도 도가 있습니까?', '어 디를 간들 도가 없겠는가? 대저 방안에 감추어둔 것을 미루어 아는 것은 성(聖)이고, 앞장서서 들어가는 것은 용(勇)이며, 맨 나중에 나 오는 것은 의(義)고, 가부(可否)를 아는 것은 지(知)며, 고르게 나누 는 것은 인(仁)이다. 이 다섯 가지를 갖추지 못하고서 큰 도둑이 된 자는 천하에 없다.' 이로 볼 때 착한 사람이 성인의 도를 얻지 못하 면 세상에 살 수가 없고, 도둑도 성인의 도를 얻지 못하면 행할 수 가 없는 것이다."

나라 전체를 도둑질하는데 어찌 머리 좋은 지략이 없을 수 있으랴! 머리를 마주 대고 국제정세와 국내정세를 연구하고 나라를 훔칠 수 있을지를 미리 아는 것이 성(聖)이다. 쿠데타에 앞장서서 탱크를 앞세 워 진입하는 자가 용기 있는 자이니 그것이 용(勇)이다. 자기가 앞장 서서 들어가고 물건을 훔친 다음에는 맨 나중에 나오면서 동료 도둑 들을 보호하는 자는 의로운 도둑이니 그것이 의(義)이다. 물건을 훔치 는 일이 성공하기 위하여 치밀한 전략을 세우고 적절한 때를 알아 지

휘하니 그것이 지(知)이다. 나라 전체를 송두리째 훔쳐서 차지한 다음
에는 논공행상에 따라 골고루 벼슬자리를 나누어 주니 그것이 인(仁)
이다. 그리고 도둑들이 의리로 뭉쳐 있으니 그것이 신(信)이다. 그러
고 보니 유가철학의 기본 윤리질서인 인의예지신(仁義禮智信)을 큰
도둑들도 모두 가지고 있는 것을 알 수 있다. 이러한 윤리질서와 법률
을 도둑들이 이용하기 좋게 만들어 주는 사람들이 모두 박사들이다.
그리고 그 대가로 일정한 기간 동안 큰 도둑의 밑에서 일하면서 큰
도둑들의 윤리적 방패막이가 되어주는데 큰 도둑들은 그들 좀생이들
에게 그들이 훔친 보물 창고에서 작은 떡고물이나 부스러기들을 조금
나누어 준다. 그리고 그 좀생이들의 이용가치가 떨어지면 용도 폐기
처분하여 버린다. 아! 이렇게 하여 천하의 인재들이 좀생이들로 전락
하여 버리고 천하에는 인물다운 인물이 없어져서 큰 도둑들과 작은
도둑들이 범람하는 세상이 되어 버렸구나! 장자는,

"천하에 착한 사람은 적고 착하지 않은 사람은 많으니, 성인이 천
하에 이롭게 하는 일은 적고 해롭게 하는 일이 많은 것이다. 그래서
성인이 나타나므로 큰 도둑이 생겨난다. 그러므로 성인을 타도하고
도둑을 풀어 놓아야 천하는 비로소 다스려진다. 대저 냇물이 마르
면 골짜기가 비고 언덕이 무너지면 못이 메워지며 성인이 죽으면
큰 도둑이 일어나지 않아 천하는 태평해지고 자연히 사고도 없어질
것이다."

라고 말하여 큰 도둑이 있게 만든 것은 양심을 팔아 그 도둑들에게
아첨하는 성인, 박사들의 책임이 크다는 것을 지적하고 있다. 큰 도둑
이든 작은 도둑이든 도둑을 알아보는 것은 그렇게 어려운 것이 아니
건만 성인, 박사들이 동서고금의 유식한 지식으로 헷갈리게 만들어

놓으니 그것을 제대로 알 리가 없다. 남녀의 불륜의 관계는 누구나 쉽게 아는 것이건만 드라마 작가들이 유식한 곡필로 드라마를 만들어 놓으면 불륜의 관계도 멋있어 보인다.

(2-2) 욕심 많은 지도층의 궤변

장자가 특히 지도층을 비판한 것은 그들이 유난히 인간의 탐욕을 적나라하게 드러내기 때문일 것이다. 명예욕은 인간의 본성을 상하게 하는 가장 큰 요인이 된다. 명예를 차지하면 의식주는 물론이고 많은 사람들 앞에서 우쭐해질 수 있는 허영심도 만족시켜 준다. 그러므로 명예욕은 인간의 본성을 상하게 하는 주범이고 인간이 태어난 대로의 좋은 본성을 간직하지 못하고 일찍 죽게 하는 원인이 된다.

일반적으로 성군으로 존경을 받는 왕들이나 대신들도 권력이라는 명예를 얻기 위하여 비인간적인 숙청이나 살인을 다반사로 하고 있는데 그렇게 하여 안명무위(安命無爲)하지 못하고 본성을 상하거나 일찍 죽는 사람들이 얼마나 많은가? 세상에서 높다고 하는 것은 황제만한 것이 없지만 황제는 오히려 덕을 온전하게 할 수 없어 탁록이라는 들에서 전쟁을 하다가 피를 흘리고 죽었으며, 우왕은 반신불수가 되었고 탕왕은 그 임금을 내쫓았고 무왕은 주왕을 쳤고 문왕은 유리라는 땅에 갇혀 지냈다(도척편). 세상에서 높이 받들어지는 사람들이지만 모두 이익 때문에 그 참됨을 얻지 못하고 본성을 일찍 상하게 되었다는 것을 알 수 있다. 그것을 장자는 이렇게 말하고 있다.

"그러므로 좀 더 시험 삼아 논해 보자. 하, 은, 주 3대로부터 내려오면서 천하는 물(物)로써 그 천성을 바꾸지 않은 이가 없으니, 소인은 자신을 이익을 위해 죽이고, 선비는 자신을 이름을 위해 죽이고, 대부는 몸을 가정을 위해 죽이고, 성인은 몸을 천하를 위해 죽였다.

그러므로 이 사람들은 사업은 같지 않고 명성도 달랐지만 그들이 천성을 죽이고 몸을 희생한 것은 한결같다."

(변무편)

나의 타고난 좋은 본성을 잃으면서 명예나 물질을 얻는다면 그것이 무슨 소용이 되겠는가? 라고 묻고 있는 것이다. 천하를 얻고도 목숨을 잃으면 그것이 무슨 의미가 있느냐 하는 것과 같다. 다음과 같은 비유를 들면서 이것을 설명하기도 한다.

"사내종과 계집종이 다 같이 양을 치다가 함께 그 양들을 잃었다. 사내종에게 무엇 때문이냐고 물었더니 책을 끼고 글을 읽었다 하고 계집종에게 무엇을 하였느냐고 물으니 주사위 놀이를 하며 놀았다고 하였다. 결국 이 두 사람이 한 일은 다르지만 양을 잃은 것은 똑같다."

(변무편)

명예를 위하여 인간이 얼마나 미친 짓을 하고 있는지를 뼈저리게 느낀 장자는 심지어 천하를 위하여 죽은 것도 비판의 대상으로 삼았다. 사실은 천하를 위한다지만 그것은 명분이고 자신의 끝없는 탐욕을 채우기 위하여 사람을 마구 죽이고도 양심의 가책을 느끼지 못하는 것이다.

이러한 양심의 마비는 어디서 오는 것일까? 대의를 위하여 그렇게 했다는 명분을 댈 수 있으면 아무런 양심의 가책을 느끼지 않을 수 있다. 일종의 자기합리화고 자기도취다. 인식과 의지의 주체자인 자기가 한 짓이 아니고 자신의 주체성을 감춘 채 엉뚱하게 밖의 명분에다 자신의 행위를 정당화시키는 것이다. 욕심 많은 지도층이 하는 양심의 마비는 여기에 있다. 마치 손으로 사람을 죽이고는 내가 죽인 것이 아니라 손이 죽였다고 핑계를 대는 것과 같다. 지도층이 책임을 지려고 하지 않는 것은 다 이와 같은 방식의 궤변을 통해서 한다. 그러니 집을 털어 재물을 약탈하는 도둑들과 인의를 표방하여 책임을 지지 않는 것과 무슨 차이가 있겠는가? 높은 자리에 앉은 자들이 온갖 악행을 하고는 그것은 내가 한 것이 아니라 내 부하가 한 것이라고 하면서 송사리 같은 부하들에게 책임을 떠넘기는 것은 자기 손이 한 것이지 내가 한 것이 아니라고 궤변을 늘어놓는 것과 같다.

(2-3) 도(道)로부터 앎을 얻은 자가 참 기쁨을 얻는다

위에서도 인용했던 바이지만 노자는 얕은 지혜를 사용하는 것이 온갖 우환의 원인이 된다는 것을 지적하였다. 그리하여,

> 인간적인 총명과 지혜(聖智)를 끊어 버릴 때
> 백성들의 이로움은 백배가 될 것이요,
> 인위적(人爲的)인 도덕률(道德律: 仁義)을 던져 버릴 때
> 백성들은 참된 효(孝)와 자(慈)로 돌아갈 것이며,
> 간교한 기술이나 영리함(巧利)을 끊어버릴 때
> 도둑이 생겨나지 않으리로다.
>
> (19장)

라고 하여 인간의 지혜와 인위적인 도덕률과 이기심을 갖지 말고 마음 안을 살찌도록 하라고 하였다. 장자도 이것을 이어받아 현실에 가장 큰 해독을 끼치는 것은 얕은 지혜를 사용하는 것이라고 한다. 얕은 지혜란 무엇인가? 도를 아는 지혜가 아니고 하나의 도구에 불과한 지

식을 가지는 것을 말한다. 지식은 하나의 도구적 성격을 가지고 있는 것에 불과하다는 것을 모르고 그것으로 온갖 사물을 재단하려는 말은 지혜를 비난하는 것이다. 그러므로 이들은 많이 안다고 하나 사실은 알지 못하고 있으며 이러한 얕은 지혜는 가지면 가질수록 인간의 우환만이 깊어진다는 것이다. 이런 종류의 지혜를 윗사람이 좋아하면 어리석음은 천하에 가득 차게 되어 순수한 본성을 간직하고 사는 사람은 바보취급을 받게 된다. 이러한 이치를 장자는 다음과 같이 말하였다.

"이와 같이 윗사람이 지혜를 좋아할 줄만 알고 도가 없으면 천하는 크게 어지러워진다. 어째서 그런 줄을 아는가? 대저 활, 쇠뇌, 새 그물, 주살 따위의 기구를 쓰는 지혜가 많아지자 새들은 상공으로 어지러이 날게 되었고, 낚시, 미끼, 작은 그물, 삼태그물, 통발 따위를 쓰는 지혜가 많아지자 물고기들은 물속으로 어지러이 숨었고, 짐승 잡는 그물을 펼치는 긴 막대기, 짐승 잡는 그물 따위를 사용하는 지혜가 많아지자 짐승들은 들에서 도망치게 되었다. 이와 같이 교묘한 속임수, 음험한 중상, 교활한 언사, 견강부회의 우롱, 더러운 욕설, 무익한 궤변 따위가 많아지자 세속은 변론에 현혹되었다."

사람들은 점점 영악해져서 말 못하는 자가 없게 되었지만 세상은 점점 더 각박해지고 있는 것도 이와 같은 이치에서 알 수 있다. 특히 윗사람이나 지배자가 교묘한 언사로 백성을 속이거나 궤변을 구사하면 국민들은 더욱 영악해져서 그 지배자의 머리 꼭대기에 올라앉으려고 할 것이다. 새를 잡는 지식과 도구가 발달되면 새들은 하늘 높은 데로 더 올라갈 것이며 물고기를 잡는 도구가 발달하면 물고기들은 물 속 깊은 데로 더 내려가 인간의 손길이 닿지 않는 곳으로 달아나는 것처럼 지배자가 얕은 지식의 도구로 잔꾀를 부리면 백성들은 그 지배자들보다 더 높이 더 깊이 달아날 것이다. 결국 이것은 얕은 지혜를 부추기는 것과 같아서 날로 세상은 각박해질 수밖에 없다는 이치를 말하는 것이다. 이런 것을 일러서 하나는 알고 둘은 모르는 똑똑바보라고 하는 것이다. 그러므로 진정한 지도자는 백성의 마음을 순박하게 하는 것이다. 그런 방향으로 나아가지 않고는 그 나라를 유지해가기가 쉽지 않다는 것을 알 수 있다. 그래서 장자는 또 이렇게 말하고 있다.

"그러므로 천하는 모두 그 알지 못하는 것을 구할 줄만 알고, 이미 알고 있는 것을 찾을 줄을 모르며, 모두가 다 그 착하지 못한 것을 비난할 줄만 알고, 그 이미 착한 바가 때로는 틀린 것인 줄을 모른다. 그러므로 천하는 크게 어지러워진 것이다. 그런 까닭으로 위로는 일월의 광명을 흐리게 하고 아래로는 산천의 정기를 녹이며 중간으로는 사시의 운행을 해치게 하여 꿈틀거리는 작은 벌레, 수풀을 나는 동물까지도 그 본성을 잃지 않음이 없다. 그러니 심하다 지혜를 좋아함이, 천하를 어지럽히는 것이. 하, 은, 주 3대로부터 이러하였다. 저 소박한 백성들을 버리고 또 힘써 꾸미는 망령된 자를 좋아했으며, 저 염담한 무위(無爲)의 생활을 버리고 저 보잘것없는 어지러운 생각이 천하를 어지럽게 한 것이다."

사람이 정말 알아야 할 것은 모르고 얕은 지혜만 늘어가는 것이 우환의 원흉이 된다는 것을 말하고 있다. 그 얕은 지혜가 우리의 타고난 본성을 상하게 하는 바가 크다는 것을 알 수 있다. 장자는 이러한 알아서는 안 되는 얕은 지혜, 쓸데없는 지혜를 변무(騈拇)와 지지(枝指)라는 말로 표현하였다. 변무는 엄지발가락과 둘째발가락이 붙어서 자

라는 것이고, 지지는 손에 쓸모없는 손가락이 옆에 난 것인데 모두 인
간의 본성에서 나온 것 같지만 마땅히 있어야 할 것은 아니고 없어도
되는 것을 말한다. 또 이러한 얕은 지혜를 부췌(附贅)나 현우(懸疣)라
고도 하였다. 부췌나 현우는 모두 혹을 말하는데 이것들은 인간의 본
성에는 부합되지 않는 것을 가리킨다. 장자는 이 경우 그 말은 지혜를
인의(仁義)에 초점을 맞추어 공맹사상을 공격하였지만, 우리는 얕은
지혜를 사용하는 자들을 공격하는 것으로 보는 것이 좋을 듯하다.

"변무(騈拇)와 지지(枝指)는 선천적으로 생긴 것이다. 그러나 보통
으로 사람이 하늘에서 받은 덕으로는 군더더기다. 혹이나 사마귀는
후천적으로 생기나 천성으로 보면 군더더기다. 이와 같이 모든 방
면에 인의(仁義)를 베풀어 그것을 써서 오장(五臟)의 작용에 응하
도록 늘어놓으니 진정한 도덕은 아니고 인위적으로 군더더기에 불
과하다. 그러므로 네 발가락은 필요 없는 고깃덩어리요, 여섯 손가
락은 쓸데없는 손가락이다. 오장의 진상(眞相)에 이것저것 무익한
여분을 첨가하는 것은 인의의 행동에 빠져서 총명의 활동을 덧붙이
는 것이다."

장자의 입장에서 보면 공맹사상도 공격의 대상이 되는데 하물며 인
간의 얕은 지혜를 구사하여 사람을 교묘하게 속이는 자들에 있어서야
말해 무엇하겠는가?

그러면 어떻게 하는가? 우리의 관점을 정반대로 해야 한다. 우리의
관점을 밖으로 돌리는 것을 버리고 안으로 되돌아와서 자신의 본성에
서 진정한 보물을 발견해야 할 것이다.

사실 따지고 보면 밖으로 총천연색의 현상에 매혹되어 이끌리는 사
람이 항상 얕은 지혜를 사용하는 것이라고 할 수 있다. 그들은 안으로

눈을 돌려 그 안에서 진정한 기쁨을 발견하지 못한다. 우리의 눈을 밖을 향하여 통달한 자들을 나열한다면 인의(仁義)에 통달한 증삼(曾參)이나 사추(史鰌), 오미(五味)에 통달한 유아(兪兒), 오성(五聲)에 통달한 사광(師曠), 오색(五色)에 통달한 이주(離朱) 등을 들 수 있을 것이다. 인의를 오미, 오성, 오색과 같은 감각적인 것을 통해 얻는 경험적인 지식의 차원으로 보는 것이 특이하다. 우리의 눈이 밖을 향하여 많을 것을 알아서 비록 똑똑하다는 소리를 듣더라도 그는 진정으로 아는 것이 없는 자라는 것이 장자의 생각이고 얕은 지혜라고 하는 것은 바로 이와 같은 앎을 이룩한 자들을 말한다.

"또한 대저 그 천성을 인의에다 귀속시킬 것 같으면 증자나 사추(史鰌)처럼 인의에 통달했다 해도 내가 말하는 훌륭함이 아니다. 그 천성을 오미(五味)에다 귀속시킨다면 비록 유아(兪兒)처럼 맛에 통한다 해도 그것은 내가 말하는 어짊이 아니다. 그 천성을 오성에다 귀속시킨다면 비록 사광(師曠)처럼 음률에 통했다 해도 내가 말하는 귀밝음이 아니다. 그 천성을 오색에다 귀속시킨다면 비록 이주(離朱)같이 빛깔에 통한다 해도 내가 말하는 눈밝음이 아니다."

증삼과 사추는 자기의 본성을 전부 인의의 도에 투입하고, 유아는 자기의 본성을 전부 신맛, 단맛, 매운맛 등을 판별하는 데로 투입하였으며, 사광은 음률 속에 빠져서 화려하게 살았고, 이주는 색깔을 판별하느라고 바쁘게 살았지만 이것은 결코 전정으로 귀가 밝고 눈이 밝은 것이 아니라는 것이다. 그들은 말은 지혜를 가지고 있는 자들이다. 그러면 진정으로 눈이 밝고 귀가 밝은 것이란 무엇인가? 장자는 그것을 다음과 같이 말하고 있다.

"내가 훌륭하다고 말하는 것은 인의를 말하는 것이 아니고 덕을 완전하게 하는 것을 말할 뿐이다. 내가 훌륭하다고 말하는 것은 인의를 말하는 것이 아니고 그 성명(性命)의 자연을 따르는 것이다. 내가 이른바 귀밝음이란 저 외부의 소리를 듣는 것이 아니라 자신 속의 것을 듣는 것이다. 내가 이른바 눈밝음이란 저 밖의 것을 보는 것이 아니라 자신 속의 것을 보는 것이다. 대개 사람은 자기는 못보고 남을 보거나 자기 것은 못 가지고 남의 것만 가지려 한다면, 이는 남이 얻은 것만 얻으려 하고 자신이 얻는 것에는 만족하지 않는 사람이고 남이 즐거워하는 것으로만 나아가고 자신의 즐거움을 스스로 즐거워하지 않는 사람인데 이것은 이욕만 가진 도척의 악이나 이름을 내려는 백이의 선이나 똑같이 잘못된 것이다."

우리의 눈을 밖으로만 돌리는 사람들은 자신 안에 진정한 보화가 있는 것을 모르고 발견하려고 하지도 않으며 진정으로 그 안에 기쁨이 있고 삶의 충만이 있다는 것을 모르기 때문에 미친 듯이 밖으로 나아가 경쟁을 한다.

그래서 노자도 사람을 미치게 하는 것이 이러한 밖으로의 감각만을 추구하는 것이라고 하였다.

오색(五色)은 사람을 눈멀게 하고,
오음(五音)은 사람을 귀머거리 되게 하고,
오미(五味)는 사람의 입맛을 상하게 하도다.
말달리며 사냥하면 사람의 마음을 미치게 하며,
얻기 힘든 재화(財貨)는 사람의 행위를 비뚤게 하도다.

그러므로 성인은 (靈的으로) 배불리기에 힘쓰고,

외적인 겉치레에 힘쓰지 아니하느니라.
따라서 저것을 버리고 이것을 취하도다.

(12장)

밖에 있는 인의를 추구하는 것은 결코 진정한 성이 아니고, 밖에 있
는 음률을 잘 판별하는 것은 진정한 귀밝음이 결코 아니며, 밖에 있는
색을 잘 인식하는 것은 진정으로 눈이 밝은 것이 결코 아니라는 것이
다. 그렇다면 노장철학에서 말하는 진정으로 선악 총명의 기준은 무
엇인가? 그것은 자연스런 본성에 맡기는 것이고 소위 총명이라는 것
은 스스로 듣고 스스로 보는 것이다. 자신이 얻는 것에 흡족해 하고
자신의 즐거움에 자적(自適)한다는 것은 어떤 외재적인 강제나 속박
을 받지 않음을 말하고 자연적인 인간 본성의 해방을 말하는 것이다.
그런데 밖을 추구하는 자들은 필연적으로 남과의 비교를 하게 된
다. 총명에 있어서도 더 총명한 것과 덜 총명한 것이 있으며, 잘 듣는
것에도 더 잘 듣는 것과 덜 잘 듣는 것이 있게 마련이다. 밖을 추구하
여 소유하는 경쟁을 하게 되면 많이 가진 자는 더 가지려고 하고 덜
가진 자는 많이 가진 자를 미워할 것이다. 그런데 비하여 안으로 보는
자는 그 안에 밖의 총천연색보다 더 찬란한 것이 있음을 보기에 그
무엇과 비교하지 않으며 안으로 들을 수 있는 자는 밖의 어떤 찬란한
소리도 하나의 소음에 불과하다는 것을 안다. 그리하여 속으로부터
기쁨이 솟아난다. 우리에게는 이처럼 안으로 살찌는 교육이 없어서
모든 국민을 밖으로 몰아 경쟁을 시키면서 온 국민을 미치게 만들고
있다. 온 국민을 얕은 지혜만을 가지는 자를 만드는 지금의 교육은 시
정되지 않으면 안 되는데 그 관건은 눈을 밖을 향하여 탐구하는 것에
못지않게 혹은 더욱 중요하게 눈을 안으로 향하도록 하는 교육이 이
루어져야 할 것이다.

그것이 도대체 무엇인가? 어떻게 하면 자기의 타고난 성명(性命)에 편안하여 기쁨을 느끼며 살 수 있을까? 노장철학이 가르쳐 주는 바를 다시 상기한다면 우선 우리의 지성은 밖으로 얕은 지식에서 그러한 근원적인 기쁨을 얻을 수 없다는 것을 깨달아야 한다. 안으로 내적인 면을 살찌우도록 하기 위하여 세계의 상징적 의미들을 안으로 들을 수 있는 마음의 훈련을 해야 한다. 베토벤은 귀가 먹었지만 자연의 소리를 들을 수 있어서 오히려 정상인이었을 때보다 더 좋은 불후의 명작을 남겨 놓았다. 그리하여 인간의 얕은 지성이 아니라 지성의 지성인 도(道)로부터 앎을 얻는 자가 되어야 참 기쁨을 얻을 수 있다.

두 번째로는 우리의 의지를 밖을 향하여 욕심을 채우려는 방향에서가 아니라 의지의 의지인 도에 맡기는 자세에서 참 기쁨이 있게 될 것이다. 그것이 타고난 성명에 편안한 것이다. 이 모든 것은 인식의 주체요 의지의 주체인 참 자유인인 '나'라는 주체가 결정하는 것이다. 이러한 마음의 자세만이라도 갖게 되면 이 세상이 무의미한 것이거나 살벌한 경쟁의 전쟁터가 아니라 매우 평화스러운 상징성이 풍요로운 곳이라는 것을 알게 될 것이다. 그것을 하나의 예를 들어 설명해 보자.

여기에 점들과 선들로 무질서하게 그려져 있는 큰 종이가 있다고 하자. 그것을 가리키며 사람들에게 여기에 무엇이 보이느냐고 하면 아마도 무질서밖에 보이는 것이 없다고 할 것이다. 어떤 사람은 권총이 보인다고 하고 어떤 사람은 여자의 얼굴이 보인다고 할지도 모른다. 그 무질서한 점과 선에서 자신의 마음에 떠오른 대로 연결시켜 바라보게 될 것이다. 대부분은 아무것도 보이지 않는 무질서한 점과 선의 뒤범벅이라는 것을 볼 뿐 거기서 어떤 의미 있는 것을 발견하지 못한다. 그러나 지성의 지성이요, 의지의 의지인 도와 연결된 마음을 가진 사람은 그 점과 선에서 남이 못 보는 의미 있는 뜻을 발견하게 될 것이다. 그 점과 선은 우리의 현실을 상징한다.

현실은 무의미한 것이 아니라 거기에는 삶의 의미가 풍요하게 펼쳐
져 있는 우주의 무대라는 것을 발견할 수 있다. 삶에서 풍요한 상징적
의미를 보는 사람은 하루하루가 새롭다. 어제가 오늘이요 오늘이 내
일인 반복된 의미밖에 볼 수 없는 사람은 삶의 상징적 의미를 모르고
자신의 말은 지성과 욕망에 갇혀 사는 사람이다. 그래서 인생은 의미
가 없고 지겹다고 한다. 사는 것이 아니라 그냥 지지고 볶는 것이라고
한다. 얕은 지성으로 경쟁을 하는 사람은 남과의 비교를 하며 자신의
열등감을 안으로 삭이거나 투쟁을 불태울 것이다. 거기에 무슨 행복
이 있겠는가? 삶에서 풍요한 상징적 의미를 발견하는 사람은 저절로
동서고금의 성현들의 말씀에 귀를 기울이고 거기서 기쁨을 느끼게 될
것이다. 자신이 마음으로 대화하는 상대자를 거기서 발견할 수 있게
된다.

사람의 마음은 밭과 같다. 밭이 기름지면 거기에 씨를 뿌려서 풍요
로운 소출을 할 수 있다. 밭이 기름지게 되려면 일시에 소나기가 내리
는 것보다는 이슬비가 촉촉이 내려야 깊은 곳까지 물이 스며들어 기
름지게 될 것이다. 여기서 그 이슬비에 해당하는 것이 성현들이 도를
말씀한 것이라고 비유할 수 있다. 오랜 가뭄으로 굳어 있는 마음이 별
안간 소나기처럼 도에 관하여 강의를 들었다고 하더라도 그 마음의
밭이 기름지게 되지 않는다. 밭을 기름지게 하는 것은 이슬비만한 것
이 없다. 이슬비를 받으려면 마음의 자세가 요구된다.

마음을 외적인 곳에 빼앗기지 않고 고요해야 하며 나의 지성과 의
지를 도에 일치시켜서 나의 타고난 성명을 회복하고 편안해야 한다.
그러면 이제까지 보지 못했던 것이나 듣지 못했던 것이 보이기 시작
하고 들리기 시작할 것이다. 그것을 오래 지속하면 더 작은 형체와 소
리도 들리게 될 것이다. 도대체 형체와 소리라는 것도 오해의 소지가
있다. 마음으로 느끼는 거기에 무슨 물리적인 형체와 소리가 있겠는

가? 나의 지성이 내적인 것을 향하여 인식하려 하고 나의 의지가 성명에 편안하려는 자세를 가지게 되면 지성의 지성이요 의지의 의지인 도가 내 마음에서 작용하여 더욱 큰 자율성을 획득하고 마음의 밭은 기름지게 된다. 그러면 온갖 식물이 그 밭에서 자라고 꽃이 만발하여 아름다운 정원을 가꾸게 되는데 마음의 정원을 한가하게 산책하는 기쁨을 경험한 사람이 있는가? 그것을 경험한 사람이 있다면 밖의 살벌한 경쟁에서 아비규환을 이루는 것과 어떻게 비교되는지를 알 것이다. 안에서 솟는 기쁨이 아니면 진정한 기쁨이라 할 수 없다. 안에서 솟는 기쁨은 그 누구도 빼앗아 갈 수 없다. 밖에서 물질이나 명예에서 기쁨을 찾는 사람은 그것을 언젠가 빼앗길까 두려워하겠지만 설사 빼앗기지 않고 비교적 오래 지속한다 하더라도 그것은 진정한 기쁨이 아니기 때문에 마음에는 언제나 공허함이 남을 것이다. 왜냐하면 인간은 육체적인 존재만이 아니고 정신적인 존재이기 때문이다. 정신적 존재에게는 빵만 있으면 되는 것이 아니고 정신의 양식이 반드시 필요하다. 그런데 진정한 정신의 양식은 도로부터 온다. 밖의 것을 획득함으로써 정신의 기쁨을 맛보는 사람도 있겠지만 그것은 진정한 것이 아니다. 그래서 예수는 내가 주는 물을 마시는 자는 영원히 목마르지 않으리라고 하였다. 샘물은 밖에서 와서 모인 물이 아니라 안의 저 깊은 곳에서 저절로 솟아나는 것이다. 도라는 샘에서 솟는 물을 마시는 자는 영원히 목마르지 않다고 해도 좋을 것이다. 그것이 진정한 기쁨이다.

도(道)로부터 샘이 솟는 물을 마시는 사람의 마음의 밭은 기름지기 때문에 온갖 화려한 꽃들을 피우는 아름다운 정원을 가꾸게 되겠지만 그렇지 못한 사람은 설사 좋은 성현의 말씀을 듣는다 하더라도 아무런 영향도 미치지 못할 것이다. 성서에는 사람의 마음 밭에 관한 좋은 비유를 들고 있다.

예수께서 그들에게 여러 가지를 비유로 말씀해 주셨다. "씨 뿌리는 사람이 씨를 뿌리러 나갔다. 씨를 뿌리는데 어떤 것은 길바닥에 떨어져 새들이 와서 쪼아 먹었다. 어떤 것은 흙이 많지 않은 돌밭에 떨어졌다. 싹은 곧 나왔지만 흙이 깊지 않아서 해가 뜨자 타버려 뿌리도 붙이지 못한 채 말랐다. 또 어떤 것은 가시덤불 속에 떨어졌다. 가시나무들이 자라자 숨이 막혔다. 그러나 어떤 것은 좋은 땅에 떨어져서 맺은 열매가 백배가 된 것도 있고 육십 배가 된 것도 있고 삼십 배가 된 것도 있었다. 들을 귀가 있는 사람은 알아들어라."

(마태 13, 1~9)

여기서 씨앗은 영원한 생명을 주는 하느님의 말씀이나 성령을 상징한다고 할 수 있지만 사람의 마음으로 비유된 것은 길바닥, 돌밭, 가시덤불, 좋은 땅(기름진 밭) 등 다양하게 비유하였다. 어떤 사람의 마음이 길바닥과 같으며 돌밭과 같고 가시덤불과 같으며 좋은 밭과 같은가? 길바닥과 같은 마음은 그 마음이 항상 길바닥에 나가 있는 사람의 마음일 것이다.

어떤 스님의 한탄을 들은 적이 있는데, 수도에 입문한 사람이 노동하며 수도하기를 좋아하지 않고 서울 시내를 활보하기를 좋아하는 사람이 있다는 것이다. 이 사람 저 사람 만나서 분주다사하게 지내며 좋은 음식점과 찻집을 드나들고 승용차를 몰고 다니는 사람은 출가를 하기는 했지만 길바닥과 같은 마음이어서 설사 좋은 법문(法文)을 들었다고 하더라도 그 법문이 그 마음에서 자라기는 어려울 것이다. 어떤 사람이 돌밭 같은 마음을 가진 사람인가? 마음이 굳어져 있어 진리를 받아들이려고 하지 않는 사람이 여기에 해당될 것이다. 이런 사람은 비록 몸이 절간에 있거나 교회 안에 있다고 하더라도 이슬비가 그 마음을 촉촉이 적시기는 어려울 것이다. 메마르고 건조한 마음을

가진 사람이기 때문에 불만이 많고 공격적이며 자기주장이 강한 사람
일 것이다. 어떤 사람이 가시덤불과 같은 마음을 가진 사람인가? 세
속의 쓸데없는 일들에 관심이 많아서 가시덤불처럼 얽히고설킨 것이
난마와 같은 마음을 가리킬 것이다. 이런 마음에는 설사 씨가 뿌려지
더라도 가시덤불이 햇빛을 가리고 자양분을 모두 빼앗을 것이기 때문
에 그 씨가 싹트기도 전에 모두 죽어 버릴 것이다. 이상으로 왜 사람
은 좋은 밭을 가꿀 수 없는지 알 수 있다. 무엇을 어떻게 해야 하는지
도 어느 정도 알 수 있을 것이다.

　자신의 마음을 길바닥과 같이 만들거나 돌밭과 같이 만들거나 가시
덤불과 같이 만드는 주체는 자유를 가지고 있는 나 자신이다. 우리의
마음을 길바닥, 돌밭, 가시덤불과 같이 만든 것은 인식과 의식의 주체
인 내가 오로지 밖을 향해서만 마음을 사용하고 나의 내면을 가꾸려
고 하지 않았기 때문에 생긴 것이다.

신역도덕경(新譯道德經)

신역도덕경(新譯道德經)

제1장 체도(體道) : 도는 형이상학적 실체

(1) 道可道 非常道 名可名 非常名 無 名天地之始 有 名萬物之母
　　도가도 비상도 명가명 비상명 무 명천지지시 유 명만물지모

　　도(道)라고 표현된 도는 이미 영구불변의 도가 아니요
　　이름 지어표현된 이름 또한 영구불변의 이름이 아니니라.
　　무(無 : 無極, 道)는 천지의 시원(始源)을 말하는 것이요
　　유(有 : 太極, 天地)는 만물의 어머니를 이름이로다.

(2) 故常無 欲以觀其妙 常有 欲以觀其徼
　　고상무 욕이관기묘 상유 욕이관기요

　　그러므로 늘 무욕(無欲)으로써 그(道)의 오묘함을 보고저하고
　　늘 유욕(有欲)으로써 그(天地) 현상(現象)을 보고저하노라.
　　무(無 : 無極)와 유(有 : 太極)는 하나이로되
　　이름이 다를 뿐이로다.

(3) 此兩者 同出而異名 同謂之玄 玄之又玄 衆妙之門
　　차량자 동출이이명 동위지현 현지우현 중묘지문

　　이 둘은 하나에서 나와 이름을 달리하며
　　다 같이 현묘하다 하리로다.
　　실로 오묘하고 또 오묘하니
　　모든 오묘함의 문(門 : 原理)이로다.

제2장 양신(養神) : 성인이 무위로 자라게 하는 방법

(1) 天下皆知美之爲美 斯惡已 皆知善之爲善 斯不善已
   천하개지미지위미 사악이 개지선지위선 사불선이

   세상 사람들이 모두 아름답다고 해서
   아름다운 줄로 알지만 그것은 추한 것일 뿐이요
   세상 사람들이 모두 선한 것이라 함으로 해서
   선한 줄로 알지만 그것은 선하지 않은 것일 뿐이로다.

(2) 故有無相生 難易相成 長短相形 高下相盈 音聲相和
   고유무상생 난이상성 장단상형 고하상영 음성상화
   前後相隨 恒也
   전후상수 항야

   그러므로 유와 무는 상생(相生)하고(서로 낳아주고)
   난(難)과 이(易)는 상성(相成)하고(서로 상보적인 것이고)
   장(長)과 단(短)은 상형(相形)하고(서로 상대적인 것이고)
   고(高)와 하(下)는 상경(相傾)하고(서로 비교적인 것이고)
   음(音)과 성(聲)은 상화(相和)하고(서로 조화를 이루고)
   전(前)과 후(後)는 상수(相隨)하기 때문이로다(서로 뒤따르느니라).

(3) 是以 聖人處無爲之事 行不言之敎 萬物作而不辭 生而不有
   시이 성인처무위지사 행불언지교 만물작이불사 생이불유
   爲而不恃 攻成而不居 夫唯不居 是以不去
   위이불시 공성이불거 부유불거 시이불거

   이 때문에 성인(聖人)은 무위(無爲)로 일을 처리하고
   불언지교(不言之敎)로써 가르치느니라.

(도는) 만물이 다 생겨나도록 하되 간섭하지 않고
자라나도록 하되 소유하지 않고
행하되 뽐내지 않고
공을 세우고도 그것에 집착하지 않도다.
그것(자신이 세운 공)에 집착하지 않으므로 해서
그의 공은 사라지지 않도다.

제3장 안민(安民) : 백성을 진정으로 편하게 하는 길

(1) 不尙賢 使民不爭 不貴難得之貨 使民不爲盜 不見可欲
　　불상현　사민부쟁　불귀난득지화　사민불위도　불현가욕
使民心不亂
사민심불란

현명하다는 사람들을 숭상하지 말아야
국민들이 다투지 않게 하리로다.
얻기 어려운 재화(財貨)를 진귀하게 여기지 말아야
국민들이 훔치지 않게 할 수 있으리로다.
탐욕을 내지 않는 것을 보여 주어야
국민들로 하여금 마음을 어지럽히지 않게 하리로다.

(2) 是以 聖人之治 虛其心 實其腹 弱其志 强其骨
　　시이　성인지치　허기심　실기복　약기지　강기골

그러므로 성인(聖人)의 다스림은
국민으로 하여금 그 마음을 비우게 하고 그 배는 실(實)하게 하고
국민으로 하여금 그 헛된 뜻은 약하게 하고
그 참된 뼈는 강하게 하도다.

(3) 常使民 無知無欲 使夫智者 不敢爲也 爲無爲 則無不治
　　상사민　무지무욕　사부지자　불감위야　위무위　즉무불치

늘 국민으로 하여금 무지(無知) 무욕(無欲)하게 하고
지혜롭다는 자들로 하여금 수작을 못 부리게 하도다.
무위(無爲)로 하니 다스려지지 않는 것이 없으리로다.

제4장 무원(無源) : 근원을 알 수 없는 도는 마치 없는 것과 같다

(1) 道沖 而用之 或不盈 淵兮 似萬物之宗
도충 이용지 혹불영 연혜 사만물지종

도(道)는 텅 비어 있으되 아무리 써도

그 효능은 무궁하여 다함이 없도다.

그 깊고도 고요함이여

만물의 종(宗 : 根源)과도 같도다.

(2) 挫其銳 解其粉 和其光 同其塵
좌기예 해기분 화기광 동기진

(도는) 세상의 예리함을 무디게 하고

그 어지러움을 풀고

그 빛을 부드럽게 하고

그 불결함에 동화하도다.

(3) 湛兮 似或存 吾不知其誰之子 象帝之先
침혜 사혹존 오부지기수지자 상제지선

깊고도 깊도다, 영원히 존재하는 듯하도다.

나, 도(道)가 누구의 아들인지 모르겠으나

천제(天帝) 보다도 앞서 있는 것 같도다.

제5장 허용(虛用) : 도는 텅 비어 있으나 무한히 쓸모가 있다

(1) 天地不仁 以萬物爲芻狗 聖人不仁 以百姓爲芻狗
천지불인 이만물위추구 성인불인 이백성위추구

천지는 불인(不仁)하니
만물을 지푸라기로 만든 개처럼 다루도다.
성인(聖人) 또한 불인(不仁)하니 백성을
지푸라기로 만든 개처럼 다루도다.

(2) 天地之間 其猶橐籥乎 虛而不屈 動而愈出
천지지간 기유탁약호 허이불굴 동이유출

하늘과 땅 사이는 풀무와도 같은 것
텅 비어 있어도 다함이 없고
움직일수록 더욱 많은 기운이 나오도다.

(3) 多言數窮 不如守中
다언삭궁 불여수중

말이 많으면 자주 소진되는 법
그 고요함(中)을 지키는 것만 못하리로다.

제6장 성상(成象) : 눈에 보이지 않는 도(道)이나 현상계를 낳는다

(1) 谷神不死 是謂玄牝 玄牝之門 是謂天地根
곡 신 불 사 시 위 현 빈 현 빈 지 문 시 위 천 지 근

골짜기의 신(谷神)은 죽지 않으리니
이를 일러 현빈(玄牝 : 유현한 암컷)이라 하도다.
현빈의 문(門), 이를 일러 천지의 뿌리라 하느니라.

(2) 綿綿若存 用之不勤
면 면 약 존 용 지 불 근

영원으로부터 연이어져 온 것 같으며
써도 써도 지칠 줄 모르도다.

제7장 도광(韜光) : 영원한 빛이지만 빛을 숨기고 있는 도

(1) 天長地久 天地所以能長且久者 以其不自生 故能長生
　　천장지구 천지소이능장차구자 이기부자생 고능장생

　하늘은 영원하고 땅은 구원(久遠)하도다.

　하늘이 영원하고 땅이 구원할 수 있는 것은

　자신을 위해 살지 않기 때문이니

　그러므로 천지는 영원하고 오래 살 수 있느니라.

(2) 是以聖人後其身而身先 外其身而身存 非以其無私邪
　　시이성인후기신이신선 외기신이신존 비이기무사야
　　故能成其私
　　고능성기사

　이런 까닭으로

　성인(聖人)은 자신을 (남보다) 뒤에 둠으로써

　남보다 앞서게 되고

　그 몸을 (남을 위해) 버림으로써

　영원히 살게 되도다.

　이는 (성인에게) 사심(私心)이 없기 때문이 아니겠는가?

　(성인은) 결국 이렇게 해서

　자신을 이루게 되는 것이니라.

제8장 역성(易性) : 최고의 선(善)은 물과 같다

(1) 上善若水 水善利萬物而不爭 處衆人之所惡 故幾於道
상선약수 수선리만물이부쟁 처중인지소오 고기어도

최고의 선(善)은 물과 같도다.

물은 능히 만물을 이롭게 하되 만물과 다투지 않고

모든 사람이 싫어하는 낮은 곳에 처(處)하도다.

그러므로 물은 도(道)에 가까운 것이니라.

(2) 居善地 心善淵 與善仁 言善信 政善治 事善能 動善時
거선지 심선연 여선인 언선신 정선치 사선능 동선시

(성인은)

선지(善地 : 가장 좋은 곳, 낮은 곳)에 거(居)하고

선연(善淵 : 가장 깊은 곳, 그윽한 곳)에 마음을 두고

선인(善仁 : 최고의 인<仁>, 진정한 사랑)을 베풀고

선신(善信 : 최고의 성실성)을 말하고

선치(善治 : 최고의 질서)로 다스리고

선능(善能 : 최고의 효능<效能>)으로 일하고

선시(善時 : 가장 적합한 때)에 따라 움직이느니라.

(3) 夫唯不爭 故無尤
부유부쟁 고무우

대저 (道, 물, 聖人은) 아무와도

다투지 않으므로 허물이 없느니라.

제9장 운이(運夷) : 도로써 잘 처신하는 법

(1) 持而盈之 不如其已 揣而銳之 不可長保
　　지이영지　불여기이　췌이예지　불가장보

갖고 싶은 것을 채우는 것은
그만두는 것만 못할 것이며
두들겨 날카롭게 한 것은
오래 보존할 수 없느니라.

(2) 金玉滿堂 莫之能守 富貴而驕 自遺其咎
　　금옥만당　막지능수　부귀이교　자유기구

금(金)과 옥(玉)으로 집을 채우면
능히 그것을 지킬 수 없을 것이며
부(富)하고 귀(貴)하다 하여 오만해지면
스스로 그 화를 끼치게 되느니라.

(3) 功遂身退 天之道也
　　공수신퇴　천지도야

공을 세우면 스스로 물러나는 것이
하늘의 도리이니라.

제10장 능위(能爲) : 현덕(玄德)을 지닌 자는 능하다

(1) 載營魄抱一 能無離乎 專氣致柔 能嬰兒乎 滌除玄覽 能無疵
　　재 영 백 포 일 능 무 리 호 전 기 치 유 능 영 아 호 척 제 현 람 능 무 자
乎 愛民治國 能無爲乎 天門開闔 能爲雌乎 明白四達 能無知乎
호 애 민 치 국 능 무 위 호 천 문 개 합 능 위 자 호 명 백 사 달 능 무 지 호

(몸에) 영백(營魄, 魂魄 : 마음)을 싣고

일자(一者 : 道, 절대자)를 품어 안아(抱一)

떨어지지 않는다면 얼마나 좋을꼬!

기(氣 : 精神)에 집중하여 부드럽게 됨으로써

어린아이와 같이 될 수 있으면 얼마나 좋을꼬!

현묘한 마음의 거울을 깨끗이 닦아서

티가 없이 할 수 있다면 얼마나 좋을꼬!

백성을 사랑하고 나라를 다스리되

무위(無爲)로써(인간의 꾀로써 말고) 할 수 있다면 얼마나 좋을꼬!

천문(天門)의 열고 닫음을 암컷과 같이 할 수 있다면(자연스럽게

위탁할 수 있다면) 얼마나 좋을꼬!

모든 일에 통달하여 있으면서도

무지자(無知者)로 자처할 수 있다면 얼마나 좋을꼬!

(2) 生之畜之 生而不有 爲而不恃 長而不宰 是謂玄德
　　생 지 휵 지 생 이 불 유 위 이 불 시 장 이 부 재 시 위 현 덕

(천지만물을) 낳고 또 기르도다!

낳고도 독점하지 않고

공을 세우고도 자만하지 않고

으뜸이면서도 지배하지 않도다.

이를 일러 현덕(玄德)이라 하느니라.

제11장 무용(無用) : 비어 있는 것이 참으로 쓸모 있는 것

(1) 三十輻 共一轂 當其無 有車之用
삼십폭 공일곡 당기무 유거지용

삼천 개의 바퀴살이 하나의 바퀴통을 공유(共有)하느니라.
그런데 그 바퀴통이 비어 있어 차(車)를 쓰게 되도다.

(2) 埏埴以爲器 當其無 有器之用
연식이위기 당기무 유기지용

찰흙을 이겨 그릇을 만들되
그 안이 비어 있어 그릇이 쓸모 있게 되도다.

(3) 鑿戶牖以爲室 當其無 有室之用
착호유이위실 당기무 유실지용

문과 창문을 내어 방을 만들되
그 안이 비어 있기에 방이 쓸모 있게 되도다.

(4) 故有之以爲利 無之以爲用
고유지이위리 무지이위용

그러므로 유형(有形)한 것이 쓸모 있게 되는 것은
무형(無形)한 것이 쓰이기 때문이니라.

제12장 검욕(檢欲) : 밖으로 달려 나가는 욕망을
거둬들여야……

(1) 五色令人目盲 五音令人耳聾 五味令人口爽 馳騁畋獵 令人心
오색영인목맹 오음영인이롱 오미영인구상 치빙전렵영인심
發狂 難得之貨 令人行妨
발광 난득지화 영인행방

오색(五色)은 사람을 눈멀게 하고
오음(五音)은 사람을 귀머거리가 되게 하고
오미(五味)는 사람의 입맛을 상하게 하도다.
말달리며 사냥하면 사람의 마음을 미치게 하며
얻기 힘든 재화(財貨)는 사람의 행위를 비뚤게 하도다.

(2) 是以聖人 爲腹 不爲目 故去彼取此
시이성인 위복 불위목 고거피취차

그러므로 성인은 (靈的으로) 배불리기에 힘쓰고
외적(外的)인 겉치레에 힘쓰지 아니하느니라.
따라서 저것을 버리고 이것을 취하도다.

제13장 갈치(轗恥) : 자신의 본연의 몸을 아끼라

(1) 寵辱若驚 貴大患若身
　　총 욕 약 경 귀 대 환 약 신

총(寵 : 총애, 부귀, 영화)이나 욕(辱 : 구박, 빈천, 굴욕)이나
다 같이 놀라고 경계하라!
대환(大患 : 큰 환란, 천지이변, 중병)을
내 몸같이 두렵게 여기고 조심하라!

(2) 何謂寵辱若驚 寵爲下 得之若驚 失之若驚 是謂寵辱若驚
　　하 위 총 욕 약 경 총 위 하 득 지 약 경 실 지 약 경 시 위 총 욕 약 경

어찌하여 총욕약경(寵辱若驚)이라 하는 것일꼬?
총(寵)을 하천한 것으로 여기고
이를 얻어도 놀라고 이를 잃어도 놀라는지라
이를 일러 경욕호경(驚辱浩驚)이라 하느니라.

(3) 何謂貴大患若身 吾所以有大患者 爲吾有身 及吾無身 吾有何患
　　하 위 귀 대 환 약 신 오 소 이 유 대 환 자 위 오 유 신 급 오 무 신 오 유 하 환

어찌하여 귀대환약신(貴大患若身)이라 하는 것일꼬?
나에게 큰 환난이 있는 까닭은
내가 몸을 지니고 있기 때문이 아니겠는가?
내가 몸을 가지지 않게 될 때
나 무슨 환난을 당하게 되겠는가?

(4) 故貴以身爲天下 若可寄天下 愛以身爲天下 若可託天下
　　고 귀 이 신 위 천 하　약 가 기 천 하　애 이 신 위 천 하　약 가 탁 천 하

　그러므로 자신을 귀하게 여기듯이 천하를 위하는 자에게는
　가히 천하를 맡길 만하고
　자신을 사랑하는 듯이 천하를 위하는 자에게는
　가히 천하를 맡길 만하도다.

제14장 찬현(贊玄) : 감각을 초월하는 도의 찬미

(1) 視之不見 名曰夷 聽之不聞 名曰希 搏之不得 名曰微 此三者
　　시지불견 명왈이 청지불문 명왈희 박지부득 명왈미 차삼자

　　不可致詰 故混而爲一
　　불가치힐 고혼이위일

보려고 하여도 보이지 않으니 이름하여 이(夷 : 無色)라 하고
들으려고 하여도 들리지 않으니 이름하여 희(希 : 無聲)라 하고
잡으려고 하여도 잡히지 않으니 이름하여 미(微 : 無形)라 하느니라.
이 셋(夷, 希, 微)으로는 도를 규명할 수 없으며
도는 이 셋을 합쳐서 하나로 한 것이로다.

(2) 其上不皦 其下不昧 繩繩兮不可名 復歸於無物 是謂無狀之狀
　　기상불교 기하불매 승승혜불가명 복귀어무물 시위무상지상

　　無物之象 是謂惚恍
　　무물지상 시위홀황

위로 올라가도 밝지 않고(도는 초월적이라 인지<人知>로 알 수 없고)
아래로 내려가도 어둡지 않으며(그러나 도의 표현인 현세계<現世
界>는 어둡다고 할 수 없다)
무한히 편재하여 있으되 이름 지을 수 없으니
아무것도 없는 무(無)로 다시 복귀(復歸)하도다.
이를 일러 무상지상(無狀之狀)이라 하고 무물지상(無物之象)이라 하고
또한 이를 일러 황홀(恍惚)이라 하느니라.

(3) 迎之不見其首 隨之不見其後
　　영지불견기수 수지불견기후

그 앞에서 마주 보아도 얼굴이 보이지 않고(無始)
그 뒤를 따라가 보아도 뒷모습을 볼 수 없도다(無終).

(4) 執古之道 以御今之有 能知古始 是謂道紀
   집 고 지 도 이 어 금 지 유 능 지 고 시 시 위 도 기

   옛 도(道)를 잡아 지금의 만물을 다스리는 자는

   능히 시원(始源)을 알 수 있으리니

   이를 일러 도기(道紀 : 모든 것의 원리)라 하느니라.

제15장 현덕(顯德) : 도를 터득한 도사의 품격

(1) 古之善爲道者 微妙玄通 深不可識 夫唯不可識 故强爲之容
　　고지선위도자 미묘현통 심불가식 부유불가식 고강위지용

豫兮若冬涉川 猶兮若畏四隣 儼兮其若客 渙兮若冰之凌釋 敦
에혜약동섭천 유혜약외사린 엄혜기약객 환혜약빙지릉석 돈

兮其若樸 曠兮其若谷 混兮其若濁 澹兮其若海 飂兮若無止
혜기약박 광혜기약곡 혼혜기약탁 담혜기약해 요혜약무지

　옛날 훌륭한 선비(眞人, 至人)는
　미묘(微妙)하고(도를 터득하여 지혜가 미묘한 경지에 이르렀고)
　현통(玄通)하여(도에 대한 앎이 통달하여)
　그 깊이를 알 수 없었느니라.
　잘 알 수가 없음으로 해서
　억지로 다음과 같이 표현하노라.
　신중하기를(豫) 마치 겨울에 내를 건너는 것 같고
　삼가기를(猶) 마치 사방을 두려워하는 것 같고
　엄숙하기를(儼) 마치 손님과 같고
　부드럽기를(渙) 마치 녹아가는 얼음 같고
　순박하기를(敦) 마치 통나무와 같고
　텅 비어 있기를(曠) 마치 골짜기와 같고
　평범하기를(混) 마치 흐린 물과 같도다.

(2) 孰能濁以靜之徐淸 孰能安以動之徐生
　　숙능탁이정지서청 숙능안이동지서생

　누가 능히 혼탁한 것을 안정시켜
　그것을 서서히 맑게 할 수 있을꼬?
　누가 능히 안정된 것을 움직여
　그것을 서서히 살아나게 할 수 있을꼬?

(3) 保此道者 不欲盈 夫唯不盈 故能蔽而新成
   보 차 도 자 불 욕 영 부 유 불 영 고 능 폐 이 신 성

　바로 이 도를(靜之徐淸하고 動之徐生者)
　간직한 자 가득 차기를(自滿自足하기를) 욕구하지 않는 법
　오직 가득 차기를 욕구하지 않음으로 해서
　낡은 것을 버리고 새롭게 이루어지느니라.

제16장 귀근(歸根) : 만물은 무위자연의 뿌리로 돌아가다

(1) 致虛極 守靜篤
치 허 극 수 정 독

욕심 비우기를 극진히 하고
고요한 마음 지키기를 돈독히 하라.

(2) 萬物竝作 吾以觀復
만 물 병 작 오 이 관 복

만물이 서로 다투어 생육화성(生育化成)하지만
나는 그들이 근원으로 돌아가는 것을 보노라.

(3) 夫物芸芸 各復歸其根 歸根曰靜 靜曰復命 復命曰常 知常曰
부 물 운 운 각 복 귀 기 근 귀 근 왈 정 정 왈 복 명 복 명 왈 상 지 상 왈
明 不知常 妄作凶
명 불 지 상 망 작 흉

만물이 무성하게 자라지만
각기 그 근원에로 돌아가느니라.
귀근(歸根 : 근원에로 돌아가는 것)을 정(靜)이라 하고
이를 일러 복명(復命 : 본성으로 돌아감)이라 하느니라.
복명을 일러 상(常 : 영구불변)이라 하고
상(常)을 앎을 명(明 : 총명)이라 하느니라.
상(常)을 알면 관용(寬容)한 자 되고
관용한 자 되면 공평무사(公平無私)한 자 되고
공평무사한 자 되면 왕도(王道)를 갖추게 되고
왕도를 갖추면 하늘과 같게 되고
하늘과 같게 되면 도(道)와 같게 되느니라.

(4) 知常容 容乃公 公乃全 全乃天 天乃道 道乃久 沒身不殆
　　　지 상 용 용 내 공 공 내 전 전 내 천 천 내 도 도 내 구 몰 신 불 태

　도는 영구불변한지라

　몸은 죽어 버려도 영원히 죽지 않으리라.

제17장 순풍(淳風) : 무위로 다스리는 자는 그 덕이 순풍처럼 백성에게 스며든다

(1) 太上 不知有之 其次 親而譽之 其次 畏之 其次 侮之
   태상 부지유지 기차 친이예지 기차 외지 기차 모지

  최고의 통치자는 무위(無爲)로 다스리는 자로서
  백성들은 그가 있는 것조차 알지 못하느니라.
  그 다음가는 통치자는 덕(德)으로 다스리는 자(德治)로서
  백성들은 그를 어버이같이 여기고 그를 칭송하느니라.
  그 다음가는 통치자는 법(法)으로 다스리는 자(法治)로서
  백성들은 그를 두려워하느니라.
  그 다음가는 통치자는 폭력으로 다스리는 자로서
  백성들은 그를 모멸하느니라.

(2) 信不足焉 有不信焉
   신부족언 유불신언

  통치자의 신의(信義)가 부족하면
  백성들로부터 불신을 사게 되는 법

(3) 悠兮其貴言 功成事遂 百姓皆謂 我自然
   유혜기귀언 공성사수 백성개위 아자연

  통치자가 유연자약하여 말을 신중히 하고
  무언지교(無言之敎)를 펴면 화육의 공을 세우고
  통치의 위업을 성취할지라도
  백성은 모두 자연히 자신의 힘으로 잘살게 되었다고 하느니라.

제18장 속박(俗薄) : 윤리규범은 도가 무너지면서부터……

(1) 大道廢 有仁義 智慧出 有大僞
대도폐 유인의 지혜출 유대위

대도(大道)가 쇠진함으로써 인위적 도덕(仁義)이 생겨났고
인간의 꾀가 생겨남으로써
큰 꾀(政治)가 생겨나게 되었도다.

(2) 六親不和 有孝慈 國家昏亂 有忠臣
육친불화 유효자 국가혼란 유충신

육친(六親 : 부자, 형제, 부부)이 불화하게 됨으로써
부자간에 효(孝)니 자(慈)니 하는
도덕률(道德律)이 생겨나게 되었고
국가가 혼란에 빠지게 됨으로써
충신이 생겨나게 되었도다.

제19장 환순(還淳) : 인위적인 것을 버리고 순박한 상태로 돌아가라

(1) 絶聖棄智 民利百倍 絶仁棄義 民復孝慈 絶巧棄利 盜賊無有
   절성기지 민리백배 절인기의 민복효자 절교기리 도적무유

   인간적인 총명과 지혜(聖智)를 끊어 버릴 때
   백성들의 이로움은 백배가 될 것이요
   인위적인 도덕률(道德律 : 仁義)을 던져 버릴 때
   백성들은 참된 효(孝)와 자(慈)로 돌아갈 것이며
   간교한 기술이나 영리함(巧利)을 끊어 버릴 때
   도둑이 생겨나지 않으리로다.

(2) 此三者 以爲文不足 故令有所屬 見素抱樸 少私寡欲 絶學無憂
   차삼자 이위문불족 고영유소속 견소포박 소사과욕 절학무우

   이상 세 가지(聖智, 仁義, 巧利)는 인간이 조작하여
   가식으로 꾸민 것이니
   세상을 다스리기에 부족함이 있도다.
   그러므로 백성으로 하여금 자연의 큰 도를 따르게 하고
   내심에는 늘 순진함을 품도록 하라.
   이기적 나는 가급적 작게 하고
   탐욕은 가급적 비우도록 하라.

제20장 이속(異俗) : 이 세상에서 나만 홀로 바보 같도다

(1) 唯之與阿 相去幾何 善之與惡 相去若何 人之所畏 不可不畏
유지여아 상거기하 선지여악 상거약하 인지소외 불가불외
荒兮其未央哉
황혜기미앙재

학문을 버리면 근심걱정이 사라지리로다.
'예' 하는 대답과 '응' 하는 대답 사이에
그 차이가 얼마나 된단 말인가?
'선(善)'이니 '악(惡)'이니 하는 것 사이에
그 차이가 얼마나 된단 말인가?
사람들이 두려워하는 바를 나 역시 두려워하지 않을 수 없도다.
학문의 황당하고 막연함이여
한도 끝도 없어라.

(2) 衆人熙熙 如亨太牢 如春登臺 我獨泊兮 其未兆 沌沌兮 如嬰
중인희희 여형태뢰 여춘등대 아독박혜 기미조 돈돈혜 여영
兒之未孩 儽儽兮 若無所歸 衆人皆有餘 而我獨若遺 我愚人
아지미해 내래혜 약무소귀 중인개유여 이아독약유 아우인
之心也哉
지심야재

사람들은 마치 큰 잔칫상을 받은 듯
봄날에 높은 누각에 오른 듯
희희낙락하건만
나만 홀로 조용히 움직일 기색도 없으며
아직 웃을 줄도 모르는 젖먹이와 같고
초라하게 풀죽어 있는 모습이 돌아갈 곳 없는 사람 같도다.

사람들은 모두 여유만만하건만
나 홀로 궁핍한 것 같도다.
내 마음 바보의 마음인가
흐리멍덩하도다.

(3) 俗人昭昭 我獨昏昏 俗人察察 我獨悶悶 澹兮其若海 飂兮若
　　속인소소 아독혼혼 속인찰찰 아독민민 담혜기약해 요혜약

　　無止 衆人皆有以 而我獨頑且鄙 我獨異於人 而貴食母
　　무지 중인개유이 이아독완차비 아독이어인 이귀식모

세상 사람들은 모두 영특하고 똑똑하건만
나만 홀로 우둔하고 멍청하도다.
(깊고 고요하기는 바다와 같고
정처 없이 불어 가는 바람과도 같도다).
세상 사람들은 모두 다 유능하건만
나만 홀로 무능하고 촌티가 나도다.
나만 홀로 사람들과 달리
유모(乳母 : 大道)를 소중히 여기도다.

제21장 허심(虛心) : 마음을 비운 가운데 신비한 도가 체득된다

(1) 孔德之容 惟道是從 道之爲物 惟恍惟惚 惚兮恍兮 其中有象
공덕지용 유도시종 도지위물 유황유홀 홀혜황혜 기중유상

恍兮惚兮 其中有物 窈兮冥兮 其中有精 其精甚眞 其中有信
황혜홀혜 기중유물 요혜명혜 기중유정 기정심진 기중유신

큰 덕을 지닌 사람은
오로지 도(道)를 따를 뿐이로다.
도의 실체는 있는 듯 없는 듯 오직 황홀할 뿐이니
황홀하고 황홀한 가운데 그 안에 형상이 있고
황홀하고 황홀한 가운데 그 안에 만물이 있도다.
심오하고 보이지 않지만 그 안에 생명의 본질인
정기(精氣)가서려 있으니
그 정기 지극히 진실하고 그 안에 성실함이 있도다.

(2) 自今及古 其名不去 以閱衆甫 吾何以知衆甫之狀哉 以此
자금급고 기명불거 이열중보 오하이지중보지상재 이차

예로부터 지금에 이르기까지
그 이름 사라지지 않고
만물의 근원을 통솔하도다.
나 어찌 만물의 근원의 실상을 알 수 있으리오?
오직 도(道)를 통해 알 수 있을 뿐이로다.

제22장 익겸(益謙) : 작아질수록 더욱 커지는 법

(1) 曲則全 枉則直 窪則盈 敝則新 少則得 多則惑
곡즉전 왕즉직 와즉영 폐즉신 소즉득 다즉혹

굽으면 온전해질 수 있고, 구부러진 것은 곧게 펼 수 있도다.

패이면 도리어 찰 수 있고, 낡으면 새로워질 수 있는 법이어라.

(욕심이) 적으면 도리어 많이 얻을 수 있고

(욕심이) 많으면 도리어 미혹하게 되느니라.

그러므로 성인(聖人)은 하나(道)를 안고

천하(天下)에 모범이 되도다.

(2) 是以 聖人抱一 爲天下式 不自見 故明 不自是 故彰 不自伐
시이 성인포일 위천하식 부자현 고명 부자시 고창 부자벌

故有功 不自矜 故長
고유공 부자긍 고장

(성인은) 스스로 나타내지 않기 때문에 밝게 빛나고

스스로 옳다하지 않기 때문에 드러나게 되고

스스로 자랑하지 않기 때문에 공이 있고

스스로 자만하지 않기 때문에 오래가도다.

(3) 夫唯不爭 故天下莫能與之爭
부유부쟁 고천하막능여지쟁

(성인은) 오로지 다투지 않는지라.

그러므로 천하에 그와 다툴 자 없느니라.

(4) 古之所謂 '曲則全'者 豈虛言哉 誠全而歸之
고지소위 곡즉전자 기허언재 성전이귀지

옛사람이 이른바 '굽으면 온전해질 수 있다(曲則全)'

이른 말이 어찌 헛된 말일 수 있겠는가!

참으로 온전해야 도에 귀환(歸還)하게 되느니라.

제23장 허무(虛無) : 말없는 자연과 함께 즐겨라

(1) 希言自然 故飄風不終朝 驟雨不終日 孰爲此者 天地 天地尙
희언자연 고표풍부종조 취우부종일 숙위차자 천지 천지상
不能久 而況於人乎
불능구 이황어인호

자연은 말이 없도다.
강풍은 아침 내내 불어댈 수 없고
소나기는 하루 종일 퍼붓지 못하느니라.
누가 이 비바람을 일으키는 것일꼬?
천지(天地)이니라.
천지도 비바람을 오래 지속시킬 수 없거늘
하물며 사람에게 있어서랴.

(2) 故從事於道者 同於道 德者 同於德 失者 同於失
고종사어도자 동어도 덕자 동어덕 실자 동어실

그러므로 도(道)를 따르고 섬기면 도(道)에 통하게 될 것이오
덕(德)을 숭상하고 따르면 덕(德)에 달할 것이며
(도와 덕, 이 두 가지를) 잃으면 그 두 가지가
그대를 버리게 될 것이니라.

(3) 同於道者 道亦樂得之 同於德者 德亦樂得之 同於失者 失亦
동어도자 도역락득지 동어덕자 덕역락득지 동어실자 실역
樂得之
락득지

도(道)에 통하면 도(道) 역시 그를 얻어 즐길 것이며

덕(德)에 달하면 덕(德) 역시 덕인(德人)을 즐길 것이며
(도와 덕을) 잃게 되면 무도(無道)와 실덕(失德) 역시
그를 얻어 즐겨할 것이로다.

(4) 信不足焉 有不信焉
신 부 족 언 유 불 신 언

제 몸에 믿음이 부족하면 남도 또한 믿지 않을 것이니라.

제24장 고은(苦恩) : 속인들의 자랑거리는 군더더기일뿐

(1) 企者不立 跨者不行
기자불립 과자불행

발돋음한 자는 그대로 오래 서 있지 못할 것이요
가랑이를 벌리고 걷는 자는 오래 걷지 못하느니라.

(2) 自見者不明 自是者不彰 自伐者無功 自矜者不長
자현자불명 자시자불창 자벌자무공 자긍자부장

스스로 나타내려 하는 자는 밝게 나타나지 못할 것이요
스스로 옳다고 나서는 자는 빛나지 못하리라.
스스로 뽐내는 자는 공적이 없을 것이요
스스로 자랑하는 자는 오래 가지 못하리라.

(3) 其在道也 曰 餘食贅形
기재도야 왈 여식췌행

이런 행동거지는 도(道)의 견지에서는
밥찌꺼기나 군더더기라 하느니라.

(4) 物或惡之 故有道者 不處
물혹오지 고유도자 불처

사람들은 언제나 그런 것을 싫어하는 법
그러므로 도(道)를 지닌 사람은 그렇게 처신하지 않느니라.

제25장 상원(象元) : 도는 현상계에 두루 미치고 있으면서 그를 초월해 있다

(1) 有物混成 先天地生 寂兮廖兮 獨立而不改 周行而不殆
유물혼성 선천지생 적혜료혜 독립이불개 주행이불태

可以爲天下母
가이위천하모

모든 것의 시원(始源)이요
종착점(終着点 : 混成)인 그 무엇이 있었으니
그것은 천지가 생겨나기 이전부터 이미 있었노라.
그것은 소리가 없어 들을 수 없고 형태가 없어 볼 수도 없으나
홀로 우뚝 서 있으며 영원히 변함이 없도다.
두루 편재하여 일하며 멈추는 일이 없으니
천하 만물의 어머니라 할 수 있느니라.

(2) 吾不知其名 强字之曰道 强爲之名曰大
오부지기명 강자지왈도 강위지명왈대

나는 그 이름을 알지 못하노라.
굳이 자호(字號)를 지어 도(道)라 하고
억지로 이름을 붙여 대(大)라 할 뿐이로다.

(3) 大曰逝 逝曰遠 遠曰反 故道大 天大 地大 人亦大 域中有四
대왈서 서왈원 원왈반 고도대 천대 지대 인역대 역중유사

大 而人 居其一焉
대 이인 거기일언

대(大)라 함은 한계 없이 뻗어감(逝)을 말함이요

한계 없이 뻗어간다 함(逝)은 안 가는 곳 없이
멀리감(遠)을 말함이요
멀리 간다(遠)함은 결국 되돌아 옴(反)을 말함이라.
그러므로 도(道)는 크고
하늘은 크고
땅도 크고
사람 또한 크도다.
온누리 안에는 큰 것이 네 가지 있으니
사람 역시 그 한몫을 차지하도다.

(4) 人法地 地法天 天法道 道法自然
인법지 지법천 천법도 도법자연

육체로서의 인간은 땅의 법도를 따르고
땅은 하늘의 법도를 따르고
하늘은 도(道)의 법도를 다르고
도(道)는 자연(自然 : 스스로 그러함)을 따라
스스로 그렇게 된 것이로다.

제26장 중덕(重德) : 무거운 것은 가벼운 것의 뿌리

(1) 重爲輕根 靜爲躁君
　　　중 위 경 근 정 위 조 군
　무거운 것은 가벼운 것의 근원이 되고
　고요함(虛靜)은 소란함(躁動)의 임금이 되도다.

(2) 是以聖人 終日行 不離輜重 雖有榮觀 燕處超然 奈何萬乘之
　　　시 이 성 인 종 일 행 불 리 치 중 수 유 영 관 연 처 초 연 내 하 만 승 지
主 而以身輕天下
　　　주 이 이 신 경 천 하

그러므로 성인은 온종일 길을 가도
짐수레에서 무거움(重)을 내려놓지 않고
화려한 생활을 누린다 해도
마음이 고요하고 초연한 법이니라.
한데 어찌 만승의 큰 나라 임금이 천하 만민 앞에서
경망하게 굴 수가 있겠는가?

(3) 輕則失根 躁則失君
　　　경 즉 실 근 조 즉 실 군

경망하면 근원(根源)을 잃고
조급하게 움직이면 군주된 지위를 잃느니라.

제27장 교용(巧用) : 도는 무위하지만 모든 것을 이룬다

(1) 善行無轍迹 善言無瑕謫 善數不用籌策
선 행 무 철 적　선 언 무 하 적　선 수 불 용 주 책

(도에 순응하여) 잘 가는 걸음은 자국을 남기지 않고

잘하는 말은 허물이 없고

정말로 잘하는 계산은 계산기를 쓰지 않느니라.

(2) 善閉無關楗 而不可開 善結無繩約 而不可解
선 폐 무 관 건　이 불 가 개　선 결 무 승 약　이 불 가 해

참으로 잘 잠긴 문은 빗장이 걸려 있지 않아도 열 수 없고

참으로 잘 묶여진 것은 포승줄이 없어도 풀길이 없느니라.

(3) 是以 聖人常善救人 故無棄人 常善救物 故無棄物 是謂襲明
시 이　성 인 상 선 구 인　고 무 기 인　상 선 구 물　고 무 기 물　시 위 습 명

성인(聖人)은 늘 사람을 구제하여 쓸모 있는 사람이

되게 하니 사람을 버리는 일이 없느니라.

늘 사물을 쓸모 있게 하여 활용하니

아무것도 버리는 일이 없느니라.

이를 일러 습명(襲明 : 밝은 지혜를 간직함)이라 하느니.

(4) 故善人者 不善人之師 不善人者 善人之資 不貴其師 不愛其
고 선 인 자　불 선 인 지 사　불 선 인 자　선 인 지 자　불 귀 기 사　불 애 기
資 雖智大迷 是謂要妙
자　수 지 대 미　시 위 요 묘

그러므로 선인(善人)은 선(善)하지 못한 사람의 스승이 되고

선(善)하지 못한 사람은 선(善)한 사람의 제자가 되느니라.
스승을 귀하게 여기지 않거나
제자를 사랑하지 않는다면
비록 지혜가 있는 자라 할지라도 크게 그르치리라.
이를 일러 절묘한 이치(要妙)라 하느니라.

제28장 반박(反朴) : 소박함을 지키는 것이 영원한 것

(1) 知其雄 守其雌 爲天下谿 爲天下谿 常德不離 復歸於嬰兒
지기웅 수기자 위천하계 위천하계 상덕불리 복귀어영아

남성적인 강인함을 알면서도(知其雄)

여성적인 온유함을 지키면(守其雌),

천하의 (물을 모아 흐르게 하는) 골짜기가 되리로다.

천하의 골짜기가 되면 영구불변의 덕이 떠나지 않아

천진한 어린이로 돌아가리로다.

(2) 知其白 守其黑 爲天下式 爲天下式 常德不忒 復歸於無極
지기백 수기흑 위천하식 위천하식 상덕불특 복귀어무극

과학적 지식을 알면서도(知其白)

현묘(玄妙)한 도(道)를 지키면(守其黑),

천하의 규범이 되리로다.

천하의 규범이 되면 영구불변의 덕에 어긋남이 없어

무극(無極)으로 돌아가리로다.

(3) 知其榮 守其辱 爲天下谷 爲天下谷 常德乃足 復歸於樸
지기영 수기욕 위천하곡 위천하곡 상덕내족 복귀어박

현세의 부귀영화를 알면서도

하천한 자리를 지킬 수 있으면

천하의 골짜기가 되리로다.

천하의 골짜기가 되면

영구불변의 덕으로 충만하여

소박한 통나무 상태로 돌아가리로다.

(4) 樸散則爲器 聖人用之 則爲官長 故大制不割
박산즉위기 성인용지 즉위관장 고대제불할

통나무가 잘리고 쪼개져 흩어지면 그릇들이 되는 것이니
성인(聖人)은 그것을 이용하여 백관(百官)의 우두머리가 되도다.
그런고로 큰 정치는 쪼개지 않는 법이니라.

제29장 무위(無爲) : 천하는 인위적으로
쟁취할 수 없어……

(1) 將欲取 天下而爲之 吾見其不得已 天下神器 不可爲也 不可
　　 장 욕 취　천 하 이 위 지　오 견 기 부 득 이　천 하 신 기　불 가 위 야　불 가
執也 爲者敗之 執者失之 是以聖人無爲 故無敗 無執 故無失
　 집 야　위 자 패 지　집 자 실 지　시 이 성 인 무 위　고 무 패　무 집　고 무 실

천하를 쟁취하려 하여 인위적으로 그렇게 하지만

그렇게 될 수 없음을 나는 익히 보노라.

천하는 신비로운 것이라

인위적으로 다룰 수도 없고(움켜쥘 수도 없는 것)

인위적으로 다루나 실패 할 것이오

움켜쥐어 보나 잃어버릴 것이니라.

(고로 성인은 인위적으로 다루지 않기 때문에 실패하지 않고

움켜쥐지 않기 때문에 잃는 것이 없느니라.)

(2) 夫物 或行或隨 或歔或吹 或强或羸 或載或隳 是以聖人
　　 부 물　혹 행 혹 수　혹 허 혹 취　혹 강 혹 리　혹 재 혹 휴　시 이 성 인
去甚 去奢 去泰
　 거 심　거 사　거 태

무릇 세상만사 각양각색이라

앞서는 것이 있는가 하면 뒤따르는 것이 있고

조용히 숨을 내쉬는 자가 있는가 하면

성급하게 불어대는 자가 있느니라.

강한 자가 있는가 하면 약한 자가 있고

안정된 것이 있는가 하면 불안한 것이 있느니라.

　　그런고로 성인(聖人)은
　　과격한 것을 피하고
　　사치함을 멀리하고
　　교만함을 삼가느니라.

제30장 검무(儉武) : 싸우지 않고 이기는 것이 가장 잘 이기는 것

(1) 以道佐人主者 不以兵强天下 其事好還
이 도 좌 인 주 자 불 이 병 강 천 하 기 사 호 환

도(道)로써 군주(君主)를 보좌하는 자는

무력으로 천하를 지배하게 하지 않느니라.

그가 하는 일은 모든 일을 도(道)에 복귀시키는 데에

힘쓰는 것이니라.

(2) 師之所處 荊棘生焉 大軍之後 必有凶年
사 지 소 처 형 극 생 언 대 군 지 후 필 유 흉 년

군(軍)이 주둔한 곳에는 가시덤불이 생겨나고

큰 전쟁 후에는 반드시 흉년이 따르는 법.

(3) 善有果而已 不敢以取强 果而勿矜 果而勿伐 果而勿驕 果而
선 유 과 이 이 불 감 이 취 강 과 이 물 긍 과 이 물 벌 과 이 물 교 과 이

不得已 果而勿强
부 득 이 과 이 물 강

(군사를) 잘 다스리는 자는 저절로 목적을 달성하여

열매를 맺게 할 뿐

강권을 써서 취하려 하지 않도다.

성취하되 자랑하지 않고

성취하되 공을 내세우지 않고

성취하되 교만하지 않고

성취하되 무위자연의 도를 따라서 하고

성취하되 강권을 휘두르지 않느니라.

(4) 物壯則老 是謂不道 不道早已
물 장 즉 로 시 위 부 도 부 도 조 이

만물은 한번 성(盛)하면 쇠(衰)하는 법

무력적 강권은 도에 어긋나며

도에 어긋나면 이내 망하는 법이니라.

제31장 언무(偃武) : 부득이 무력을 사용하더라도
　　　　허심으로 할지니라

(1) 夫兵者 不祥之器 物或惡之 故有道者不處 君子居則貴左 用兵
부병자 불상지기 물혹악지 고유도자불처 군자거즉귀좌 용병
則貴右
즉귀우

　무릇 무기는 상서롭지 못한 것

　사람들은 언제나 그것을 싫어하지.

　그런고로 도(道)를 지키는 사람은 무기를 사용치 않도다.

　군자(君子)는 평상시에는 좌측(左側)을 귀히 여기지만

　전쟁 때는 우측(右側)을 귀히 여기느니라.

(2) 兵者不祥之器 非君子之器 不得已而用之 恬淡爲上 勝而不美
병자불상지기 비군자지기 부득이이용지 염담위상 승이불미
而美之者 是樂殺人 夫樂殺人者 則不可得志於天下矣
이미지자 시락살인 부락살인자 즉불가득지어천하의

　무기란 상서롭지 못한 것

　군자가 사용할 만한 것이 되지 못하지.

　부득이 사용할 경우라도

　욕심 없이 공정한 심정으로 사용함이 가장 좋으니라.

　승리를 얻었다 해도 자랑거리가 못되지.

　승리를 자랑하는 자는 살인(殺人)을 즐기는 자라 하리로다.

　무릇 살인을 즐기는 자는 뜻을 천하(天下)에 얻지 못하는 법이니라.

(3) 吉事尙左 凶事尙右 偏將軍居左 上將軍居右 言以喪禮處之
　　길사상좌 흉사상우 편장군거좌 상장군거우 언이상례처지

　　殺人之衆 以悲哀泣之 戰勝以喪禮處之
　　살인지중 이애비읍지 전승이상례처지

　길사(吉事)에는 좌측(左側)을 높이고
　흉사(凶事)에는 우측(右側)을 높이는 법
　군대에서는 차장(次將)이 좌측(左側)에 자리하고
　대장(大將)이 우측(右側)에 자리하나니
　이는 군사(軍事)를 상례(喪禮)처럼 여기기 때문이로다.
　많은 사람을 죽일 것이기에
　애도하는 심정으로 전쟁에 임하게 하고
　전승(戰勝) 시에도 개선의식을 장례식처럼 거행하느니라.

제32장 성덕(聖德) : 군왕의 성덕은 통나무와 같도다

(1) 道常無名 樸 雖小 天下莫能臣 侯王若能守之 萬物將自賓
　　도 상 무 명 박 수 소 천 하 막 능 신 후 왕 약 능 수 지 만 물 장 자 빈

도(道)는 원래 이름 붙일 수 없으니 통나무 그대로다.
비록 도가 통나무와 같이 소박하다 할지라도
아무도 그를 신하로 부릴 수 없느니라.
군왕이 만일 이 통나무 같은 도를 간직할 수 있으면
만물이 스스로 복종하게 되리로다.

(2) 天地相合 以降甘露 民莫之令 而自均
　　천 지 상 합 이 강 감 로 민 막 지 령 이 자 균

천지가 서로 화합하여 감로수(甘露水)를 내리게 될 것이고
사람들은 명령을 기다릴 것 없이
스스로 다스려지리로다.

(3) 始制有名 名亦旣有 夫亦將知止 知止可以不殆
　　시 제 유 명 명 역 기 유 부 역 장 지 지 지 지 가 이 불 태

만물은 만들어짐으로써 이름을 가지게 되고
이름가진 현상세계가 이미 생겨나면
이름가진 것들의 한계가 알려지나니
그 한계를 알면 위태롭지 않으리라.

(4) 譬道之在天下 猶川谷之於江海
　　비 도 지 재 천 하　유 천 곡 지 어 강 해

도(道)를 지닌 사람이 천하를 다스림을 비유하건대
마치 골짜기의 냇물들이 스스로 강과 바다로 흘러들어가는 것과
같도다.

제33장 변덕(辯德) : 도를 바탕으로 참으로 아는 자

(1) 知人者智 自知者明
지 인 자 지 자 지 자 명

다른 사람을 아는 것을 지(智)라 하고,
자신을 아는 것을 명(明)이라 하느니라.

(2) 勝人者有力 自勝者强
승 인 자 유 력 자 승 자 강

다른 사람을 이기는 것을 승(勝)이라 하고
자신을 이기는 것을 강(强)이라 하느니라.

(3) 知足者富 强行者有志
지 족 자 부 강 행 자 유 지

스스로 족할 줄 아는 것을 부(富)라 하고
도(道)에 따라 정진함을 유지(有志)라 하느니라.

(4) 不失其所者久 死而不亡者壽
불 실 기 소 자 구 사 이 불 망 자 수

자신이 있을 곳을 잃지 않는 것을 구(久)라 하고
죽어도 도를 잃지 않는 것을 수(壽)라 하느니라.

제34장 임성(任成) : 만물을 이루면서도 주인 노릇하지 않는다

(1) 大道氾兮 其可左右
   대도범혜 기가좌우

   대도(大道)는 어디에나 넘쳐흘러 무소부재(無所不在)로다.

(2) 萬物恃之以生 而不辭 功成而不有 衣養萬物 而不爲主
   만물시지이생 이불사 공성이불유 의양만물 이불위주

   만물이 모두 도(道)에 의해 생성화육(生成化育)되건만
   도는 한마디 자찬하는 일이 없도다.
   창조의 위대한 공을 세우면서도 그 공을 차지하려들지 않고
   만물을 감싸 양육하면서도 주인 노릇하려 들지 않도다.

(3) 常無欲 可名於小 萬物歸焉 而不爲主 可名爲大 以其終不自爲
   상무욕 가명어소 만물귀언 이불위주 가명위대 이기종부자위
   大 故能成其大
   대 고능성기대

   대도는 늘 욕심이 없으니 작다 할 수 있겠으나
   만물이 복귀하여도 주인 노릇하려 들지 않으니
   가히 크다 하겠다.
   도는 끝내 스스로 크다고 내세우지 않으므로
   능히 클 수가 있는 것이로다.

제35장 인덕(仁德) : 도는 마치 인덕(仁德)이 없는 것 같다

(1) 執大象 天下往 往而不害 安平太
  집 대 상 천 하 왕 왕 이 불 해 안 평 태

  대상(大象 : 형상이 없는 형상)인 도(道)를 잡아 지키면
  천하의 모든 사람들이 귀순할 것이며
  와서 귀순해도 해를 입는 일이 없을 것이요
  안전하고 평안하고 태평하리라.

(2) 樂與餌 過客止 道之出口 淡乎其無味
  악 여 이 과 객 지 도 지 출 구 담 호 기 무 미

  음악과 음식은 길손의 발길을 멈추게 하지만
  도는 밖에 나타나도 담백하여 맛이 없도다.

(3) 視之不足見 聽之不足聞 用之不足旣
  시 지 불 족 견 청 지 부 족 문 용 지 부 족 기

  도는 아무리 보아도 다 볼 수가 없고
  아무리 들어도 다 들을 수 없고
  아무리 써도 다 쓸 길이 없도다.

제36장 미명(微明) : 나라를 다스리는 심오한 도리를 함부로 드러내 보이지 않는 것이 미묘한 도리

(1) 將欲歙之 必固張之 將欲弱之 必固强之 將欲廢之 必固興之
　　장욕흡지 필고장지 장욕약지 필고강지 장욕폐지 필고흥지
　　將欲取之 必固與之 是謂微明
　　장욕취지 필고여지 시위미명

　움츠리고자 하면 반드시 먼저 펴야 하고
　상대를 약하게 만들고자 하면 반드시 먼저 강하게 해주고
　폐하게 만들고자 하면 반드시 먼저 흥하게 해야 하고
　빼앗으려 하거든 먼저 주어야 하느니라.
　이러한 도리를 일러 미명(微明 : 미묘한 도리)이라 하도다.

(2) 柔弱勝剛强 魚不可脫於淵 國之利器 不可以示人
　　유약승강강 어불가탈어연 국지리기 불가이시인

　유약한 것이 강한 것을 이기게 마련
　물고기가 깊은 못을 벗어나지 않는 것과 같이
　나라를 다스릴 수 있는 심오한 도리(利器)를
　함부로 드러내 보여서는 아니 되느니라.

제37장 위정(爲政) : 무위로 다스리는 정치

(1) 道常無爲而無不爲 侯王若能守之 萬物將自化
도 상 무 위 이 무 불 위 후 왕 약 능 수 지 만 물 장 자 화

도는 항상 작위(作爲)하지 않으나 하지 않는 일이 없도다.
군왕들이 만일 도를 잘 지킬 수 있다면
만물도 스스로 잘 생성화육(生成化育)되리라.

(2) 化而欲作 吾將鎭之 以無名之樸
화 이 욕 작 오 장 진 지 이 무 명 지 박

만물이 자생자장(自生自長)함에 욕(欲)이 생기는 법
나는 그것을 소박한 무명(無名)의 도로써 진정시키려 하노라.

(3) 無名之樸 夫亦將無欲
무 명 지 박 부 역 장 무 욕
소박한 무명(無名)의 도로 다스린다면
만물도 장차 무욕하게 되리라.

(4) 不欲以靜 天下將自正
불 욕 이 정 천 하 장 자 정

욕심을 일으키지 않고 고요하게 된다면
천하가 스스로 안정하게 되리라.

제38장 논덕(論德) : 자신의 덕을 의식하지 않는 경지의 덕이 참다운 덕

(1) 上德不德 是以有德 下德不失德 是以無德
상 덕 부 덕 시 이 유 덕 하 덕 불 실 덕 시 이 무 덕

최고의 덕(德)을 지닌 자는 자신의 덕을 의식하지 않으므로
덕을 지녔다 하겠노라.
하등(下等)의 덕을 지닌 자는 자신의 덕을 잃지 않으려 함으로
덕이 없다 하겠노라.

(2) 上德無爲 而無以爲 下德無爲 而有以爲
상 덕 무 위 이 무 이 위 하 덕 무 위 이 유 이 위

최고의 덕은 무위(無爲)로써 하며 작위(作爲)하지 않으며
하등(下等)의 덕은 작위(作爲)하며 인위적으로 꾸미느니라.

(3) 上仁爲之 而無以爲 上義爲之 而有以爲 上禮爲之 而莫之應
상 인 위 지 이 유 이 위 상 의 위 지 이 유 이 위 상 례 위 지 이 막 지 응
則攘臂而扔之
즉 양 비 이 잉 지

최고의 인(仁)은 인덕(仁德)을 베풀지만
인위적으로 꾸미지 않으며
최상의 의인(義人)은 의(義)를 실천하지만 인위적으로 꾸미느니라.
최상의 예(禮)의 실천자는 예를 지켰는데 타인이 응하지 않으면
남의 팔을 잡고 예를 강요하느니라.

(4) 故失道而後德 失德而後仁 失仁而後義 失義而後禮
고 실 도 이 후 덕 실 덕 이 후 인 실 인 이 후 의 실 의 이 후 례

그러므로 도(道)가 없어진 후에 덕(德)이 생기고

덕(德)이 없어진 후에 인(仁)이 생기고

인(仁)이 없어진 후에 의(義)가 생기고

의(義)가 없어진 후에 예(禮)가 생기느니라.

(5) 夫禮者 忠信之薄 而亂之首 前識者 道之華 而愚之始
부 례 자 충 신 지 박 이 란 지 수 전 식 자 도 지 화 이 우 지 시

무릇 예(禮)는 충신이 희박해지므로 생겨난 것이며

어지러움의 시초가 되느니라.

남보다 먼저 하는 것이란 도(道)의 겉모습일 뿐이니

남을 우매하게 만드는 시초이니라.

(6) 是以大丈夫處其厚 不居其薄 處其實 不居其華 故去彼取此
시 이 대 장 부 처 기 후 불 거 기 박 처 기 실 불 거 기 화 고 거 피 취 차

고로 대장부(大丈夫)는 두터운 도(道)에 머물고

얄팍한 예(禮)에 머물지 않으며

내실(內實)에 충실하고 외화(外華)에 머물지 않느니라.

인위적 덕(德)인 외화(外華)를 버리고

도(道)의 내실(內實)을 취하느니라.

제39장 법본(法本) : 만물은 하나인 도를 지켜야
생성화육(生成化育)할 수 있다

(1) 昔之得一者 天得一以淸 地得一以寧 神得一以靈 谷得一以盈
석지득일자 천득일이청 지득일이녕 신득일이령 곡득일이영
萬物得一以生 侯王得一以爲天下正
만물득일이생 후왕득일이위천하정

예로부터 하나인 도(道)를 터득한 것을 들면

다음과 같은 것들이 있노라.

하늘은 하나인 도를 얻어서 맑고

땅은 하나인 도를 얻어서 평안하고

신(神)은 하나인 도를 얻어서 영묘하고

골짜기는 하나인 도를 얻어서 충만하고

만물은 하나인 도를 얻어서 생겨나고

군왕은 하나인 도를 얻어서 천하가 바르게 다스려지나니

이 모든 것은 하나인 도(道)를 얻어서 그렇게 되는 것이니라.

(2) 其致之也 天無以淸 將恐裂 地無以寧 將恐廢 神無以靈 將恐
기치지야 천무이청 장공렬 지무이녕 장공폐 신무이령 장공
歇 谷無以盈 將恐竭 萬物無以生 將恐滅 侯王無以正 將恐蹶
헐 곡무이영 장공갈 만물무이생 장공멸 후왕무이정 장공궐

하늘이 하나인 도를 얻어서 맑지 못하면 아마도 갈라져 내릴 것이요

땅이 하나인 도를 얻어서 편안치 못하면 아마도 무너져 내릴 것이요

신이 하나인 도를 얻어서 영묘하지 못하면

아마도 신통력이 막힐 것이요

골짜기가 하나인 도를 얻어서 충만하지 못하면

아마도 말라버릴 것이요

만물이 하나인 도를 얻어서 생겨나지 못하면 아마도 소멸할 것이요

군왕이 하나인 도를 얻어서 천하를 바르게 다스리지 못하면

아마도 쫓겨나게 될 것이니라.

(3) **故貴以賤爲本 高以下爲基 是以侯王 自稱孤 寡不穀**
　　고 귀 이 천 위 본　고 이 하 위 기　시 이 후 왕　자 위 고　과 불 곡

　　此非以賤爲本邪 非乎
　　차 비 이 천 위 본 사　비 호

그런고로 귀한 것은 천(賤)한 것을 근본으로 삼고

높은 것은 낮은 것을 바탕으로 삼느니라.

고로 임금은 자신을 일러 고독한 자

덕이 적은 자, 쭉정이 같은 자라 하도다.

이것이 바로 천(賤)한 것을 근본으로 삼는 것이 아니면

무엇이겠는고?

(4) **故致譽無譽 是故不欲琭琭如玉 珞珞如石**
　　고 치 예 무 예　시 고 불 욕 록 록 여 옥　낙 락 여 석

따라서 자주 명예롭기를 구하면

도리어 명예롭지 못하게 되느니라.

고로 옥(玉)과 같이 찬란하게 되기를 원치 않고

돌자갈 같이 천한 자 되기를 원하느니라.

제40장 거용(去用) : 시원으로 복귀하는 것이 도(道)의 활동

(1) 反者 道之動 弱者 道之用
반자 도지동 약자 도지용

시원(始原)으로 되돌아가는 것이 도(道)의 활동이요
유약(柔弱)한 것이 도(道)의 작용이로다.

(2) 天下萬物 生於有 有生於無
천하만물 생어유 유생어무

세상 만물은 유(有)에서 생겨나고
유(有)는 무(無)에서 생겨나느니라.

제41장 동이(同異) : 속인들에게는 밝은 도가 어둡게 보인다

(1) 上士聞道 勤而行之 中士聞道 若存若亡 下士聞道 大笑之
상사문도 근이행지 중사문도 약존약망 하사문도 대소지

不笑不足以爲道
불소부족이위도

참으로 뛰어난 선비는 도(道)를 들을 때 힘써 실천하고
중간정도의 사람은 도(道)를 들을 때 반신반의하고
하등의 사람은 도(道)를 들을 때 크게 웃어버리나니
이들 하등의 사람들에게 비웃음을 받지 않는 도(道)는
참된 도(道)라 할 수 없느니라.

(2) 故建言有之 明道若昧 進道若退 夷道若纇
고건언유지 명도약매 진도약퇴 이도약뢰

그러므로 다음과 같은 격언이 있느니라.
밝은 도(道)는 마치 어둠침침한 것 같고
앞으로 나가는 도(道)는 마치 뒷걸음질하는 것 같고
평탄한 도(道)는 마치 울퉁불퉁한 것 같노라.

(3) 上德若谷 大白若辱 廣德若不足 建德若偸 質德若渝
상덕약곡 태백약욕 광덕약부족 건덕약투 질덕약투

최고의 덕(德)은 마치 (텅 빈)골짜기 같고
최고의 흰빛은 마치 검은빛 같고
넓은 덕(德)은 마치 모자라는 것 같고
강건한 덕은 마치 게으른 것 같고

진실한 덕은 마치 절조가 없는 것 같고

(4) 大方無隅 大器晩成 大音希聲 大象無形
　　 대방무우 대기만성 대음희성 대상무형

　가장 큰 네모꼴은 구석이 없고

　가장 큰 그릇은 늦게 이루어지고

　가장 큰 소리는 들리지 않고

　가장 큰 형상은 형태가 없도다.

(5) 道隱無名 夫唯道 善貸且成
　　 도은무명 부유도 선대차성

　도(道)는 은미하여 이름이 없고

　오직 잘 베풀고 생육화성(生育化成)할 뿐이로다.

제42장 도화(道化) : 만물은 도와 한 뿌리에서 나온 것

(1) 道生一 一生二 二生三 三生萬物 萬物負陰而抱陽 沖氣以爲和
　　도생일 일생이 이생삼 삼생만물 만물부음이포양 충기이위화

　도(道)는 하나(氣)를 낳고

　하나는 둘(陰과 陽)을 낳고

　둘은 셋(陰과 陽의 合體)을 남고

　셋은 만물을 낳도다.

　만물은 음(陰)을 업고 양(陽)을 안아

　화(和)의 기운에 의해 조화를 이루도다.

(2) 人之所惡 唯孤寡不穀 而王公以爲稱 故物或損之而益
　　인지소오 유고과불곡 이왕공이위칭 고물혹손지이익
　或益之而損
　혹익지이손

　모든 사람들이 싫어하는 바는

　고(孤 : 외로움)와 과(寡 : 적음)와 부곡(不穀 : 쭉정이)이니

　군왕들이 자신을 낮춰 이런 말들로 자칭하도다.

　그러므로 모든 것은 덜어내려 할 때 더해지고

　더하려 할 때 덜어지게 되는 것이니라.

(3) 人之所教 我亦教之 强梁者不得其死 吾將以爲教父
　　인지소교 아역교지 강량자부득기사 오장이위교부

　사람들이 가르치는 바를 나 또한 가르치리라.

　힘이 억센 자 제 명대로 살지 못하리니

　나 역시 이 말로 가르침의 근본으로 삼으리라.

제43장 편용(偏用) : 도(道)는 어디서나 쓰인다

(1) 天下之至柔 馳騁天下之至堅 無有入無間 吾是以知無爲之有益
천하지지유 치빙천하지지견 무유입무간 오시이지무위지유익

천하의 가장 유약하고 온유한 것(水)이
천하에 가장 굳은 것(金石)을 마음대로 다루도다.
일정한 형체도 없는 것(水)이
틈 없는 것(金石)을 파고들도다.
이로써 나는 무위(無爲)가 유익함을 아노라.

(2) 不言之敎 無爲之益 天下希及之
불언지교 무위지익 천하희급지

무언지교(無言之敎)와 무위지익(無爲之益)에 있어
물(水)을 따를 만한 것은 천하에 없도다.

제44장 입계(立戒) : 속세에서 지켜야 할 계율

(1) 名與身孰親 身與貨孰多 得與亡孰病
명여신숙친 신여화숙다 득여망숙병

명예와 생명 중 어느 것이 더 절실할꼬?
생명과 재물 중 어느 것이 더 소중할꼬?
(명예를)얻는 것과 (생명을)잃는 것 사이에 어느 쪽이
더 괴로울꼬?

(2) 是故甚愛必大費 多藏必厚亡
시고심애필대비 다장필후망

고로, 명예를 지나치게 좋아하면
반드시 본성을 크게 손상하게 될 것이오
재물을 많이 쌓아 두면
반드시 많이 잃게 되리라.

(3) 故知足不辱 知止不殆 可以長久
고지족불욕 지지불태 가이장구

만족할 줄 알면 치욕을 당하지 않을 것이오
멈출 줄 알면 위태롭지 않으리라.
이로써 오래오래 보존하리로다.

제45장 홍덕(洪德) : 모자라는 듯한 큰 덕이 천하를 올바르게 한다

(1) 大成若缺 其用不弊 大盈若沖 其用不窮
대성약결 기용불폐 대영약충 기용불궁

최고로 완성된 것은 마치 결함이 있는 것 같으나

아무리 써도 훼손되지 않으며

최고로 가득 찬 것은 텅 빈 것 같으나

아무리 써도 다함이 없도다.

(2) 大直若屈 大巧若拙 大辯若訥
대직약굴 대교약졸 대변약눌

지극히 곧은 것은 구부러진 것 같고

지극히 정교한 것은 마치 졸렬한 것 같고

최고의 능변은 마치 말더듬이 같도다.

(3) 靜勝躁 寒勝熱 清靜爲天下正
정승조 한승열 청정위천하정

고요함이 시끄러움을 이기고

추위가 더위를 이기고

청정(清靜)해야 천하가 바르게 되도다.

제46장 검욕(儉欲) : 만악(萬惡)의 근본은 욕심

(1) 天下有道 却走馬以糞 天下無道 戎馬生於郊
천 하 유 도 각 주 마 이 분 천 하 무 도 융 마 생 어 교

천하에 도(道)가 있으면
군마(軍馬)도 밭갈이에 쓰일 것이요
천하에 도(道)가 없으면
새끼 밴 암컷까지 군마(軍馬)가 되어 전장에서
새끼를 낳게 되리라.

(2) 禍莫大於不知足 咎莫大於欲得
화 막 대 어 부 지 족 구 막 대 어 욕 득

족(足)할 줄 모르는 것보다 더 큰 화가 없고
탐욕보다 더 큰 죄악이 없느니라.

(3) 故知足之足 常足矣
고 지 족 지 족 상 족 의

그런고로 만족할 줄 아는 만족이야말로
영구불변의 만족이로다.

제47장 착원(鑿遠) : 마음으로 알려하지 않고 밖으로만
천착하다

(1) 不出戶 知天下 不窺牖 見天道
   불출호 지천하 불규유 견천도

   밖으로 나가지 않아도 세상일을 알 수 있고
   창으로 내다보지 않아도 하늘의 이치를 아는 법.

(2) 其出彌遠 其知彌少
   기출미원 기지미소

   밖으로 멀리 나가면 나갈수록
   참으로 아는 것이 더욱 적어질 것이로다.

(3) 是以聖人 不行而知 不見而明 不爲而成
   시이성인 불행이지 불견이명 불위이성

그런고로 성인(聖人)은 가지 않고서도 알 수가 있고
보지 않고서도 밝게 살필 수가 있으며
하지 않아도 이룩할 수 있느니라.

제48장 망지(忘知) : 속된 지식을 잊어버려야 참된 앎이 있으리라

(1) 爲學日益 爲道日損
　　위 학 일 익　위 도 일 손

학문을 닦으면 나날이 외면적 학식이 늘어날 것이요
도(道)를 닦으면 나날이 외면적 학식이 줄어드느니라.

(2) 損之又損 以至於無爲
　　손 지 우 손　이 지 어 무 위

외면적 학식이 줄어들고 또 줄어들어야
마침내 무위(無爲)의 경지에 이르느니라.

(3) 無爲而無不爲
　　무 위 이 무 불 위

무위(無爲)의 경지에 이르면 이루지 못할 것이 없으리로다.

(4) 取天下常以無事 及其有事 不足以取天下
　　취 천 하 상 이 무 사　급 기 유 사　부 족 이 취 천 하

천하를 차지하려면 반드시 무위(無爲)로써 할 것이니
만약에 유위(有爲)로써 대처하게 되면
천하를 차지하기에 부족하리라.

제49장 임덕(任德) : 성인의 덕은 백성을 아이같이 만들다

(1) 聖人無常心 以百姓心爲心 善者吾善之 不善者吾亦善之 德善
성인무상심 이백성심위심 선자오선지 불선자오역선지 덕선
信者吾信之 不信者吾亦信之 德信
신자오신지 불신자오역신지 덕신

성인(聖人)에게는 고정된 사심(私心)이 없고
백성의 마음으로 자신의 마음을 삼는다.
착한 사람도 착하게 대하고
착하지 않은 사람도 착하게 대하니
이는 성인(聖人)의 덕(德)이 진정 착하기 때문이로다.
진실한 사람도 진실하게 대하고
진실치 않은 사람도 진실하게 대하니
이는 성인(聖人)의 덕(德)이 진정 진실하기 때문이로다.

(2) 聖人在天下 歙歙焉 爲天下渾其心 百姓皆注其耳目
성인재천하 흡흡언 위천하혼기심 백성개주기이목
聖人皆孩之
성인개해지

성인(聖人)은 천하를 다스림에 있어
사람들의 욕심을 줄어들게 하고
천하를 위해 그 마음을 도(道)와 혼연 일체가 되게 하도다.
백성들의 눈과 귀가 모두 그에게 쏠리게 하여
성인은 백성을 모두 어린 아이같이 되게 하느니라.

제50장 귀생(貴生) : 참으로 오래 사는 길

(1) 出生入死 生之徒十有三 死之徒十有三 人之生 動之於死地
　　출생입사 생지도십유삼 사지도십유삼 인지생 동지어사지
　　亦十有三 夫何故 以其生生之厚
　　역십유삼 부하고 이기생생지후

삶에서 벗어나 자진하여 죽음으로 뛰어드는 수가 있노라.

제 수명을 다 사는 사람이 열 중 셋이요

단명으로 죽어 가는 사람이 열 중 셋이요

장수할 사람이 사지(死地)로 뛰어드는 사람 역시 열 중 셋이로다.

그 까닭이 무엇인고?

지나치게 오래 살려고 욕심을 내기 때문이로다.

(2) 蓋聞善攝生者 陸行不遇兕虎 入軍不被甲兵 兕無所投其角
　　개문선섭생자 육행불우시호 입군불피갑병 시무소투기각
　　虎無所用其爪 兵無所容其刃 夫何故 以其無死地
　　호무소용기조 병무소용기인 부하고 이기무사지

대개 이런 말이 있도다.

섭생을 잘 하는 사람은

육지로 가도 코뿔소나 호랑이를 만나지 않고

전쟁터에 나가도 무기에 상처를 입지 않고

외뿔소도 그의 뿔로 찌르지 못하고

무기도 예리한 날로 베지 못하도다.

그 까닭은 무엇인고?

그에게는 (생사를 초월하여)죽음의 여지가 없기 때문이로다.

제51장 양덕(養德) : 진정으로 덕을 쌓은 사람

(1) 道生之 德畜之 物形之 勢成之 是以 萬物 莫不尊道而貴德
   도생지 덕휵지 물형지 세성지 시이 만물 막부존도이귀덕
   道之尊 德之貴 夫莫之命而常自然
   도지존 덕지귀 부막지명이상자연

　도(道)는 만물을 낳고 덕(德)은 만물을 기르고
　물(物)은 만물을 형성하고 세(勢)는 만물을 이루도다.
　이런 이유로 만물은 도(道)를 존중하고
　덕(德)을 귀하게 여기지 않을 수 없도다.
　도(道)의 존귀함과 덕(德)의 귀중함은
　남의 강요(命)에 의해 그런 것이 아니라
　늘 저절로 그렇게 되는 것이로다.

(2) 故道生之 德畜之 長之育之 亭之毒之 養之覆之
   고도생지 덕휵지 장지육지 정지독지 양지복지

　그러므로 도(道)는 만물을 생성하고
　덕(德)은 만물을 양음하나니
　즉, 그것은 자라나게 하고 화육(化育)하며
　그것은 성숙하게하고 무르익게 하며
　그것은 보호하고 감싸주느니라.

(3) 生而不有 爲而不恃 長而不宰 是謂玄德
   생이불유 위이불시 장이부재 시위현덕

　도(道)는 만물을 낳고도 소유하지 않으며
　이룩되게 하고도 자랑하지 않으며

자라나게 하고도 지배하지 않나니
이를 일러 현덕(玄德)이라 하도다.

제52장 귀원(歸元) : 시원으로 복귀하라

(1) 天下有始 以爲天下母 旣得其母 以知其子 旣知其子
　　천하유시 이위천하모 기득기모 이지기자 기지기자
　　復守其母 沒身不殆
　　복수기모 몰신불태

　천지만물은 처음이 있으니 그것을 천하의 어머니라 하도다.
　그 어머니를 알면 그 아들(萬物)을 알 수 있도다.
　그 아들을 안 연후에 다시 어머니에게 돌아가 지켜야
　종신토록 위태롭지 않으리라.

(2) 塞其兌 閉其門 終身不勤 開其兌 濟其事 終身不救
　　색기태 폐기문 종신불근 개기태 제기사 종신불구

　탐욕의 구멍을 닫고
　정욕의 문을 닫으면
　한평생 피로하지 않으리라.
　그러나 탐욕과 정욕의 문을 열고
　그것을 충족시키려 한다면
　한평생 구제될 수 없으리라.

(3) 見小曰明 守柔曰强 用其光 復歸其明 無遺身殃 是謂襲常
　　견소왈명 수유왈강 용기광 복귀기명 무유신앙 시위습상

　은미한 것(道)을 보는 것을 밝음이라 하고
　유약한 것을 견지하는 것을 강하다 하느니라.
　(안의) 빛을 써서 현상계를 밝게 비추되

다시 안으로 되돌아가 은미한 도를 보는 밝음을 간직해야
자신에게 재앙을 초래하는 일이 없으리니
이를 일러 상도(常道)를 가지고 실천하는 삶이라 하느니라.

제53장 익증(益證) : 평탄한 대도를 두고 옆길로 가기를 좋아하니 무엇을 더 증명하랴

(1) 使我介然有知 行於大道 唯施是畏 大道甚夷 而民好徑
사 아 개 연 유 지　행 어 대 도　유 이 시 외　대 도 심 이　이 민 호 경

　만일에 내가 약간의 지혜라도 가졌다면
　대도(大道)를 걸을 것이며 옆길로 들어설까 경계하리로다.
　대도(大道)는 지극히 평탄하건만
　사람들은 옆길을 좋아하도다.

(2) 朝甚除 田甚蕪 倉甚虛 服文綵 帶利劍 厭飮食 財貨有餘
조 심 제　전 심 무　창 심 허　복 문 채　대 리 검　염 음 식　재 화 유 여
是謂盜夸 非道也哉
시 위 도 과　비 도 야 재

　조정의 통치자가 심히 부패하였으니
　논밭은 황폐해지고 창고는 텅텅 비어있도다.
　통치자들은 화려한 옷을 걸쳐 입고
　예리한 보검을 허리에 차고
　맛있는 음식을 싫도록 먹고
　재화는 넘치도록 쌓아 두느니라.
　이를 일러 도적놈의 두목이라 하느니라.
　이 얼마나 도(道)에 어긋나는 것인고!

제54장 수관(修觀) : 영원한 도를 잘 닦아 보아라

(1) 善建者不拔 善抱者不脫 子孫以祭祀不輟
선 건 자 불 발 선 포 자 불 탈 자 손 이 제 사 불 철

마음속에 잘 세운 도(道)는 뽑히지 않고

마음속에 꼭 껴안은 덕(德)은 빠지지 않느니라.

도(道)를 잘 세우고 덕(德)을 꼭 껴안으면

자손들이 대대로 끊이지 않고 제사를 드리게 되리로다.

(2) 修之於身 其德乃眞 修之於家 其德乃餘 修之於鄕 其德乃長
수 지 어 신 기 덕 내 진 수 지 어 가 기 덕 내 여 수 지 어 향 기 덕 내 장

修之於國 其德乃豊 修之於天下 其德乃普
수 지 어 국 기 덕 내 풍 수 지 어 천 하 기 덕 내 보

도(道)로써 몸을 닦으면 그 덕(德)이 곧 진실한 것이요

도(道)로써 집안을 다스리면 그 덕(德)이 곧 넘칠 것이요

도(道)로써 고을을 다스리면 그 덕(德)이 곧 오래 전해질 것이요

도(道)로써 나라를 다스리면 그 덕(德)이 곧 풍성할 것이요

도(道)로써 천하를 다스리면 그 덕(德)이 곧 두루 미치리로다.

(3) 故以身觀身 以家觀家 以鄕觀鄕 以國觀國 以天下觀天下
고 이 신 관 신 이 가 관 가 이 향 관 향 이 국 관 국 이 천 하 관 천 하

그런고로 (이런 말이 있느니라)

내 몸에 지닌 도와 덕을 가지고 남의 몸을 보고

내 집의 도와 덕으로써 남의 집을 보고

내 고을의 도와 덕으로써 남의 고을을 보고

내 나라의 도와 덕으로써 남의 나라를 보고

내가 처해 있는 천하의 도와 도덕으로써 온 천하를 보아야 하느니라.

(4) 吾何以知天下然哉 以此
오 하 이 지 천 하 연 재 이 차

내가 무엇으로 천하가 그러함을 알 수 있으리오?
도(道)의 무궁무진함으로써 알도다.

제55장 현부(玄符) : 도를 아는 사람은 도의 신비한 징조를 본다

(1) 含德之厚 比於赤子 蜂蠆虺蛇不螫 猛獸不據 攫鳥不搏
함 덕 지 후 비 어 적 자 봉 채 훼 사 불 석 맹 수 불 거 확 조 불 박

덕(德)을 돈독하게 간직한 이는 갓난아기에 비할 만하도다.
독충도 쏘거나 물지를 않고
맹수도 덤벼들거나 할퀴지 않으며
사나운 새도 덮치거나 채가지를 않도다.

(2) 骨弱筋柔而握固 未知牝牡之合而全作 精之至也 終日號而不
골 약 근 유 이 악 고 미 지 빈 모 지 합 이 전 작 정 지 지 야 종 일 호 이 불
嗄 和之至也
사 화 지 지 야

뼈는 유약하고 근육은 부드럽지만 오므리는 힘이 굳고
암수의 결합을 모르건만 성기가 벌떡 일어나나니
이는 정기(精氣)가 충만해 있기 때문이로다.
온종일 울어대도 목쉬는 일이 없으니
이는 음양의 기운이 조화를 이루고 있기 때문이로다.

(3) 知和曰常 知常曰明 益生曰祥 心使氣曰强
지 화 왈 상 지 상 왈 명 익 생 왈 상 심 사 기 왈 강

음양의 조화를 아는 것을 상(常 : 道)이라 하고
상(常 : 道)을 아는 것을 명(明)이라 하도다.
억지로 오래 살려 하는 것을 흉(凶 : 祥)이라 하고
욕심으로 정기를 부리는 것을 강(强)이라 하도다.

(4) 物壯則老 謂之不道 不道早已

물장즉노 위지부도 부도조이

만물은 억지와 무리를 쓰면 쇠하는 법
이것이 바로 무위자연의 도에 어긋나는 것이니
도(道)에 어긋나면 곧 망하는 법이니라.

제56장 현덕(玄德) : 신비스러운 덕

(1) 知者不言 言者不知 塞其兌 閉其門 挫其銳 解其紛 和其光
지자불언 언자부지 색기태 폐기문 좌기예 해기분 화기광
同其塵 是謂玄同
동기진 시위현동

참으로 깨달은 이는 말이 없고
말 많은 자는 깨닫지 못한 자로다.
도(道)를 터득한 이는
정욕의 구멍을 막고, 탐욕의 문을 닫도다.
자신의 모난 것을 무디게 하고
마음속에 뒤엉킨 것을 풀도다.
자신의 지식을 내세우지 않고
세상 사람들과 어울리도다.
이를 일러 현동(玄同 : 도와 혼연일체)이라 하느니라.

(2) 故不可得而親 不可得而疎 不可得而利 不可得而害 不可得而貴
고불가득이친 불가득이소 불가득이리 불가득이해 불가득이귀
不可得而賤 故爲天下貴
불가득이천 고위천하귀

이런 경지에 이른 이는
친해질 수도 없고, 소원해질 수도 없으며
이롭게 할 수도 없고, 해롭게 할 수도 없으며
귀하게 높일 수도 없고, 천하게 낮출 수도 없도다.
그러므로 천하에서 가장 존귀한 이가 되도다.

제57장 순풍(淳風) : 무위자연으로 다스리는 통치자로부터 불어오는 순수한 바람

(1) 以正治國 以奇用兵 以無事取天下 吾何以知其然哉 以此
이 정 치 국 이 기 용 병 이 무 사 취 천 하 오 하 이 지 기 연 재 이 차

나라를 다스리는 데는 정도(正道)로써 하고
병사(兵事)에는 기발한 작전을 써서 하지만
천하를 얻는 데는 무위무사(無爲無事)로써 하는 법이라.
나 무엇으로써 이러함을 알게 되는고?
무위자연의 도로써 알게 되느니라.

(2) 天下多忌諱 而民彌貧 民多利器 國家滋昏 人多伎巧 奇物滋
천 하 다 기 휘 이 민 미 빈 민 다 리 기 국 가 자 혼 인 다 기 교 기 물 자
起 法令滋彰 盜賊多有
기 법 령 자 창 도 적 다 유

천하에 금기가 많으면 백성은 더욱 가난해지고
통치자가 권모술수를 부릴수록 나라는 더욱 혼란해지고
사람들이 간교한 꾀를 많이 쓸수록 고약한
일들이 더욱 많이 일어나고
법령(法令)이 더욱 다양해질수록 도둑이 더욱 득실거리게 되느니라.

(3) 故聖人云 我無爲 而民自化 我好靜 而民自正 我無事 而民自
고 성 인 운 아 무 위 이 민 자 화 아 호 정 이 민 자 정 아 무 사 이 민 자
富 我無欲 而民自樸
부 아 무 욕 이 민 자 박

그러므로 성인(聖人)은 말했다.

내가 잔꾀를 부리지 아니하니
백성들이 저절로 교화되고
내가 고요함을 좋아하니
백성들이 저절로 정의로워지고
내가 아무 일도 꾸미지 않으니
백성들이 저절로 부(富)를 누리고
내가 욕심을 내지 않으니
백성들이 더욱 순박해지도다.

제58장 순화(順化) : 백성들 순박하게 하는 길

(1) 其政悶悶 其民醇醇 其政察察 其民缺缺
기정민민 기민순순 기정찰찰 기민결결

정치가 깊고 어두우면 백성들이 순박해지고
정치가 잔꾀를 부리면 백성들이 교활해지느니라.

(2) 禍兮福之所倚 福兮禍之所伏 孰知其極 其無正 正復爲奇
화혜복지소의 복혜화지소복 숙지기극 기무정 정복위기
善復爲妖 人之迷 其日固久
선복위요 인지미 기일고구

재앙 속에 축복이 깃들어 있고
축복 속에 재앙이 숨어 있느니라.
누구라 그 종말을 알 수 있으리오?
세상에는 영구히 올바른 것이 없느니라.
올바르다는 것은 사악한 것으로 변하고
훌륭하다는 것은 요상한 것으로 변하나니
사람들이 이 이치를 모르고 미혹된 지 오래이니라.

(3) 是以 聖人 方而不割 廉而不劌 直而不肆 光而不耀
시이 성인 방이불할 염이불귀 직이불사 광이불요

그런고로 성인(聖人)은
자신이 방정하다 해서 남을 자르고 베어서
방정하게 만들고자하지 않고
자신이 청렴하다 해서 남을 상심케 하지 않고
자신이 곧다 해서 남을 강요하지 않고
자신이 빛난다 해서 남을 눈부시게 현혹시키지 않느니라.

제59장 수도(守道) : 도를 지킴에 이로운 점

(1) 治人事天 莫若嗇 夫唯嗇 是謂早服 早服 謂之重積德 重積德
치 인 사 천 막 약 색 부 유 색 시 이 조 복 조 복 위 지 중 적 덕 중 적 덕
則無不克 無不克 則莫知其極
즉 무 불 극 무 불 극 즉 막 지 기 극

나라를 다스리고 하늘을 섬기는 데는

검소한 것 만한 것이 없느니라.

오직 검소해야 빨리 도(道)에 순응하게 되리로다.

빨리 도(道)에 순응함을 일러 덕(德)을 거듭 쌓는다 하노니

덕을 쌓으면 이기지 못할 것이 없고

극복하지 못할 것이 없으면

도(道)와 같이 한없는 능력을 간직하게 되리라.

(2) 莫知其極 可以有國 有國之母 可以長久 是謂 深根固柢
막 지 기 극 가 이 유 국 유 국 지 모 가 이 장 구 시 위 심 근 고 저
長生久視之道
장 생 구 시 지 도

한없는 능력을 간직하면

가히 나라를 차지할 수 있을 것이며

치국(治國)의 근본 도리를 지키면

오래오래 갈 수 있으리니

이를 일러 뿌리가 깊고 튼튼하다 하며

장생구시(長生久視 : 오래오래 사는 도)의 도라 하느니라.

제60장 거위(居位) : 도를 가지고 천하에 임하라

(1) 治大國 若烹小鮮
　　치 대 국　약 팽 소 선

　큰 나라를 다스릴 때는
　마치 작은 생선을 지지듯이 조심할지니라.

(2) 以道莅天下 其鬼不神 非其鬼不神 其神不傷人 非其神不傷人
　　이 도 리 천 하　기 귀 불 신　비 기 귀 불 신　기 신 불 상 인　비 기 신 불 상 인
　　聖人亦不傷人 夫兩不相傷 故德交歸焉
　　성 인 역 불 상 인　부 량 불 상 상　고 덕 교 귀 언

　도(道)를 가지고 천하에 임하면
　음귀(陰鬼)도 조화를 부리지 못하며
　비단 음귀(陰鬼)만이 조화를 부리지 못할 뿐만 아니라
　양신(陽神)도 사람을 해치지 못하며
　비단 양신(陽神)만이 사람을 해치지 못할 뿐만 아니라
　성인(聖人)도 또한 사람을 해치지 못하게 되리로다.
　무릇 귀신과 성인이 사람을 해치지 못하므로
　모든 덕(德)이 고스란히 백성에게 돌아가게 되리로다.

제61장 겸덕(謙德) : 큰 나라는 겸손한 덕을 가짐으로 도에 합한다

(1) 大國者下流 天下之牝 天下之交也 牝常以靜勝牡 以靜爲下
    대국자하류 천하지빈 천하지교야 빈상이정승모 이정위하
    故大國 以下小國 則取小國 小國以下大國 則取大國 故或下
    고대국 이하소국 즉취소국 소국이하대국 즉취대국 고혹하
    以取 或下而取
    이취 혹하이취

   큰 나라는 강의 하류와 같으니
   천하의 모든 나라와 사람들이 모여드느니라.
   큰 나라는 천하의 암컷과도 같으니
   언제나 고요로써 수컷을 이기고
   고요로써 몸을 아래쪽에 두도다.
   그런고로 큰 나라는 겸손하게 자신을 작은 나라 밑에 둠으로써
   작은 나라를 얻게 되며
   작은 나라 또한 자신을 큰 나라 밑에 둠으로써
   큰 나라를 얻게 되도다.
   이렇게 큰 나라도 겸손으로써 얻게 되고
   작은 나라도 겸손으로써 얻게 되느니라.

(2) 大國不過欲兼畜人 小國不過欲入事人 夫兩者各得所欲
    대국불과욕겸축인 소국불과욕입사인 부량자각득소욕
    大者宜爲下
    대자의위하

   큰 나라는 오직 모든 나라를 합하여 다 같이

백성들을 보살피기를 원할 뿐이요,
작은 나라 역시 큰 나라에 합하여 다 같이
백성을 돌보고자 할 뿐이로다.
서로가 다 소원을 성취하고자 하면 의당
큰 나라가 자신을 스스로 낮추어야 하느니라.

제62장 위도(爲道) : 천하에서 가장 귀한 것은 도로써 행하는 것

(1) 道者萬物之奧 善人之寶 不善人之所保
　　도 자 만 물 지 오 선 인 지 보 불 선 인 지 소 보

　　도(道)는 만물의 내밀성(內密性)이로다.
　　착한 사람의 보배요
　　착하지 못한 사람도 이를 간직하고 있노라.

(2) 美言可以市尊 美行可以加人 人之不善 何棄之有 故立天子
　　미 언 가 이 시 존 미 행 가 이 가 인 인 지 불 선 하 기 지 유 고 립 천 자
　　置三公 雖有拱璧 以先駟馬 不如坐進此道
　　치 삼 공 수 유 공 벽 이 선 사 마 불 여 좌 진 차 도

　　도(道)를 터득한 성인의 좋은 말은 시장에서 잘 팔리고
　　훌륭한 행실은 선물로써 주어질 수 있노라.
　　착하지 못한 사람이라 해서 어찌 그것을 거절할 수 있으리오?
　　그러므로 천자(天子)를 세우고 삼공(三公)을 두어 나라를 세울 때에
　　아름드리 구슬을 받쳐 들고 사두(四頭) 마차를 진상하는 것보다는
　　가만히 앉아 이 도(道)를 진상하는 편이 더 나으리로다.

(3) 古之所以貴此道者何 不曰 求以得 有罪以免邪 故爲天下貴
　　고 지 소 이 귀 차 도 자 하 불 왈 구 이 득 유 죄 이 면 야 고 위 천 하 귀

　　옛 사람들이 이 도(道)를 귀하게 여긴 까닭이 무엇일꼬?
　　이 도(道)에 의해 '구하는 바는 얻고
　　죄 있으면 사함을 받느니라' 하지 않았느냐?
　　그런고로 도(道)를 천하에서 가장 귀하게 여기느니라.

제63장 은시(恩始) : 덕으로 원한을 보답하는 것이 도의 은혜

(1) 爲無爲 事無事 味無味
위무위 사무사 미무미

성인(聖人)은 나라를 다스리되 무위(無爲)로써 다스리고
일을 처리하되 무사(無事)로써 처리하고
맛을 보되 무미(無味)로써 맛으로 여기도다.

(2) 大小多少 報怨以德
대소다소 보원이덕

작은 것을 크게 보고, 적은 것을 많게 보아서
원한을 갚되 덕(德)으로 하느니라.

(3) 圖難於其易 爲大於其細 天下難事 必作於易 天下大事
도난어기이 위대어기세 천하난사 필작어이 천하대사
必作於細 是以聖人 終不爲大 故能成其大
필작어세 시이성인 종불위대 고능성기대

어려운 일은 그것이 쉬울 때 풀어야 하고
큰일은 그것이 작을 때 해결하도다.
세상의 어려운 일은 반드시 쉬운데서 시작되고
세상의 큰일은 반드시 작은데서 시작되도다.
그러므로 성인(聖人)은 끝내 큰일을 하려 들지 않음으로
능히 큰일을 이룰 수 있느니라.

(4) 夫輕諾必寡信 多易必多難 是以聖人猶難之 故終無難矣
부 경 낙 필 과 신 다 이 필 다 난 시 이 성 인 유 난 지 고 종 무 난 의

무릇 가볍게 승낙을 잘하는 사람은 믿기가 어렵고
너무 쉽게 생각하면 반드시 어려움에 마주치게 되느니라.
그러므로 성인(聖人)은 모든 것을 어렵게 여김으로
끝내 어려운 일에 봉착하지 않느니라.

제64장 수미(守微) : 은미한 도를 잘 지킴으로 일을 잘 처리함

(1) 其安易持 其未兆易謀 其脆易泮 其微易散 爲之於未有
기안이지 기미조이모 기취이반 기미이산 위지어미유
治之於未亂
치지어미란

안정된 것은 유지하기가 쉽고

징조가 아직 나타나지 않은 것은 처리하기가 쉽고

얼음처럼 연약한 것은 녹기가 쉽고

세미한 것은 흩어지기 쉽다.

일은 생기기 전에 처리하는 것이 좋고

나라는 어지러워지기 전에 다스리는 것이 좋으니라.

(2) 含抱之木 生於毫末 九層之臺 起於累土 千里之行 始於足下
합포지목 생어호말 구층지대 기어루토 천리지행 시어족하

아름드리나무도 미미한 씨앗에서 생겨나고

구층탑도 한줌 흙을 쌓아 올림으로 시작되고

천리 길도 한걸음으로 시작되느니라.

(3) 爲者敗之 執者失之 是以聖人無爲 故無敗 無執 故無失
위자패지 집자실지 시이성인무위 고무패 무집 고무실

인위적으로 잘하려면 실패하고

꽉 잡으려 하면 잃느니라.

그러므로 성인(聖人)은 인위적으로 하려하지 않으므로

실패하지 않고

꽉 잡으려하지 않으므로 잃지 않느니라.

(4) 民之從事 常於幾成而敗之 愼終如始 則無敗事
민 지 종 사 상 어 기 성 이 패 지 신 종 여 시 칙 무 패 사

사람들이 일을 할 때는 언제나

일이 성취되려 할 즈음에 이르러 실패하느니

끝맺음에 있어서도 시작할 때와 같이 삼가면

실패하는 일이 없으리로다.

(5) 是以聖人欲不欲 不貴難得之貨 學不學 復衆人之所過 以輔萬
시 이 성 인 욕 불 욕 불 귀 난 득 지 화 학 불 학 복 중 인 지 소 과 이 보 만

物之 自然 而不敢爲
물 지 자 연 이 불 감 위

그런고로 성인(聖人)은 욕심내지 않기를 힘쓰고

얻기 힘든 보화(寶貨)를 귀중히 여기지 않도다.

박식한 자 되지 않기를 힘쓰고

사람들의 지나친 욕심을 본래의 모습대로 복귀시키도다.

만물의 모습을 자연 그대로 온전히 보존하기 위해

감히 억지를 부리지 않도다.

제65장 순덕(淳德) : 순박한 덕으로 나라를 다스려야

(1) 古之善爲道者 非以明民 將以愚之 民之難治 以其智多
　　고지선위도자 비이명민 장이우지 민지난치 이기지다
　　故以智治國 國之賊 不以智治國 國之福
　　고이지치국 국지적 불이지치국 국지복

　　예로부터 도(道)를 잘 닦은 사람은
　　그 도(道)로써 백성들을 영리하게 만들지 않고
　　도리어 우둔하고 순박하게 만들었느니라.
　　백성들을 다스리기가 어려운 까닭은
　　그들이 지나치게 영리하기 때문이로다.
　　그러므로 인간의 간교한 지혜로써 나라를 다스리는 자는
　　나라의 역적이요
　　인간의 지혜가 아닌 순박한 도로써 나라를 다스리는 자는
　　나라의 축복이 되도다.

(2) 知此兩者亦稽式 常知稽式 是謂玄德 玄德深矣 遠矣 與物反
　　지차량자역계식 상지계식 시위현덕 현덕심의 원의 여물반
　　矣 然後乃是大順
　　의 연후내시대순

　　언제나 정치의 법도를 알고 지키는 것을
　　현덕(玄德)이라 부르느니라.
　　현덕(玄德)은 심오하고도 원대하구나!
　　속세와 반대이면서 만물과 더불어 도에 복귀하는구나!
　　그리하여 도(道)와 크게 합일되도다.

제66장 후기(後己) : 자신을 뒤로 하는 백성의 왕

(1) 江海所以能爲百谷王者 以其善下之 故能爲百谷王 是以聖人
　　강해소이능위백곡왕자 이기선하지 고능위백곡왕 시이성인

　　欲上民 必以言下之 欲先民 必以身後之
　　욕상민 필이언하지 욕선민 필이신후지

　　강과 바다가 백곡(百谷)의 왕이 될 수 있는 까닭은

　　낮은 곳에 처하여 골짜기의 물을 받아들일 수 있기 때문이니라.

　　그런고로 강과 바다는 백곡(百谷)의 왕이 되도다.

　　이 때문에 성인(聖人)은 백성들 위에 오르고자 할 때

　　반드시 공손한 말로 자신을 낮추고

　　백성들 앞에 서고자 할 때

　　반드시 자신을 뒤로 하느니라.

(2) 是以聖人 處上而民不重 處前而民不害 是以天下樂推而不厭
　　시이성인 처상이민부중 처전이민불해 시이천하락추이불염

　　以其不爭 故天下莫能與之爭
　　이기부쟁 고천하막능여지쟁

　　그런고로 성인(聖人)이 백성들 위에 있어도

　　백성들이 짐스러워 하지 않고

　　성인(聖人)이 백성들 앞에 서도

　　백성들이 방해받는 것으로 여기지 않도다.

　　그런고로 천하가 기꺼이 그를 떠받들고

　　그를 싫어하지 않도다.

　　성인(聖人)은 다투지 않음으로 해서

　　온 천하가 그와 다투려 들지 않도다.

제67장 삼보(三寶) : 자애심(慈愛心)·검소(儉素)·겸허(謙虛)의 3가지 보물

(1) 天下皆謂我道大 似不肖 夫唯大 故似不肖 若肖 久矣其細也夫
천하개위아도대 사불초 부유대 고사불초 약초 구의기세야부

　천하의 모든 사람들은 나의 도(道)가 너무나 커서

　불초(不肖)한 것 같다고 말하도다.

　정말 도(道)는 크기 때문에 불초한 것 같으니라.

　도(道)가 만일 불초한 것이었다면

　도(道)는 이미 오래 전에 미소한 것이 되고 말았으리라.

(2) 我有三寶 持而保之 一曰慈 二曰儉 三曰不敢爲天下先
아유삼보 지이보지 일왈자 이왈검 삼왈불감위천하선
慈故能勇 儉故能廣 不敢爲天下先 故能成器長
자고능용 검고능광 불감위천하선 고능성기장

　나에게는 3가지 보배가 있노니

　나는 언제나 그것을 지니고 보존하노라.

　첫째는 자애심(慈愛心)이요, 둘째는 검소(儉素)함이요

　셋째는 감히 세상 사람들 앞에 나서지 않는 것이로다.

　자애심으로써 용감할 수 있고

　검소함으로써 널리 베풀 수 있고

　겸허함으로써 만인의 으뜸이 될 수 있느니라.

(3) 今舍慈且勇 舍儉且廣 舍後且先 死矣 夫慈以戰則勝 以守則
금 사 자 차 용 사 검 차 광 사 후 차 선 사 의 부 자 이 전 즉 승 이 수 즉

固 天將救之 以慈衛之
고 천 장 구 지 이 자 위 지

헌데 오늘날 사람들은 자애심을 버리고 용맹을 좋아하고

검소함을 버리고 낭비를 좋아하고

겸허함을 버리고 나서기를 좋아하니

결국 죽고 말리로다.

대저 자애심을 가져 싸우면 이기고

자애심을 가져 지키면 튼튼하니라.

자애심을 가진 자는 하늘도 그를 구해 줄 것이요

그 자애심으로써 지켜 주리로다.

제68장 배천(配天) : 하늘과 가장 잘 짝하는 사람

(1) 善爲士者不武 善戰者不怒 善勝敵者不與 善用人者爲之下
　　선 위 사 자 불 무　선 전 자 불 노　선 승 적 자 불 여　선 용 인 자 위 지 하

　훌륭한 무사는 힘을 내보이지 않고

　잘 싸우는 사람은 노한 기색을 내지 않고

　적에게 잘 이기는 사람은 함부로 싸우지 않고

　사람을 잘 쓰는 사람은 자신을 그 아래 두느니라.

(2) 是謂不爭之德 是謂用人之力 是謂配天古之極
　　시 위 부 쟁 지 덕　시 위 용 인 지 력　시 위 배 천 고 지 극

　이를 일러 다투지 않는 덕(不爭之德)이라 하고

　이를 일러 사람 잘 쓰는 힘(用人之力)이라 하고

　이를 일러 하늘과 짝함에 가장 잘 맞는다(配天之極)고 하느니라.

제69장 현용(玄用) : 병기(兵器)를 잘 쓰는 방법

(1) 用兵有言 吾不敢爲主 而爲客 不敢進寸 而退尺 是謂行無行
용병유언 오불감위주 이위객 불감진촌 이퇴척 시위행무행

攘無臂 扔無敵 執無兵
양무비 잉무적 집무병

병법에는 이런 말이 있도다.

싸움을 거는 자 되지 말고 부득이하게 맞는 방어자가 되어라.

한 치라도 진격하지 말고 한 자를 후퇴하라.

이를 일러 전진 없는 전진을 한다 하고

팔을 걷어 올리는 일이 없으니

적이 없는 것 같다고 하고

쓰지 않으니 병기(兵器)를 잡아도 잡지 않는 것 같다고 하노라.

(2) 禍莫大於輕敵 輕敵幾喪吾寶 故抗兵相加 哀者勝矣
화막대어경적 경적기상오보 고항병상가 애자승의

적을 경시하는 것보다 더 큰 화가 없느니라.

적을 경시하면 자신의 보배를 거의 잃게 되리라.

그러므로 무기를 들고 맞붙어 싸울 때에는

전쟁을 슬프게 여기는 자가 이기게 마련이니라.

제70장 지난(知難) : 도를 터득한 자 알기 어렵다

(1) 吾言 甚易知 甚易行 天下 莫能知 莫能行
오언 심이지 심이행 천하 막능지 막능행

내 말은 지극히 이해하기 쉽고
지극히 실행하기 쉽거늘
이 세상에는 이해하는 사람도 없고
실행하는 사람도 없도다.

(2) 言有宗 事有君 夫唯無知 是以不我知
언유종 사유군 부유무지 시이불아지

말에는 근원(道)이 있고
일에는 주재자(道)가 있는 법인데
대저 그 사실을 모르는 고로
(도를 터득한) 나를 이해하지 못하도다.

(3) 知我者希 則我者貴 是以聖人被褐懷玉
지아자희 측아자귀 시이성인피갈회옥

나를 아는 자 거의 없으니 나는 귀해지노라.
그런고로 성인(聖人)은 거친 베옷을 입고
속에는 옥구슬을 품고 있다 하도다.

제71장 지병(知病) : 참으로 병을 아는 자

(1) 知不知上 不知知病也
지 부 지 상 부 지 지 병 야

알면서도 모른다 하는 것이 최상이요

모르면서도 안다고 하는 것이 병통이로다.

(무릇 병통을 병으로 아는 이는 이미 병이 든 자가 아니라)

(2) 聖人不病 以其病病 夫唯病病 是以不病
성 인 불 병 이 기 병 병 부 유 병 병 시 이 불 병

성인(聖人)이 병통이 없는 것은

그 병을 병으로 아는 까닭에

병폐가 없는 것이로다.

제72장 애기(愛己) : 힘만으로 백성을 다스림은 이기적인 것

(1) 民不畏威 則大威至
민 불 외 위 즉 대 위 지

백성들이 통치자의 위압을 두려워하지 않게 될 때
큰 위험이 닥치느니라.

(2) 無狎其所居 無厭其所生 夫唯不厭
무 압 기 소 거 무 염 기 소 생 부 유 불 염

백성들의 거처나 행동을 압박하는 일이 없도록 할 것이며
백성들의 생업을 압박하는 일이 없도록 할지로다.
오직 압박하지 않으니 통치자를 미워하지 않으리로다.

(3) 是以不厭 是以聖人 自知不自見 自愛不自貴 故去彼取此
시 이 불 염 시 이 성 인 자 지 부 자 현 자 애 부 자 귀 고 거 피 취 차

그런고로 성인(聖人)은 스스로 알면서도 나타내 보이지 않고
스스로 사랑하면서도 자신을 귀하게 여기지 않느니라.
성인(聖人)은 위압을 버리고
무위(無爲)의 정치를 펴도다.

제73장 임위(任爲) : 통치자는 하늘의 뜻을 따라 다스릴뿐 임의로 백성을 벌줄 수 없다

(1) 勇於敢則殺 勇於不敢則活 此兩者 或利或害 天之所惡
　　용어감즉살 용어불감즉활 차량자 혹리혹해 천지소오
　　孰知其故 是以聖人猶難之
　　숙지기고 시이성인유난지

　　형벌을 내림에 있어 과감하면 사람을 죽이고
　　형 집행에 과감하지 않으면 사람을 살린다 하도다.
　　이 두 가지 태도는 인간적 척도로는 잘했다고도 할 수 있고
　　잘못했다고도 할 수 있느니라.
　　그러나 하늘이 미워하는 바가 무엇이며
　　또 왜 미워하는지를 누구라서 알리오?
　　성인도 그것을 알기 어려워하도다.

(2) 天之道 不爭而善勝 不言而善應 不召而自來 繟然而善謀
　　천지도 부쟁이선승 불언이선응 불소이자래 천연이선모

　　하늘의 도(道)는 다투지 않아도 잘 이기고
　　말하지 않아도 잘 응하고
　　부르지 않아도 스스로 오고
　　명백한 의도를 드러내 보이지 않으면서도
　　좋은 결과를 가져오도다.

(3) 天網恢恢 疏而不失
　　천망회회 소이불실

　　하늘의 법망은 넓고 넓어 성글지만
　　놓치는 일이 없도다.

제74장 제혹(制惑) : 사형집행은 오직 하늘만이 할 수 있는 일

(1) 民不畏死 奈何以死懼之 若使民常畏死 而爲奇者 吾得執而殺
   민 불 외 사 나 하 이 사 구 지　약 사 민 상 외 사　이 위 기 자 오 득 집 이 살
   之 孰敢
   지 숙 감

백성들이 죽음을 두려워하지 않는다면

어찌 백성들을 죽음으로써 공갈칠 수 있으리오?

설령 백성들로 하여금 죽음을 두려워하게 하고

범법자를 내가 잡아 사형에 처할 수 있다 손치더라도

어찌 그렇게 할 수 있으리오?

(2) 常有司殺者殺 夫代司殺者殺 是謂代大匠斲 夫代大匠斲者
   상 유 사 살 자 살　부 대 사 살 자 살　시 위 대 대 장 착　부 대 대 장 착 자
   希有不 傷其手矣
   희 유 불　상 기 수 의

언제나 (하늘에는)죽음을 다스리는 자가(司殺者) 있어

사형을 집행하도다.

무릇 하늘의 사살자(司殺者)를 대신하여 사형집행을 한다는 것은

큰 목수를 대신하여 나무를 깎는 격이라 하겠도다.

무릇 큰 목수를 대신하여 나무 깎기를 하는 자는

그 손을 다치지 않는 일이 거의 없느니라.

제75장 탐손(貪損) : 진정한 통치자는 무위로 다스린다

(1) 民之饑 以其上食稅之多 是以饑 民之難治 以其上之有爲
   민 지 기 이 기 상 식 세 지 다 시 이 기 민 지 난 치 이 기 상 지 유 위
   是以難治 民之輕死 以其上求生之厚 是以輕死
   시 이 난 치 민 지 경 사 이 기 상 구 생 지 후 시 이 경 사

 백성들이 굶주리는 것은
 통치자가 많은 세금을 거둬들이기 때문이로다.
 이 때문에 백성들은 굶주리도다.
 백성들을 다스리기 어려운 것은
 통치자가 인위적으로 일을 꾸미기 때문이로다.
 이 때문에 백성들을 다스리기가 어렵도다.
 백성들이 죽음을 가벼이 여기는 것은
 통치자가 지나치게 잘살려고 힘쓰기 때문이로다.
 이 때문에 백성들은 죽음을 가벼이 여기도다.

(2) 夫唯無以生爲者 是賢於貴生
   부 유 무 이 생 위 자 시 현 어 귀 생

 삶에 집착하지 않는 자가 오히려
 자신의 육신을 소중히 여기는 자보다
 더 현명하니라.

제76장 계강(戒强) : 지나치게 강한 것은 부러지게 마련

(1) 人之生也柔弱 其死也堅强 萬物草木之生也柔脆 其死也枯槁
　　인 지 생 야 유 약　기 사 야 견 강 만 물 초 목 지 생 야 유 취 기 사 야 고 고
　　故堅 强者死之徒 柔弱者生之徒
　　고 견 강 자 사 지 도 유 약 자 생 지 도

　사람이 살아 있을 때는 부드럽고 연하지만
　죽으면 딱딱하게 굳어 버리도다.
　동식물 역시 살아 있을 때는
　부드럽고 연하지만
　죽으면 말라붙고 굳어 버리도다.
　그러므로 억세고 굳은 것은 사자(死者)의 무리이오
　부드럽고 연한 것은 생자(生者)의 무리로다.

(2) 是以兵强則不勝 木强則兵 强大處下 柔弱處上
　　시 이 병 강 즉 불 승 목 강 즉 병 강 대 처 하 유 약 처 상

　그러므로 병력(兵力)이 강(强)하면 이기지 못하고
　나무가 굳으면 꺾이고 말도다.
　강대한 것은 결국 밑에 깔리게 되고
　유약한 것은 결국 윗자리에 오르게 되도다.

제77장 천도(天道) : 하늘의 도리를 믿고 인간의 꾀를 버리라

(1) 天之道 其猶張弓與 高者抑之 下者擧之 有餘者損之
천지도 기유장궁여 고자억지 하자거지 유여자손지

不足者補之
부족자보지

하늘의 도(道)는 마치 활시위를 메는 것과도 같도다.

높은 것은 내리 누르고

낮은 것은 높게 하며

남아도는 것은 줄이고

모자라는 것은 보충해 주도다.

(2) 天之道 損有餘而補不足 人之道 則不然 損不足以奉有餘
천지도 손유여이보부족 인지도 즉불연 손부족이봉유여

하늘의 도(道)는 남아도는 것을 덜어

부족한 것을 채워주나

사람의 도(道)는 그렇지 아니하니

부족한 것을 덜어 남아도는 것을 보태도다.

(3) 孰能有餘以奉天下 唯有道者
숙능유여이봉천하 유유도자

누가 능히 남아도는 것으로써

천하를 받들 수 있으리오?

오직 도(道)를 터득한 사람뿐이로다.

(4) 是以聖人爲而不恃 功成而不處 其不欲見賢

시 이 성 인 위 이 불 시 공 성 이 불 처 기 불 욕 현 현

그런고로 성인(聖人)은 이루고도 자랑하지 않고
큰 공을 세우고도 그 자리에 연연하지 않으며
자신의 현명함을 드러내 보이려 하지 않도다.

제78장 임신(任信) : 임금은 나라의 오욕과 불행을 떠맡은 사람

(1) 天下莫柔弱於水 而攻堅强者 莫之能勝 以其無以易之
천 하 막 유 약 어 수 이 공 견 강 자 막 지 능 승 이 기 무 이 역 지

천하에는 물보다 더 부드럽고 약한 것이 없도다.

허나 굳고 강한 것을 치는 데는 물보다 더 뛰어난 것이 없느니라.

이는 물의 본성을 바꿀 만한 것이 없기 때문이로다.

(2) 弱之勝强 柔之勝剛 天下 莫不知 莫能行
약 지 승 강 유 지 승 강 천 하 막 부 지 막 능 행

약한 것이 강한 것을 이기고

부드러운 것이 딱딱한 것을 이긴다는 사실을

천하에 모를 사람이 없건만 능히 실천하는 이는 없도다.

(3) 是以聖人云 受國之垢 是謂社稷主 受國之不祥 是爲天下王
시 이 성 인 운 수 국 지 구 시 위 사 직 주 수 국 지 불 상 시 위 천 하 왕
正言若反
정 언 약 반

성인(聖人)은 이렇게 말했노라.

나라의 오욕을 떠맡는 이가 바로 사직의 주인(主人)이오

나라의 불행(不幸)을 떠맡는 이가 바로 천하의 주인(主人)이로다.

실로 진리의 말(正言)은 마치 세상의 일과는 정반대같이 들리도다.

제79장 임계(任契) : 덕 있는 위정자는 턱없는 세금을 거둬들이지 않는다

(1) 和大怨 必有餘怨 安可以爲善
   화 대 원 필 유 여 원 안 가 이 위 선

   깊은 원한은 아무리 풀어준다 해도
   반드시 응어리가 남게 마련이로다.
   (한을 맺게 한 후에)
   그 한을 풀어 주었다 해서
   어찌 잘했다 할 수 있으리오.

(2) 是以聖人執左契 而不責於人 有德司契 無德司徹
   시 이 성 인 집 좌 계 이 불 책 어 인 유 덕 사 계 무 덕 사 철

   이런 이유로 성인(聖人)은 좌계(左契 : 채권)를
   잡고서 채무자를 독촉하지 않느니라.
   덕이 있는 사람은 채권을 보류하고
   덕이 없는 사람은 현물로 거둬들인다 하였도다.

(3) 天道無親 常與善人
   천 도 무 친 상 여 선 인

   하늘의 도(道)는 사사로운 정이 없고
   언제나 선인(善人)의 편을 들 뿐이로다.

제80장 독립(獨立) : 소국과민(小國寡民)의 이상 국가

(1) 小國寡民 使有什伯之器而不用 使民重死而不遠徙 雖有舟輿
　　소국과민 사유십백지기이불용 사민중사이불원사 수유주여
　　無所乘之 雖有甲兵 無所陳之 使民復結繩而用之
　　무소승지 수유갑병 무소진지 사민부결승이용지

　　(나의 이상국가는 이러하도다)
　　나라의 크기는 작게 하고 나라의 인구는 적게 할지니라.
　　문명의 이기가 있다 해도 그것을 쓰지 않도록 할지니라.
　　백성들로 하여금 저마다 삶을 아끼고 멀리 떠돌지 않도록 할지니라.
　　비록 배나 수레가 있다 해도 타고 다닐 필요가 없게 하고
　　무기가 있다 해도 그것을 쓸 필요가 없도록 할지니라.
　　백성들로 하여금 (문자를 버리고)다시 새끼줄을 묶어 뜻을
　　표현하　도록 할지니라.

(2) 甘其食 美其服 安其居 樂其俗 隣國相望 雞犬之聲相聞
　　감기식 미기복 안기거 낙기속 인국상망 계견지성상문
　　民至老死 不相往來
　　민지로사 불상왕래

　　백성들로 하여금 자기들의 음식이 맛있다고 생각하게 하고
　　자기들이 입은 옷이 아름답다고 생각하게하며
　　자기들이 사는 마을이 편한 곳으로 느끼게 해 주어서
　　이렇게 자기들의 삶을 즐기도록 해 줄지니라.
　　이웃나라끼리 서로 바라보고
　　닭 우는 소리와 개 짖는 소리를 들을 수 있어도
　　백성들이 늙어 죽을 때까지 서로 왕래하지 않도록 할지니라.

제81장 현질(顯質) : 도는 꾸미지 않고 진실을 드러냄

(1) 信言不美 美言不信 善者不辯 辯者不善 知者不博 博者不知
   신언불미 미언불신 선자불변 변자불선 지자불박 박자부지

   진실된 말은 밖으로 꾸미지 않고
   꾸민 말은 진실성이 없도다.
   착한 사람은 말을 잘 못하고
   말 잘하는 사람은 착하지 못하도다.
   참으로 아는 사람은 박식하지 못하고
   박식한 사람은 알지 못하도다.

(2) 聖人不積 旣以爲人 己愈有 旣以爲人 己愈多
   성인부적 기이위인 기유유 기이위인 기유다

   성인(聖人)은 쌓아 두는 일이 없도다.
   이미 가진 것을 남을 위해 (아낌없이)쓰지만
   자기 것은 더욱 늘어나고
   이미 가진 것을 남에게 (아낌없이)주지만
   자기 것은 더욱 많아지도다.

(3) 天之道 利而不害 聖人之道 爲而不爭
   천지도 이이불해 성인지도 위이부쟁

   하늘의 도(道)는 (만물을) 이롭게 하되 해를 끼치지 않고
   성인(聖人)의 도(道)는 (남을 위해) 베풀되 남과 다투지 않느니라.